まえがき

教育実践に「理論と実践の往還」が求められるなかで，その質が問われ，学問的基盤の重要性が改めて認識されているように思う。

教師を目指す学生にとって，実践的な教育方法や技術を学ぶことは重要であろう。いずれ教師になったその日から教室で子どもたちの前に立ち，授業をし，学級を動かしていかなければならないのだから。しかし，たとえば教育実習や学校での実習に行って，なぜそう指導するのか，その教材がなぜ有効なのかを自分は理解していないことにもまた気づくのである。

言うまでもなく，教師として日々子どもたちと過ごし，教科指導，生徒指導，学級経営をするためには，教育心理学の研究知見を学ぶことは必要である。子どもとはどのような存在か。どの年齢の子どもにどのような内容をどのように指導すると理解が深まるのか。どのような学習活動や学級活動が何に対してなぜ効果をもつのか。教師の教育行為は，教育心理学の知見に支えられている。本書は，このような教師として必要な知識は何か，教師として何を学ぶ必要があるかを念頭に執筆されたものである。そしてそこで思い描かれるのは，学校での子どもたちの日々の成長と学びであり，学校教育心理学の目指すところである。

ところで，心理学は日々進歩し，新しい知見は蓄積されている。実験心理学の黎明期から 20 世紀中期・後期の心理学の発展によって見出された理論や知識—たとえば教員採用試験に出るような—だけでなく，新しい子ども理解・人間理解を促す理論や知識を教師になる人は是非学んでおきたいものである。本書では基礎的事項はもとより，今日の教育心理学研究の方向性を踏まえた新しい研究知見も論述した。

本書は 3 部構成となっている。第 1 部は「心身の発達と教育」，第 2 部は「学習の過程と教育」であり，幼児期から青年期までの発達と学習の過程に関する教育の心理学である。第 3 部は「学級経営・学校経営」であり，学校社会心理学の知見が盛り込まれた。そしてこれらの序章として，現代日本の社会・経済面での変動と学習指導要領の変遷が素描されている。この序章において日本の学校教育の成り立ちとその方向性を知り，各章の論述の背景や今日的意義について理解するのに役立ててほしい。また本書では，文部科学省による概念定義や教育審議会答申がしばしば引用されている。学校現場で教師たちが拠り所にするのは，文部科学省等の方針であるのは現実である。しかし文科省の考え方をただ受け取るのでなく，社会や子どもたちの課題が反映されたものとしてその意味を理解することで，流行に流されず，本質的な教育的価値を追究することができるのではないかと考える。

なお，教育心理学の理論・知識を確認し理解を深めるための補講をいくつか用意した。問題形式になっている補講もあるが，答え合わせのページはない。読者各自で調べることをお願いしたい。

最後に，ナカニシヤ出版編集長宍倉由高氏には丁寧かつ辛抱強いご指導をいただき，どうにか出版に漕ぎつけることができた。ここに記して御礼申し上げます。

2021 年 7 月
編者

目　次

序　章
現代日本社会の変動と学習指導要領の変遷についての素描

蘭　千壽

序章では，第二次世界大戦後の日本社会の変動と学習指導要領の変遷について，大まかに紹介する。第一に，わが国の第二次世界大戦後からおよそ2000年代初めまでに及ぶ社会・経済面の変動について簡略的に素描する。第二に，上記に伴って文部科学省における学習指導要領の変遷について記述し，それを経験主義の教育や系統主義の教育の側面から区分する。併せて，国民や保護者（親たち）の意識の変化についても言及する。

これらの記述によって，本書で紹介される各章の研究分野の知見や考え方について，わが国の時代背景，社会的側面からの理解の一助としたい。

1．戦後の日本社会・経済の変動について

ここでは，戦後から2000年代初めまでくらいの約65年間のわが国における社会・経済面の変動について大まかに述べる。その説明に先立って，図 序-1は，日本の経済の変動を世界における日本のGDP比として表し，昭和と平成の各年代のおおよそのイメージを可視化した。また，時代軸に沿って，歴史的・社会的な事象と学習指導要領の主なキーワードも図に組み込んだ。下記の記述を読み進めるガイドとなるであろう。

敗戦後のわが国は，アメリカを中心とする連合国軍に管理され，農地改革，財閥解体，労働者保護（労働三法の制定など）といった民主化政策のもとにスタートした。日本は戦後の混乱の中で，食料需給のための農業生産を中心政策とした。第一次産業の就業率はほぼ50%で，大家族を中心とした農業従事者が大多数であった。しかし，その後「アメリカに追いつき追い越せ」というキャッチフレーズのもとに，日本は驚異の復興と発展を遂げた。政府は傾斜生産方式や護送船団方式により，経済成長という大目標を掲げ，国民総出で驀進した。

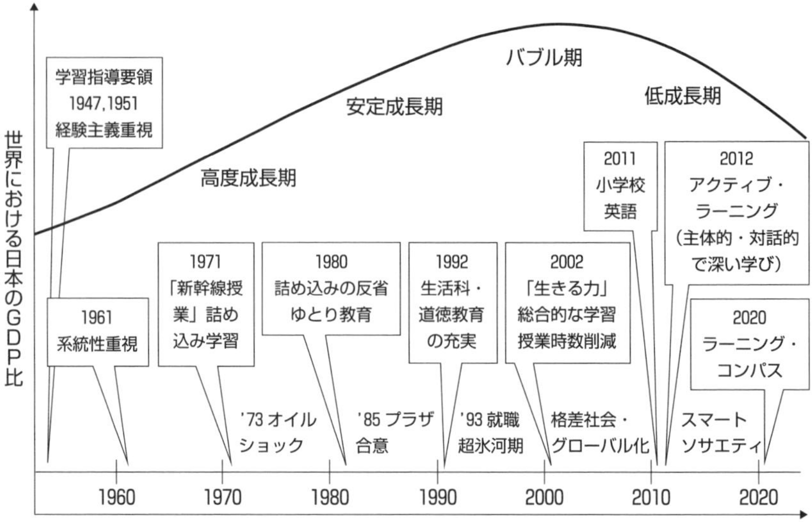

図 序-1　戦後の日本社会の変動と学習指導要領（1945-2020 年）

[1-1] 工業化社会と高度経済成長

朝鮮戦争特需を経て，1950 年代半ばに高度経済成長期を迎えたわが国は，農業化社会から一転して，工業化社会，ものづくり大国への道を歩むこととなった。企業や町工場は多くの若年労働者（「金の卵」と言われた）を必要とし，活気に溢れた。それに反して，農業の効率化や工業製品の輸出のバーターとして農産物の輸入が始まり，1980 年までには第一次産業就業率は一気に 10%に割り込んだ。

1955 年頃から第二次産業が主要産業となり，就業率は 40%に迫った。1954 年の神武景気を皮切りに，高度経済成長期（1955-1973 年）には年 10%を超える経済成長を達成し，1964 年に東京オリンピックを開催し，名実ともに世界のトップに近づいた。そして，急速なインフラ整備の公共事業が全国各地で頻繁におこなわれ，国際競争力をもつ自動車・バイク・家電などの第二次産業とともに，多くの出稼ぎ労働者や若者を含む労働需要を創出した。国民は右肩上がりの経済成長を信じて疑わなかった。

また，こうした経済的恩恵は，国民の意識を大きく変えた。労働者は労働組合の一員としてよりも，ストライキなどの労使対立の時代を越え，むしろ企業や会社で個人主義的かつ能力主義的に働くというブルジョワ・イデオロギーが拡がった。さらに，1980 年以降，国鉄や郵政の民営化により，労働者に「消費者としてより良いサービスを受けたい」という消費者意識を拡大させていった。

そのようななかで，1970 年代も半ばになると，工業化社会の負の側面も見られるようになった。二度にわたるオイルショックや，四大公害病をはじめとする全国の工場地帯に噴出した公害問題，1980 年代には米国への輸出が大幅に超過する日米貿易摩擦というように，工業生産社会に軋みが出てきた。大量生産・大量消費の経済体制から，省エネルギー・合理化・ハイテク産業への転換が迫られた。また，大量消費は，今日の世界的に大きな問題でもあるさまざまな環境問題を生じさせることにもなった。後に『ジャパン・アズ・ナンバーワン』（Vogel, 1979／邦訳，1979）と称賛されるように，日本は「日本型経営方式」といわれる年功序列・終身雇用を貫き，安定成長を続けることに成功した。高度経済成長期に続く，安定成長期（1973-1991 年）においては，年 5 %以上の経済成長を続けた。戦後からわずか 20 年あまりで，アメリカに次ぐ世界第二位の経済大国となった。

日本とアメリカの日米貿易摩擦問題は，さらに，自由貿易を守ることを名目として，米・英・仏・西独・日の 5 か国の財務相や蔵相らによって，1985 年プラザ合意が締結され，わが国に圧力がかかった。それによって，外国為替は固定相場制から変動相場制に移行した。円高が誘導されたこともあり，輸出が伸び悩んだ。円高不況が懸念されたが，地価と株価の暴騰により，1980 年代後期にはバブル景気に突入し，1989 年末に株価は最高値となった。しかし，それ以降の金融引き締め政策によって，バブル景気は下降した。円高によって，これまで日本経済を支えていた輸出産業は，国際競争力が低下し，電機産業や自動車産業などは競って北アメリカや中国，東南アジアに進出した。それに反して，国内の企業や工場などは縮小された。そのため，学生とくに 1993 年～2005 年の新卒者にとっては厳しい就職難の時代に突入し，就職超氷河期と呼ばれた。

[1-2] バブル崩壊と知識基盤社会の到来

わが国は，この時期，工業化社会から第三次産業といわれるコンピュータの発明やインターネットの出現による情報化社会を迎えており，電気・情報通信・運輸・教育・医療・福祉・ホテル・飲食などの第三次産業就業率が第二次産業のそれを上回り，主力産業となった。

OECD の報告（1996）を参照すると，1980 年代後半には経済発展に対する知識や技術の役割が重視され，工業化社会とは質的に異なる新たな知識基盤社会の到来が認識されるようになった。新しいテクノロジーは，消費者の多様な需要やたえず変化するニーズに対応する生産様式を可能にした。それによって生まれた個別化・細分化されたマーケットは，これまでの大量生産・大量消費に代わり，消費者のニーズに応え，多様化，差異化された経済モデルへの移行を促した（松尾，2017）。

1990 年代初頭，ついに実体経済を大きく上回っていたバブル景気の崩壊を受け，日本は，「失われた 10 年，20 年」と呼ばれる未曾有の長期にわたる平成不況に陥った。一定の豊かさを達成し，物質・インフラとともに飽和状態にあった 90 年代のわが国は，新たな需要創出を目指し，産業のさらなるサービス化を進めることになったが，多くの企業は多国籍化・グローバル化した。その結果，正規雇用が当たり前だった日本型経営は音をたてて崩れ，雇用の流動化が一斉に始まった。

1990 年代末期から 2000 年代にかけては，米・英を中心とする「小さな政府」を標榜する市場原理主義，新自由主義的な考え方，グローバリズムが台頭した。日本政府もそれに追随した。そのような流れの中で，欧米企業とのグローバルな競争状況に入ることによって，多くの企業は収益率の低下に大きな危機感をもつようになった。そして，政府と財界は一体となり，法人税対策（法人税が低い国に本部を置く，あるいは本部のある国に税率を下げるよう働きかける），労働者の賃金対策（国内での正規・非正規雇用，賃金の安い国への海外進出），労働者の福利厚生を薄くするなどの 3 つの対策を行った。それにより企業を守り，国民の雇用の中でもとくに若い人の雇用機会が失われ，国民の活気が徐々に失われていった。

グローバル化により世界経済の分業化が進み，モノの生産は先進国よりも労働力の安価な地域で行われ，先進国では知識・情報・サービスをめぐる絶え間ない創造と活用が求められた。知識や人材は国境を越えて移動し，新たな知識や技術革新は加速度的に繰り返されている。新しい知識や技術の創造はしばしばパラダイム転換を伴い，新たな状況では既存の知識や技術が通用しない現実を生んでいる。このような変化が激しく予測のつかない知識基盤社会では，知識の果たす役割が飛躍的に増大し，知識をいかに創造し効果的に活用していくのかが経済的な成功の基盤になった（JAIST 知識科学研究科，2014；松尾，2017）。

「必要な時に必要なだけ」労働力が必要なサービス化された産業は，基幹社員以外をパートやアルバイトなどの非正規雇用として賄うようになっていき，コスト削減と人件費の抑制のために非正規雇用は増加の一途をたどった。それにより，1990 年代初頭のバブル崩壊以降，一億総中流の幻想は崩れ，所得格差は拡大の一途となり，所得格差は所得だけの格差にとどまらず，文化的な格差や教育を受ける格差（政府の教育予算の大幅な削減（OECD 加盟国で GDP に占める教育費の割合は最低））にまで波及し，2000 年頃には「下流社会の出現」といわれる，格差社会となっていった。

2．文部科学省における学習指導要領の変遷について

次に，文部科学省における学習指導要領の変遷と国民や保護者の意識の変化について言及する。戦後の学習指導要領は，大きくは「読み・書き・計算の知識重視」の系

統主義の教育の立場に立つ場合と,「見る・聞く・話す等の体験重視」の経験主義の教育の立場に立つ場合とに区分される。

系統主義とは，学問中心のカリキュラムであり，科学と論理に即して，体系的に学習内容を分類する立場である。また，経験主義とは，子ども中心のカリキュラムであり，問題解決学習を重視している。生活の中で求められる知識や技能は複合的・総合的に関連し合っていることを指している。

[2-1] 学習指導要領の変遷

図 序-2 を参照すると，学習指導要領の変遷は下記のように分類される。児童中心による経験主義の教育は，戦後すぐの 1947 年と 1951 年の改定と，高度成長期後の 1977 年，1989 年，1998 年の改定で重視された。

他方，高度経済成長期の系統主義（知識中心）の教育（詰め込み教育）は，1958 年と 1968 年の改定と，ゆとり教育後の 2008 年，2017 年の改定で重視された。ただ，これらは単純に，二分法的に区分されるものではない。

確かに言えることは，1958 年改定で経験主義から系統主義に移行したことである。しかし，1977 年改定で学習指導要領が「ゆとり教育」という経験主義の教育に完全に移行したかというと，それは必ずしもそうとは言い切れない（宮本，2018；竹内，2016)。「ゆとり教育」，その後に続く「生活科の新設（1989 年改訂)」「総合学習の新設（1998 年改訂)」は，「系統主義に軸足を残しつつ経験主義的な要素の取り入れ」と捉えられる，とも指摘されている。

[2-2] 戦後の教育は経験主義の教育から始まる

それでは，以下にもっと具体的にみていく。戦中教育の反省に立って，第二次世界大戦後の経験主義の教育はアメリカの哲学者デューイ（J. Dewey）の経験主義（成すことによって学ぶ学習者中心の考え方）に大きな影響を受けている。それは GHQ の指示のもと，1947 年に学習指導要領の作成，学校教育法の制定へとつながる。

1951 年に，日本主導で学習指導要領を整備し，法的拘束力をもつようになった。小学校では教科も現在の 8 教科の枠組みとなり，教科課程も教育課程へと変更された。また，総授業時間数も改正され，ほぼ現在の枠組みとなった。

[2-3] 高度経済成長と知識中心の教育

前述したように，1950 年代半ばに高度経済成長期を迎えたわが国は，農業化社会から工業化社会へと大きく転換し，急激に盛んになった企業や町工場は多くの若年労働者を必要とした。農村部出身の若者たちは与えられた仕事に慣れ，その仕事を身に

経験主義の教育
（見る・聞く・話す等の体験重視）

系統主義の教育
（読み・書き・計算・知識重視）

1947（昭和 22）年：GHQ の指示で作成，「試案」としての位置づけ
●修身の廃止　●社会科・家庭科の新設

1951（昭和 26）年：日本主導で学習指導要領を整備
●教科課程が「教育課程」に。
●小学校 8 教科の枠組みとなる。

1958（昭和 33）年：「試案」から「法的拘束性」を帯びる
●知識中心の系統主義にシフト
●「道徳」の時間を新設（週 1 時間）

1968（昭和 43）年：基礎学力の重視，科学教育の充実，教科内容の構造化
●最低時数→標準時数　●道徳教育
●アメリカの教育現代化運動に対応

1977（昭和 52）年：「ゆとり教育」への転換
●校内暴力・落ちこぼし・過度の競争
●教育内容の精選　●習熟度別授業
●知育・徳育・体育

1989（平成元）年：新しい学力観
●個性重視　●生涯学習の重視
●文化と伝統の尊重　●基礎基本の重視
●低学年の「理科」「社会」→「生活科」

1998（平成 10）年：経験主義への回帰
●ゆとり教育…学習内容 3 割削減
●学校週 5 日制完全実施（2002 年度～）
●「総合的な学習」導入　●学力低下
●生きる力　●学級崩壊と指導力不足教員

2008（平成 20）年：知識基盤社会の時代と「生きる力」の育成
●脱ゆとり　●全国学力テストの復活
●PISA ショック　●確かな学力，豊かな人間性，健康，体力　●「総合的な学習」の時数削減　●小学校英語の導入　●教員免許更新制度

2017（平成 29）年：アクティブラーニング（主体的・対話的で深い学び）を目指して
●特別の教科「道徳」　●外国語教育の充実
●情報，プログラミング

図 序-2　日本の戦後の学習指導要領の変遷

付けることと，それぞれの職場への適応が課題であった。中等教育では，企業が求める人材育成が時代の要請として求められた。

1958 年，わが国の教育は，経験主義の教育から知識中心の系統主義の教育へと大きく舵を切った。その理由は学力の低下から経験主義の教育への疑問が呈されたことと，工業化社会への人材供給の必要性に対応するためであった。1968 年には，知識中心の詰め込み教育はさらに加速化し，産業の技術革新に対応して教育内容の現代化が図られた。それは，アメリカや西側諸国で起きたスプートニク・ショックに強い影響を受けたものであった。

1960 年代，1970 年代の企業や町工場は画一的で均質な労働者を必要とした。この工業化社会では，新しい目標ややり方を考える独創的で積極的なアクティブな人材はあまり受け入れられず，むしろきつくて嫌なことにも我慢して取り組み，与えられた目標を達成し，リスクを少なくできる，上司の指示に忠実で受け身的なパッシブな人材が求められた。

「日本的経営」と呼ばれる企業や会社システムが確立され，新卒一括採用システムが導入され，学校（就職担当教員）と会社（採用担当）すなわち学歴主義と企業社会が強固な結びつきをもつこととなった。これは貴戸（2019）によると，学校の出口管理と会社の入口管理が成功しすぎた学校と企業を貫く「メンバーシップ主義」といわれている。1990 年代の就職難時代は「メンバーシップ主義」の揺らぎとして捉えられる。

このように，産業界からアクティブな人材育成よりパッシブな人材養成が求められたのは，2017 年から知識基盤社会における「主体的・対話的で深い学び」（アクティブ・ラーニング）の考え方が提唱され，アクティブ・ラーニングの授業が展開されるに至って，現代の教育の目玉になっているのとは隔世の感がある。

当時の学校の時代状況を見ると，地方の公立中学校，普通高校や職業高校は，進学・就職試験指導に力を入れていた。授業時間外に毎日補習授業の時間割を組んで，ほぼ無報酬で進学・就職試験対策の指導に力を入れていた。現代のように，主要な駅前に大手進学予備校や専修学校が多く進出していなかった。受験生・保護者と進学・就職指導の教員がスクラムを組んでいた時代であった。しかし，受験勉強は想像性や創造力を問う学習内容ではなく，もっぱら知識理解を中心とした暗記学習であった。

1960 年代に高校進学率は 80％に近づき，1970 年代にはほぼ 90％となった。そして 70 年代以降，大学進学率の増加や高校の序列化に伴って，高校進学や大学進学はいっそう激化していった。

[2-4] 知識中心の教育から「ゆとり教育」への転換

保護者の教育に関する考え方も変わった。保護者は，教育を「公のもの」ではなく，「私のもの」として考える「教育における私事化」が進行した（大内，2005)。1980年代あたりから，校内暴力・いじめ・不登校など「荒れる中学校」が問題となった。そのため，学校は厳しい校則を設け，管理教育を行った。もちろん，教師による行き過ぎた指導も多くあった。

しかし，TV や新聞などのマスコミや保護者たちによって，このような厳しい校則や管理教育が連日大いに批判され，「公立学校離れ，私立学校の増加」という現象を招いた。とくにマスコミによる管理教育批判の主な論点は，教員と生徒の間にのみきわめて重大な問題があると見なすもので，「教員たたき」をおこなったため，「学校問題は個々の教員に原因がある」という考え方が流布した。

しかしながら，そこには，さきほどの学習内容の高度化に伴って，いわゆる新幹線授業をやらないと教科書を終わることができないほどの学習内容と学習量の増加や，受験勉強が受験戦争といわれるぐらいに保護者を巻き込んだ過激な競争となっている点などの教育の負の側面をもつ社会的構造を捉えきれていない問題が隠されていた。

また，先述したように，保護者が消費者意識を強くもつと，「被害者感情」や安全・安心といった「生活保守主義」とも強く結びつくことにも注意しなければならない。とくに「被害者感情」の重視は，加害者への一方的なバッシングと化してしまい，行き過ぎた教育指導をどう理解し，学校をあるいは社会をどのように再構成するかという方向には向かわず，バッシングによって溜飲を下げるという消費そのものに終始しかねない。

さらに，第二次産業から第三次産業への産業構造の変化という大転換がもたらした影響は，承認の多様化と分断であるといえる。第一次産業や第二次産業の時代は，人々がそれぞれの仕事内容を共有でき，ゆるやかな連帯意識をもつことは可能であった。しかし，サービス化した第三次産業のもとでの仕事の専門・分化によって，誰がどのような仕事をしているかが見えにくくなった。学校におけるいじめも，社会における承認や社会化の多様化と分断の延長線上で考えるという観点をもつことは大事であろう。

このような学校に関する社会問題について，文部科学省としては何らかの対策を取らざるをえない状況下に追い込まれた。学習内容の高度化は，新幹線授業，詰め込み学習，受験戦争の激化，落ちこぼれ問題のように，さまざまな問題を生んだため，「ゆとり教育」への転換を余儀なくされた。

「ゆとり教育」は，人間性の重視を掲げたものであり，経験主議的な要素が含まれていた。「ゆとり教育」以降，学習指導要領は，系統主義から経験主義へと立ち戻ったが，完全に戻ったというよりは，むしろ系統主義に軸足を置きつつ，経験主義の要素を取り入れていったと言う方が正確だろう。

先述したように，1977年改訂の「ゆとり教育」の導入は，行き過ぎた系統主義の反省としての方針転換と捉えられ，その後に，「生活科の新設（1989年改訂）」「総合学習の新設（1998年改訂）」と続いた。また，道徳教育や体育を一層重視し，知・徳・体の調和のとれた人間性豊かな児童生徒の育成に重点がおかれ，ゆとりある充実した学校生活を実現するため，各教科の授業時間数が削減された。学校週6日制から隔週学校5日制の導入（授業時間数削減の明確化）を経て，2002年に完全学校週5日制の実施になり，「総合的な学習」の時間が導入された。

[2-5] 知識基盤社会と「生きる力」

しかし，「ゆとり教育」導入から20数年経過した2003年に，文部科学省から，2000年のPISA学習到達度調査における，37か国のOECD加盟国中，家庭学習時間が最低，読解力が平均並みという厳しい結果が報告された（大内，2005）。2004年発表では，学習意識や学校外の学習時間が低水準であること，学習離れ，習熟度の低い層の増加，学力格差の課題が浮き彫りになるなどの課題が明らかにされた。これらのPISA調査の結果は，「教育国日本」を自認するわが国にとってはショッキングな報告であった。いわゆる「PISAショック」である。

フィンランドなどの北欧諸国の教育改革がOECDの教育政策を牽引したことはすでに知られている。表序-1（久野・渡邊，2009に基づき筆者作成）に基づいてかいつまんでその経緯を示すと，北欧諸国は1991年に最大の貿易相手国であったソ連崩壊に見舞われ，それに伴って国内に深刻な失業問題が発生し，産業構造の見直しをせざるをえなくなった。フィンランドはスウェーデン，オーストリアとともに1995年にEUに加盟し，国際競争力を高めることが緊急課題となり，有力な国内IT産業を中心とする知識基盤型経済への移行を促進する生涯学習社会の構築と理数科教育推進の改革プログラムの展開が図られた。

OECDは，1996年に北欧諸国の改革を取り入れ，「知識基盤社会」への移行を促進するための生涯学習社会の構築を提唱した。次の年には国際化と高度情報化の進行とともに多様性が増した複雑な社会に適合するための能力概念として（OECDのPISA調査の基本枠組みである）キーコンピテンシー（key competencies）の提案と，2000年から3年ごとに実施するPISA調査の枠組みづくりが開始された。先述したわが国の2000年のPISA調査はこのOECDによる国際調査の一環であった。

先に指摘したように知識基盤社会の到来するなか，激しい競争の世界で，知識をいかに創造し効果的に活用するかという能力や人材の育成が急務になっている。当然，

表 序-1　1991 年～2020 年のフィンランドと OECD の教育の主な動き

フィンランドの動き		OECD の動き・世界の国々の動き	
西暦年	できごと	西暦年	できごと
1991	視学制度の廃止（学校の自治を各学校に委任）	1991	ソ連崩壊
1993	深刻な失業問題の発生，産業構造見直し→高い学力，高い言語リテラシーが国の繁栄のために必須条件となる		
1994	学習指導要領で子ども中心主義の奨励と教育の脱中央集権化		
1995	EU 加盟　国際競争力を高めることが緊急課題となる		
	数学・自然科学に関する知識向上プログラムの策定		
	IT 産業を中心とする知識基盤型経済への移行を促進する生涯学習社会の構築への教育改革の展開		
1996	LUMA プログラム（理数科教育推進）に参加	1996	知識基盤社会への移行を促進するための生涯学習社会の構築を提唱（OECD）
		1997	DeSeCo プロジェクトによるキーコンピテンシーの研究・定義 → 2000 年から 3 年ごとに実施する PISA 調査の枠組みづくり（結果報告は実施の翌年）
1998	体系的な全国学力調査の開始	1990 年代後半	IT 産業を中心とする知識基盤型経済への移行を促進するため，生涯学習社会を目指した教育改革がおこなわれた（北欧諸国）
		2008	中教審の答申（平成 20 年 1 月 17 日答申）で「知識基盤社会」の特質に言及（日本）
		2014	文科相の諮問，中教審がアクティブ・ラーニングの提唱（日本）
		2015	“OECD Future of Education and Skills 2030” プロジェクトが発足
		2019	OECD が“学びの枠組み”としてラーニング・コンパスを提唱
		2020	OECD の 2030 プロジェクトと同じ方向性をもつ学習指導要領の実施（日本）

学校教育や学習社会においても求められる能力観も変わってきている。松尾（2017）は能力観の展開として，工業化社会で労働者に求められた読み書き能力としての知識やスキルのリテラシーの概念は，情報処理能力としてのリテラシーから知識やスキル，さらに態度などを含む人間の全体的な能力を捉えるコンピテンシーの概念へと焦点が移行してきたと指摘した。

過去にない新しい何かを産出することが課題となると，もちろん情報を処理する能力だけでは不十分である。新しい何かができるためには，何事にも積極的に取り組み，トライし失敗してもへこたれない，何度でも粘り強く，失敗から学びながら試行錯誤を続け，開発し続ける態度などが大きくものをいう。最近の心理学分野の研究で，ポジティブ心理学や強み研究などはこういった流れと軌を一にしている。コンピテンシー概念の精緻化と測定は，もとはと言えば，こうした観点から，社会で生きて働く能力とは何かと問い，検討されたものであった。

OECD の教育政策における基本的な概念は，キーコンピテンシー（1997 年-2018 年）であり，ラーニング・コンパス（Learning compass, 2019 年-2030 年）とされた。キーコンピテンシーとは，①相互作用的に道具（言語・シンボル・知識や情報・技術など）を用いる，②異質な他者や集団で交流する（よい関係・協力する，争いを解決する），③（大きな展望，人生計画や個人プロジェクトで）自立的に活動する，利害調整やニーズ表明をする，などからなる。

また，ラーニング・コンパスとは，学習者自身が学びのコンパス（羅針盤）を持ち，自分自身が学びたい状態や方向へと向かって級友や他者と協働しながら歩んでいくことの比喩を用いて，教育が語られている（柄本，2020）。AAR サイクル，言い換えると，子どもたち自身が，見通し－行動－振り返りのサイクル（Anticipation-Action-Reflection Cycle: AAR Cycle）の中で，学習活動を主体的に行い，評価し，他の子どもたちと協力し，修正しながら目標を達成していく能力や経験を養っていく。わが国においては，文科省や，東京学芸大学などで試行的に検討されている。

OECD の考え方の紹介が長くなったが，わが国における知識基盤社会の用語は，2005 年，2008 年の中教審答申による「知識基盤社会」の特質についての言及から登場している。中央教育審議会答申『我が国の高等教育の将来像』（2005）で，「知識基盤社会」の特徴として，４点（知識に国境がない；知識は競争と技術革新で絶え間なく生まれる；知識の進展は旧来のパラダイム転換を伴うので，幅広い知識と柔軟な思考力が重要だ；性別や年齢に関係ない参画が重要だ）を挙げた。そして，「知識基盤社会」を生き抜くための３つのポイントとして，①課題を見出し主体的・協働的に解決する力（質問力・傾聴力・巻き込み力），②知識・技術更新のための生涯にわたる学習，学び続ける習慣，③他者や社会，自然や環境と共に生きる姿勢（持続可能な開

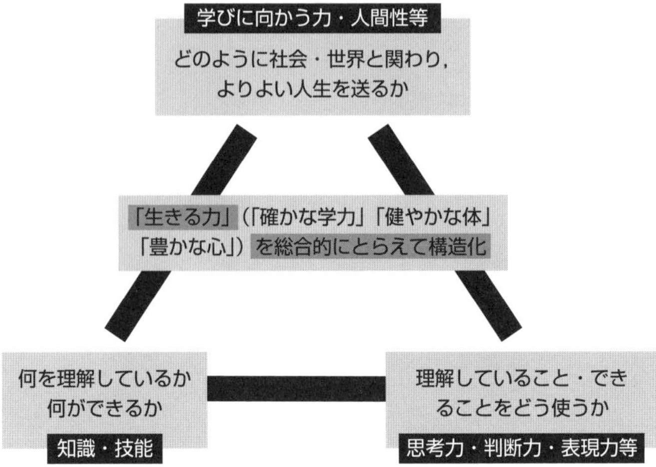

図 序-3　文部科学省（2017）**の生きる力の図**（筆者修正）

発のための教育）を挙げた。

2006年12月の教育基本法改正で，「生きる力」の育成が知識基盤社会の時代において重要性を増すことから，「生きる力」を構成する3つの柱は，1996年の「確かな学力」「豊かな人間性」「健康・体力」の3点とされた（図 序-3参照）。また，授業時間数の増加，道徳教育や体育などの充実により，豊かな心や健やかな体の育成，小学校への外国語活動が導入された。また，2015年に，道徳の「特別の教科」化がなされた。

2017年には「主体的・対話的で深い学び」（アクティブ・ラーニング）の考え方が提唱され，情報，プログラミングの授業が導入された。2020年学習指導要領改定実施では，予測困難な時代に一人ひとりが未来の創り手として社会の変化への対応が可能となるように，各教科の目標・内容が「知識及び技能」「思考力・判断力・表現力など」「学びに向かう力・人間性など」の3つの資質・能力で再整理された（図 序-3）。そして，知識の理解の質を高め，資質・能力を育む主体的・対話的で深い学びを重視，各学校で実態に合わせたカリキュラム・マネジメントが可能になった。

まとめとして，このように，学習指導要領の変遷を見てみると，わが国においては経験学習重視と系統学習重視の流れを見て取ることができる。また，2000年以降，PISA調査の実施などを含めてOECDの教育政策と文科省の教育政策の交流が見られる。とくに，知識基盤社会の到来以降には深い交流が見られる。最後に，第二次世界大戦後の現代日本社会・経済の変動と学習指導要領の変遷についても密接な関係にあることが読み取れた。

第1章
認知の発達

青木多寿子・梅本菜央

1．子どもの思考の特徴

人間は他の動物に比して未熟なまま生まれる。たとえば馬は生まれて間もなく歩くことができる。サルは生まれてすぐ，母親に振り落とされないようにしがみついて母親と一緒に移動できる。しかし人間では，首がすわって抱いて移動できるようになるだけでも4か月，歩くまでに1年かかる。他方で，人間に特徴的なのは言語能力と知性の高さであろう。それでも単語を発するのは1歳ごろである。このように，人間が未熟で生まれることは，人間は母親の胎内にいるときだけでなく，生まれた後にも発生学的に発達していくことを示している。

人間の知性について，生まれた後にどのように発達していくのかとの問題に取り組んだのがピアジェ（J. Piaget）である。彼の研究は，乳幼児から中学校を卒業する15歳くらいまでの子どもの知性の発達について調べた。このため教師を目指す人にとって不可欠な児童生徒のものの見方，考え方を理解する基礎知識を与えてくれる。

[1-1] ピアジェの経歴と研究法

生物学者として研究をスタートしたピアジェは優れた観察眼をもっていた。彼は世界で最初に知能テストを開発したビネー（A. Binet）の研究を引き継ぐ国立ビネー研究所に就職し，知能テストの開発のために子どもたちと向き合う生活を送る。

ところで，幼い子どもたちの調査で一番難しいのは研究法である。この年齢の子どもたちは読み書きができない。よってアンケートは実施できない。また言葉が未熟なので，たとえば子どもが猫のことを「ワンワン」と呼んだとしても，それは子どもの言葉の語彙の少なさに由来するのか，言葉の発音の容易さに由来するのか，実際に猫のような四足歩行動物は「ワンワン」だと思っているのかが区別できない。そのようななか，ピアジェは物を介して子どもと対話しながら子どもの考え方を引き出す方法（臨床法）を用いて子どもの知性の発達を明らかにした。そしてピアジェは同じ年齢の子どもたちが似たような間違いをすることに気づいた。こうしてピアジェは子どもたちの正解よりも「エラー」の中に子ども特有の考え方が垣間見えることに興味をもち，エラーの分析を通して子どもたちの認知能力の発達に関する共通性を見出していった。

1）知性の構築のプロセス　ピアジェは人の認知の発達を主体と環境の相互作用として捉えた。つまり，人間は乳児の時からそれなりに自分の枠組み（シェマ）をもち，その枠組の中に新しい情報や経験を組み込んで理解しようとする。そして，もし自分が今もっているシェマでは外界の情報を理解できず，自分の枠組みに取り込めないとき，自分がそのときもっているシェマの枠組み自体を変えて，新しい情報や知識を取り込もうとする。この取り組みを「同化」，取り込めないときに自分の枠組みを変化させることを「調節」と呼ぶ。たとえば，「リンゴは赤くて丸い」というシェマをもっていたとする。そんななかで青いリンゴを見たとする。こうなると，リンゴは「赤くて丸い」というシェマが修正される。このように，不安定に感じていたものを安定化させることを「均衡化」と呼ぶ。子どもの知的な成長は，この「同化」「調節」「均衡化」の働きで，認識の構造であるシェマが低次元から高次へ，より一層複雑なシェマへと変化していくことだとしている。

この観点に立つなら，大人とは知性のレベルは異なるが，子どもは子どもなりに，既有の枠組みをもち，それと新しい知識を積極的に照合しながら，新しい知識を構築していく存在であることになる。人間は動物に比して，自分の生まれ落ちた社会や文化の中で柔軟に環境に適応して生きていく力をもつ。これは人間が赤ん坊のころから，シェマを通して自分自身で周囲の世界に働きかけることで，生まれ落ちた環境の中で柔軟に適応できるような知性を構築していくからだと考えることができる。

[1-2] ピアジェにみる認知の発達

1）4つの発達段階　子どもは均衡化を繰り返しながら認知を発達させていくが，その成長過程には「質的な」違いがあるとして，ピアジェは4つの発達段階を区別した。これは極端にたとえて言うなら，人の認知の発達は，同じ形のレンガをコツコツ積み重ねて作る家のようなものではなく，均衡化を重ねながらも，幼虫が蛹になり，やがて蝶になるような，質の異なる段階を経て大人の考え方ができるようになることである。

4つの発達段階を表1-1に示す。本項では教師になる人たちのために，小学校以降の段階に当たる具体的操作期以降を中心にピアジェの研究を解説する。

2）自己中心性　ピアジェが発見した子どもの思考の特徴の1つに「自己中心性」がある。これは他者の視点から物事を捉えるのが難しいという特徴である。ピアジェはこの特徴を図1-1の3つの山問題で示した。この課題はまず色の異なる山の模

表 1-1　ピアジェによる思考の発達段階とその特徴（西山・山内，1978）

時期と大体の年齢	特　徴
感覚・運動期 （0～2歳）	乳児は，対象の認知をもっぱら感覚と身体運動を通じておこなう。次第に，その行為の対象への働きかけの効果に気づくようになり，意図的に対象に働きかけるようになる（たとえば，おもちゃを動かすと音がすることを知り，それを喜んでおこなう）。最初は，対象が見えなければ，消失してしまったように振る舞うが，やがて，見えなくてもなお存在するという事実を認めるようになる（対象の永続性）。
前操作期 （2～7歳）	行動が内面化し，何物かを心内的に表現することができるようになる。イメージや語や，象徴遊びによって表現（表象）することができるようになる。しかし，思考はなお「自己中心的」であり，論理的操作はまだ可能ではない。
具体的操作期 （7～12歳）	具体物を中心とした論理的操作が可能になる。1対1対応や物を大小の順に並べる系列化の操作ができるようになる。また，保存が可能になり，可逆性・相補性が成立する。自己中心的な思考から脱中心化した思考へ移行し，科学的な時間・空間の概念の基礎ができる。
形式的操作期 （12歳以降）	具体的操作期とは異なり，形式的・抽象的な水準で操作がおこなわれ，論理的命題による思考をおこなう。また，「もし……ならば，……である」といった，仮説を立てて事実を予想することができるようになり，変数を1つひとつ分離して体系的実験がおこなえる。

ピアジェはここに示すような発達段階を示した。しかし，この段階は固定的なものではなく，課題の特性や状況によって幼児でも優れた思考力を発揮することが最近の研究で示されている。

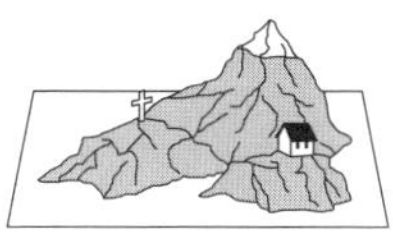

Xの山：最も低い緑色の山。頂上に小さな家がある。
　Cから見た時に曲がりくねった小道が見える。
Yの山：中間の高さで茶色の山。頂上に十字架がある。
　Bから見た時にこの山を流れる川が見える。
Zの山：最も高い灰色の山。頂上は雪で覆われている。

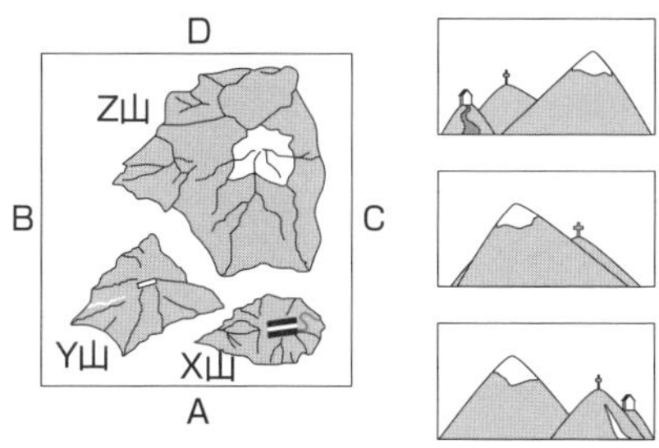

図 1-1　3つの山問題（Piaget & Inhelder, 1948 より）

型を置き，場所Aに子どもを座らせ，B，C，Dの位置に人形を置く。そしてB，C，Dから写した写真を提示し，各人形から見ると山がどのように見えるかを尋ねる課題である。すると幼児はB～Dのどの場所からも，自分の位置Aから見えたものと同じように見えると考える。つまり，他の方向（つまり，自分以外の視点）から見たらどう見えるか，ということが理解できず，反対側の人形から見ても自分と同じ景色が見えると考えてしまう。

この傾向はコミュニケーション場面でも見られる。自分の目の前に置かれたものを相手に伝えなければならない状況では，６，７歳までは子どもは相手の視点に立った伝え方ができない。10歳くらいになると，自分以外の視点から見た風景を客観的に推測できるようになる。逆に言うなら，幼児，児童が他者の視点からものを考えることは大人が思うほど簡単ではないことを意味している。

このように，１つの視点から離れて多くの視点を取ることができるようになる，とは，いくつかの視点を互いに関連づけて，総合的な判断ができる，という高度な知性につながると考えられる。

3）保存課題に見る子どもの思考　幼児期の思考には「見え（知覚）」に大きく影響されるという特徴がある。ピアジェによって示された一連の保存課題を用いた研究もこのことを示している。保存課題とは，見かけが変化しても本質は変化しないことを問う一連の課題で，長さ，数，量（物質量，液量），重さの保存課題がある。ここでは数の保存の例を用いて具体的に解説する。

図1-2のおはじきを用いた数の保存の実験を見てみよう。まず図1-2の(a)を子どもの前に示し，おはじきの数が同じであることを確認する。次に，子どもの見ている前で，子どもの側の列を(b)のように動かして「こうすると，どっちが多いかなあ。同じかなあ」と尋ねる。すると，おはじきの列の長さに中心化（注目）した子どもは長い方，おはじきの列の密度に中心化（注目）した子どもは短い方を指して「こっちが多い」と言う。そこで，数えさせれば気づくかどうかを確かめるために，「数えてごらん」と促してみる。すると子どもは「１，２，３，４，５，６，７」と両方の列を数える。そこで「ほら，同じだったでしょう？」と言いたい気持ちを抑えて「どうだった」と尋ねてみる。すると子どもは，「やっぱりこっちだった」と喜んで自分が示した列を指す。

そんな子どもに，子どもが見ている目の前でおはじきの間隔を等間隔(a)にもどす。そして，「どっちが多いかなあ。同じかなあ」と尋ねると，今度は「同じ」と答える。そこで再度，子どもの見ている目の前で一方の列の間隔を狭める(b)。そして「どっちが多いかなあ。同じかなあ」と問うと，やはり中心化した方を指して，「こっちが多い」と回答するのである。この課題で，「取ってもいないし，加えてもいないので同じ」と回答できるようになるのは，年齢で言えば６，７歳頃となっている。

この研究の結果は，数の概念について多くの示唆を与えてくれる。まず，図(b)で正しく回答するには，おはじきは詰まっていて，たくさんあるように見えるが，両端を見ると短く見えるという，２つの要素を見て総合的に判断するような思考と，見かけは違って見えても加えたり除いたりしていないので数の多さには変化がないという見かけを超えた思考が必要になる。

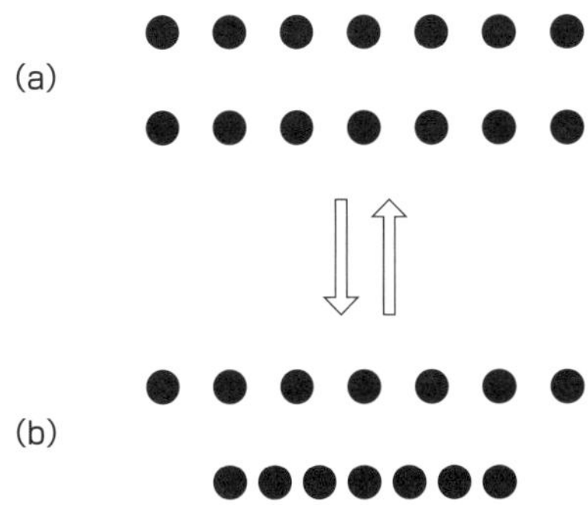

図 1-2　数の保存（間隔を縮めた場合）

ピアジェはこのように，子どもたちのエラーから，子どもの思考様式と大人の思考様式の違いを示して，子どもの思考の特徴を明らかにしていった。数の保存研究の後，後続の研究者たちによって，数の認識の発達について子どもが数を正確に数えられるようになるまでの発達に関する計数の研究，分数や小数の概念の獲得，文章題の難しさに関する研究など，多くの研究がなされてきた（吉田，1991；吉田・ディコルテ，2009）。

4）クラス包摂（部分と全体の関係）　子どもの思考が中心化しやすいことは，部分と全体の関係に関わるクラス包摂の理解にも見られる。図 1-3 に示す図を見て欲しい。大人はわざわざ説明されなくても「花」の中には，バラや他の花が含まれ，バラの中には，赤いバラや他の色のバラが含まれることを知っている。ところが子どもが使う「バラ」という言葉には，この部分－全体関係が欠けているものが多い。

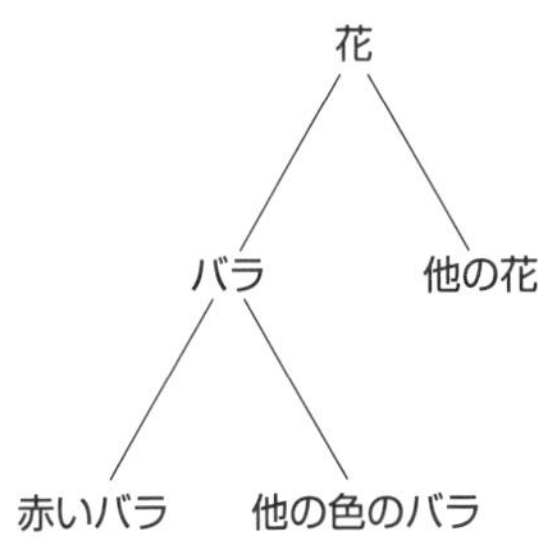

図 1-3　クラス包摂（山内，1989）

これはたとえば，次のような会話に見られる。ある 6 歳の女の子は，新幹線ホームで自分の乗るのぞみ号が来たときに次のように言った。「のぞみって新幹線みたいねえ」。これは「のぞみ」が「新幹線」という上位のグループに含まれることを理解していないことを意味している。

この部分と全体の関係の把握が難しいという子どもの思考の特徴は，算数の文章題のつまずきに現れることが示されている。ディコルテらは，次の問題Aと，部分と全体の関係が明確に把握できるように言葉を追加したBを提示して，正答率を比較した。

A：モネちゃんの身長は127 cmです。モネちゃんが椅子の上に乗って背の高さを測ったら155 cmでした。椅子の高さは何cmでしょうか。

B：モネちゃんの身長は127 cmです。モネちゃんが椅子の上に乗ると，モネちゃんの身長と椅子の高さを合わせた高さは155 cmでした。椅子の高さは何cmでしょうか？

この結果，Bの正答率がかなり高いことが明らかとなった（De Corte & Verschaffel, 1985）。このことから子どもにとっての文章題の難解さは，算数そのものの難しさだけでなく，子どもの考え方の特性，上記の例では，部分と全体の関係の理解が困難，という子どもの思考の特徴が関係している可能性があることを示している。教える側の教師は子どもの思考の特徴を心に留めておく必要があるだろう。

5）見えを超えて大人の思考へ　具体的操作期に入ると，徐々に自己中心性を脱し，論理的な思考の基礎になる数や量について，徐々に，見かけが変化しても，その「見え」にとらわれずに判断できるようになる。また，概念のクラス包摂関係も大人のものに近づいてくる。ただ，具体的操作期では，論理的に思考できるのは具体物を操作する場合に限られる。他方で形式的操作期になると，具体物がなくても言葉や数字，数式などの形式を操作して論理的な思考ができるようになる。こうなると，具体物が存在しない「平和」「勇気」などの抽象的な概念についても，言葉や記号等を駆使してイメージできるようになる。

ところで，科学に不可欠な思考方法に仮説演繹的な思考や組み合わせが挙げられる。仮説演繹的な思考とは，「もしAであったら」と仮説を立てて考える思考方法である。よく考えてみると，「もし」というのは，仮の世界の話なので実態や実物がない。これを熟考するのが仮説演繹的思考であることに気づけば，これが具体的操作期の子どもたちには難しいことが理解できる。組み合わせについても，たとえば，4人で2人組のペアをつくる組み合わせを考える場合，4体の人形があれば比較的考えやすいが，そうでない場合は記号を使わなければ簡単とは言えないだろう。このような科学に不可欠な思考様式も，見えないものを操作する思考様式は形式的操作期になって可能になるとされている（青木，1998；青木・丸山（山本），2010; Eggen, 2007）。

2．教科教育と子どもの思考

ピアジェの研究は，子どもの認識に関する後続の多くの研究を生んできた。ここでは，教科教育にも関係する科学概念と，社会的認識に関わる研究を紹介する。

[2-1] 科学概念の発達と誤概念

前述のように，人間は赤ん坊のころから自分にできる範囲で自分の周りの世界に働きかけ，世界に関する自分なりのイメージを形成している。こうして，日常生活の中で科学現象を観察し，経験知を積み上げていく。しかし，この自分なりの経験を積み上げて形成した自分なりの理屈が科学の理論と異なっている場合があることが知られている。ヴォスニアードとブルワーは，小学校1年，3年，5年生を対象に「地球は

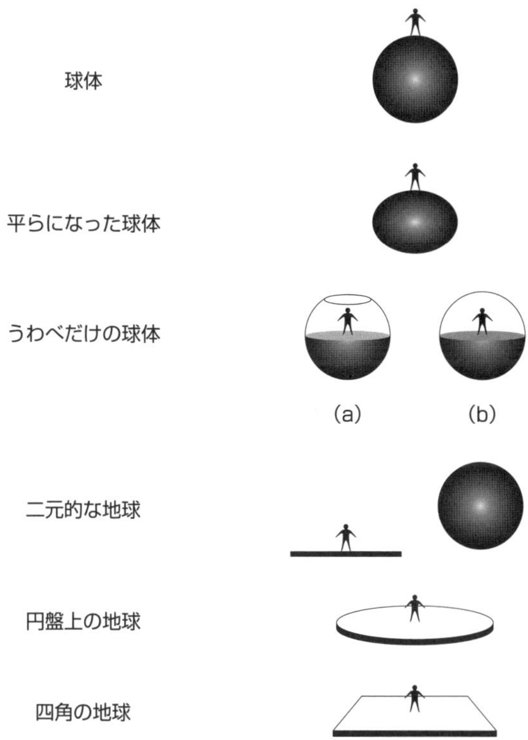

図 1-4　地球についての子どもの素朴理論（Vosniadou & Brewer, 1992）

丸い」という科学的事実と自分たちの住む「大地は平ら」であるという日常経験的な感覚の矛盾をどのように理解しているのかを調べた（Vosniadou & Brewer, 1992)。その結果，子どもたちは2つの知識を組み合わせたような概念をもつことがわかった。

図1-4では1番上が正しい概念である。下から2番目の図は，同時に2つの概念をもっており，「地球」という言葉が出てくると「丸い」と答える段階である。上から2番目，3番目の図は地球の丸さと平らさを何とか統合しようとしている段階だが，その統合はうわべで終わっている。つまり，2番目のものは，地球の丸さと大地の平坦さを何とか統合しようと，地球が少しつぶれて，人が立っているところが平面になった地球概念を表している。このように，教師や大人の問いかけに，子どもたちは口では「地球は丸い」と科学的に正しい回答を答えるかもしれないが，実際に子どもたちがもっている概念は科学的とは限らないことが示されている。

子どもが日常生活の体験で培ったこのような誤った概念は素朴理論と呼ばれる。自分の実際の日常経験に根ざした理屈であるため，堅固で修正されにくく，子どもだけでなく大人でももっていることが知られている。ヴォスニアードらの研究は，科学概念の学習に関しては子どもがどのような概念をもっているのかを示している。教師を目指す人にとって，このことの重要性を知ることは大切であろう（青木，1998)。

[2-2] 社会的認識の発達

まず社会科の教科書の記述に関する小学校3年生と母親の対話を見てみよう。

子ども：「お母さん，『みずた』って何？」
母親：「みずた？どこにあった？そのことば？」
子ども：「(教科書を指して) これ！」
母親：「なーんだ。それは『すいでん（水田)』って読むのよ」
子ども：「へえー。『すいでん』かあ……。ねえお母さん，『すいでん』って何？」
母親：「えー？『水田』知らないの？『田んぼ』のことよ」
子ども：「え？『田んぼ』って『すいでん』っていうの？なんで『たんぼ』って書かないの？」

社会科の教科書の中には，上の例に見られるように子どもが使う日常用語とは異なる単語が多く出てくる。たとえば，「おまわりさん」と警察官，「武士」と「お侍さん」などである。さらに「発電所」「桑畑」「造幣局」「税務署」等，見たことも聞いたこともないもの，何をやっているのかまったくイメージできない場所もたくさん出てくる。さらにこれらの言葉を使って見えない社会の仕組みをイメージすることは，小学生にとって困難であることは理解できる。

理科で扱われる自然科学は，直接観察可能であるため，実験や観察を通して具体的に関わる場面を設定できる。ところが社会科学で扱う社会現象やその認識は，目の前にいる「人」や「物」を扱うというよりは，それらの背後にある観察不可能な現象，たとえば金銭の機能や意味，流通の仕組み，価格割引と顧客の獲得の関係，政府の仕組み，目の前を超えた過去の経緯や歴史が学習の対象になる。つまり社会科には，子どもにとって教科特有の困難がある（深谷，2010）。

表 1-2　社会的認識の発達の 4 段階：売買での例（Furth, 1980）

		売買の個々の状況の理解の度合い		
		顧客の支払いの理解	顧客と店主の関係理解	店主の利益の理解
売買の認識のレベル	第 1 段階（概念の欠如）	×	×	×
	第 2 段階（初歩的理解）	○	×	×
	第 3 段階（部分的理解）	○	○	×
	第 4 段階（包括的理解）	○	○	○

表 1-2 は，子どもの社会的認識の発達に関する研究結果である（Furth, 1980）。第 1 段階は経済活動に関する基本的な概念，つまりお金の機能や商品の購入，金銭を得る手段等について理解していない段階で就学前児に多く見られる。第 2 段階は小学校低学年の過半数にあたる児童に見られる初歩的な理解の段階で，買い物場面の観察経験から知識を得た状態である。次の段階は労働と賃金など，基本的な概念や売買の基本的な仕組みは理解しているものの，店主側の利益については理解できていない状況となる。これらをすべて理解できるのが最終段階となるが，第 2 段階から最終段階への移行は小学校高学年頃に生じるとされている（深谷，2010）。

[2-3] 教育的な示唆

子どもは大人と同じように考えるとは限らない。教師はこのことを忘れずに，ピアジェの臨床法のように，教材を通して徹底的に対話する態度が必要であろう。そうでなかったら，子どもたちが学校で学ぶ新しい知識が自分のもつ他の知識と結びつかないままに終わり，教科の面白さを伝えることができないに違いない。こうなると学校で学ぶことは，単なる知識の断片となり，学校での学びとは，知識の断片を暗記するものになってしまうかもしれない。また発達段階の考え方を用いると，クラスには多様な発達段階の子どもたちがいると想定しやすくなる。これは，クラスの多様性を理解する一助となるだろう。

3．ヴィゴツキーの社会・文化的視点

次のような場面を考えてみよう。小学校に入学したばかりの子どもは，家族と一緒に翌日の準備をする。この準備は幼稚園の頃とはまったく違っている。教科書やノート，連絡帳，筆箱をランドセルに入れる。筆箱の中をチェックして，鉛筆や消しゴムがそろっているかを確認する。連絡帳を見て，その他に忘れ物がないかを確認する。そして，毎日繰り返していくうちに，子どもたちは家族の助けがなくても1人でチェックして1人で準備ができるようになる。この子どもの成長はどのように説明できるだろうか。

[3-1] 社会・文化的な視点と発達

上記の例はヴィゴツキーの社会・文化的な視点で捉えることができる（青木，1998；青木・丸山（山本），2010）。ピアジェが人の成長と発達を，発生生物学的な観点で捉えたのに対して，ヴィゴツキー（L. S. Vygotsky）は，人を社会的，歴史的な文脈の中で理解しようとした。つまりヴィゴツキーは，個人そのものというよりも，個人間の相互作用に注目し，個人を取り巻く社会や文化の全体的なシステムが思考の発達に影響を与えると考えたのである。

上記の例で考えてみよう。まず，「学校に行く」こと自体，1つの文化である。この文化があるから自分自身の準備をする活動が生まれる。ここでヴィゴツキーの言う文化には「道具」が含まれる。ヴィゴツキーはこの道具には，思考を支える道具と精神的な道具があると考えた。前者は，活字や定規，計算機，ノート，コンピュータ等が挙げられる。後者は言語，数や公式，地図，符号，手話等である。そしてヴィゴツキーは文化の中の「言語」が思考に重要な役割を果たす道具だと考えた。上記の例は，学校で使う（思考を支える）道具の準備を，言語（という道具）を用いたやり取りを通して学び，学校（という文化）に馴染む方法を伝授してもらっている，と考えることができる。

ヴィゴツキーは人が新しい活動が自力でできるようになるまでに，高次な精神機能は2度現れると言う。最初は他者とのやり取りを通して（精神間），次は子ども自身の中で（精神内）の2度である。つまり，最初は文化的に自分より優れたもの（大人や年長者，自分の知らないことを知っている仲間等）との活動（ここでは明日の準備）を通して相互作用するなかで精神が高められる。次に慣れてくると子ども自身がそのプロセスを内面化する。こうして，家族の助けを借りずに子どもが翌日の準備を

自分でできるようになって，子ども自身の認知発達となって現れることになる。このように子どもは，社会・文化的な文脈の中で活動を通して発達すると考えた。

道具としての言語　このときヴィゴツキーは，高度な思考をするには高度な道具を使う必要があると考えた。そして高度な思考のための道具として言語が最も重要だと考えた。なぜなら，人は他者と相互作用するとき，言語によって質問したり，解決の糸口を提案してもらったり，概念を説明してもらったり，過去や現在，未来をつなげたりするからである。またヴィゴツキーは，発話は子どもが自分自身を制御するために重要だと考えた。たとえば最初の例の場合，慣れないうちは家族に「さあ，明日の準備をしよう」と声をかけてもらうかもしれない。しかし慣れてくると，自分自身に「さあ，明日の準備をしよう」と声をかけて自分を制御するようになる。やがて，自分自身にこの言葉をかけなくても自ら進んで行動できるようになると考えた。彼は子どもが自分に向ける発話をプライベートスピーチと呼び，自分の思考や活動を自己統制するのに役立っていると考えた（Eggen, 2007）。

[3-2] 発達の最近接領域と足場かけ

ヴィゴツキーは，子どもの能力を，①すでに知っていて，独力で達成・解決できる部分と，②学習の準備ができてなく，熟達者・援助者（親，教師，指導者，仲間等）の援助があっても解決できない部分とに分けている。彼が発達の最近接領域（zone of proximal development: ZPD）と呼ぶのはこの 2 つの間の領域である（図 1-5）。この領域では，自分だけでは解決できない問題でも，熟達者・援助者の指導や補助を受ければ解決できるとする。そして最終的には，指導や補助なしに独力で達成・解決

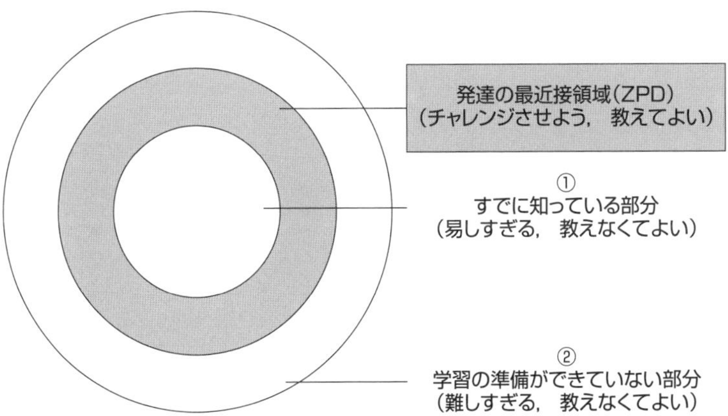

図 1-5　ヴィゴツキーの「発達の最近接領域」（Woolfork, 2008 より作図）

できるようになる。このとき，援助者の指導や補助の方法として「足場づくり（scaffolding）」が有効とされる。教育的な足場となりえるものとしてモデリング，適切な教材の使用，考えを声に出して解いてみる，手がかりを先に与えるなどが考えられる（青木，1998；青木・丸山（山本），2010）。藤田（2015）は，大人がいない幼児の遊び場面では，ルールが生まれるといざこざが少なくなることを示している。つまりルールは仲間同士の関わりにおいて，いざこざを回避する足場かけになっている可能性がある。

[3-3] 教育的な示唆

ヴィゴツキーは，教育に資するために，次のことを提起している。まずは，子ども自身が自分で解決できるようになるまでは，教師や仲間などの援助が必要だということである。また支援する際には，子どもたちに過度のストレスを与えたり，退屈すぎたりさせるのではなく，チャレンジして達成感を感じられるような工夫が必要だということになる。さらに，足場かけをすること，たとえばクラス内のいざこざを減らすには，学級開きなどの機会に，子どもたちと一緒に，よりよいクラスにするためのルールを設定することで，これが良い学級経営の基盤になる可能性を示唆していると考えられる。

4．ことばの発達と教育[1)]

大人は，他者と会話するときだけでなく，文字で情報を収集し，ものを考え，聞いたことをメモしたりする。文字は大人が思考する際になくてはならないものであり，社会は文字を駆使することが前提で成り立っている。しかし，大人にとって当たり前のこの文字は，小学校に入学してから本格的に学習し始めるものに過ぎない。小学生の視点で見るなら，入学前には文字で情報を伝えたり，文字から情報を読み取ったりすることのない世界に住んでいたことになる。話しことばしか知らない子どもたちが学校生活を通して文字を駆使して思考できるようになる。この変化は，子どものものの見方，考え方に大きく影響している。では，文字を知らない，話しことば中心のものの見方とはどのようなものだろうか。次の例を見てみよう。

ある保育園に「えぐさ先生」という教育実習生が来た。大人は「えぐさ先生」と聞くと，「どのような字を書くんだろう」という発想がまずは思い浮かぶ。ところが4歳の男の子は「つまようじみたいななまえだね」と言った。母親が「どうして？」と

1）ここでの言葉の発達とは，コミュニケーション能力の発達も含まれる。つまり，ここでは言葉の発達とは単なる「言葉（word）」の獲得ではない。よって「ことば」という語を用いる。

聞くと，小学校2年生の姉が解説してくれた。「あのね，えぐさの『ぐさ』っていうのが，爪楊枝を『ぐさっ』って刺すみたいだって言いたいのよ」と。この解説に男の子は「我が意を得たり」という満足そうな表情で「うん」「うん」とうなずいていた。

別の例を挙げよう。小学校3年生の女の子が，嘔吐が主症状の風邪で気分が悪いまま登校した。そして2時間後に教室内で嘔吐して帰宅することになった。聞いてみると彼女はその間3度も保健室に行き，そのたびに教室に戻された。詳しく聞くと彼女は保健室で先生に3度とも「けがしましたか？」と聞かれたという。そこで「いいえ」と答えて教室に戻ったそうだ。よくよく聞いてみると，保健室の先生が「吐き気がしますか？」と聞いたことばを彼女は「意味」ではなく「音」で聞き取った。その結果「はき**けが**しますか？」と聞き取り，保健室が普段，けがをした際に行く場所でもあることから「けがしましたか？」と問われたと勘違いして「いいえ」と回答したようだった。この場合，保健室の先生が，「ゲーが出そう？」と子どものことばで話しかけていたら，事態は違った方向に向かったと考えられる。

このように文字を知らない幼児は，大人にはわからない感覚で世界を連想し，その幼児の連想を文字に不慣れな小学校低学年の子どもたちは理解できる。話しことば中心の世界に生きている子どもたちと活字に習熟し，それが思考の道具となっている大人たち，ここにも思考や発想の違いの要因があると言える。

[4-1] 話しことばと書きことば

上記の例は，話しことばを中心にことばを習得した子どもの話すことばと，文字を駆使して思考の道具にする大人のことばは少し異なる様相をもつことを示唆している。これについて岡本（1984）は，小学校1年生の児童の作文を例に，説明している（表1-3）。

表1-3の例は，同じストーリーについて，話しことばで表現してもらった場合と，書きことばで書いてもらったものである。これによると，話しことばは短いことばで対話的に，時に逆戻りしながら関西弁で表現されている。他方で作文という書きことばになると，1つの文がとても長くなり，表現は標準語になっている。このことから，話しことばを文字にすれば書きことばになるわけではないことがわかる。つまり，話しことばと書きことばには，子どもにとっては大人が気づかない大きな乖離があると考えられる。そして，人が幼い頃，さまざまな経験，体験をし，人格の基礎となる自我を形成するのは，書きことばによる文章というより，対話を通した話しことばによる周囲の人たちとのやり取りであると考えられる。

表1-3　話しことばと書きことば（岡本，1984）

A児の場合
〈話しことば〉
T（実験者）：どんな絵でしょうか
A：わかんないなあ
T：どんなお話？
A：わかんないなあ
T：全然わからんの？
A：ん！……はじめなー，ウサギさんがなー，えっとなー，ブランコ乗っててなー，えっ，イヌとキツネ，キツネがなー，走ってきてなー，ほんでなー，キツネがなー，あんなふり落としてなー，ウサギさんが泣かはってん。ほんで，イヌは，何じゃこれ？何かしらんけどなー，えー，…これは…ウサギさん…じゃないわ，キツネさんにな，おこったはんね（怒っているの）（以下略）

〈書きことば〉
はじめうさぎがぶらんこをとっていたらいぬがじゅんばんをまっているところにきつねがぶらんこをゆらしてうさぎがぶらんこからおちてうさぎはおちていぬがきつねをおこっていました。

[4-2] ことばの意味はどこにあるのか

人は他者とことばでやり取りをする。ところでことばの意味はどこにあるのだろうか。これに関して，コミュニケーションで意味を伝達するのはことばだけではないことが知られている。たとえば，発話者の意図は，ボディ・ランゲージと言われる発話以外の身振りや手振りでも伝えることができる。「来て」と言わなくても手招きをすれば相手に意図は伝達できる。また，ことばの意味は周りの状況によっても異なってくる。たとえば，「私はキツネ」ということばを英語に訳すように言われたとき，“I am a fox.”以外の訳を思いつく人は少ないに違いない。しかしこれがうどん屋での会話であるとすると，「私はキツネ」とは，「私はきつねうどんにする」という意味であり“I am a fox”という訳は正しくないことになる（堀・石崎，1992）。

ことばは発話者の表情によっても意味が違ってくる。たとえば「もういっぺん言ってごらん」ということばを例に考えてみよう。普通に考えるなら，繰り返しの要求という意味である。ところがこれがもし，子どもが乱暴なことばを言った後に，母親が怒った顔をして「もういっぺん言ってごらん」と言ったとする。するとこのことばは，「二度と言うな」という真逆の意味となる。そして興味深いことに，幼児でもこのことばの真意を理解できるのである（青木，2002）。

ことばの意味は，発話のイントネーションによっても異なってくる。たとえば，「水」という短い単語について，語尾を上げれば一語一句変えることなく疑問文になる。しかしこれを書きことばで疑問文にしようとすると「ですか」を付けなければならない。このように，話しことばの世界では，ことばの意味はことばそのものの中だけでなく，発話者の身振り，手振り，状況，表情などのことば以外の情報とことば自体の相乗効果によって成り立っている。そして，学校教育の中で学ぶのは，文字を書くことと読むことが中心である。つまり学校での学びとは児童にとっては，自分が生まれて以来生きてきた表情や情動の豊かな世界とは別の，記号の世界の活動を学ぶことになる側面がある。

[4-3] 書きことばと学校生活

話しことばは対面でなされるために，短いことばの中に豊かな表情性をもっている。しかし，基本的に声の届く範囲の情報しかキャッチできない。加えて声の情報は，時間や空間を越えることができない。つまり他者と「共有」できる世界でのみ成り立つと言える。この点，書きことばは，時間・空間を超えることができる点に大きな特徴がある。この特徴のおかげで，私たちは時間・空間を超えて今はもうこの世に存在しない，世界中の先人たちの叡智に触れることができる。

また，学校生活では日常とは異なる対話が必要となる。たとえば教師は児童生徒に向かって「みなさん，今日はよく頑張りました」などのように，「みなさん」を主語にして呼びかける。ところが家庭では子どもたちは「○○ちゃん」と固有名詞で呼ばれる。その結果，児童は教師が呼びかける「みなさん」の中に自分が入っていることを理解するのにはかなりの時間が必要となる。また，学校での発表は，クラス全員に向けて話をする。ところが家庭では家族の中の1人に向けて話すことがほとんどである。このように考えると，学校生活とは，子どもたちは家庭で培った対話とは異なる様式を学ぶ場とも言える。さらに学校では，文字を駆使する能力を身につけることに力点が置かれる。このように話しことばと書きことばの違い，家庭での対話と学校での対話の違いを考えると，その習得プロセスは子どもにとって簡単ではないことが想像できる（青木，1998）。

5．課題に向かう力を支えるもの

これまで，子どもの認知の発達について記述してきた。一方で認知に関してもう1つ重要なのが，人間の課題遂行能力であろう。課題を達成する力がなくして学びはありえない。学ぶためにはまず，課題に向かう力が必要になる。このとき，1つのことに集中しすぎて別のことをおろそかにしても状況の変化には対応できにくい。学校生活でも，廊下で音がするたびにそちらを向いていては授業に集中できない（森口，2015）。そして考えてみれば，それは学習場面に限定されるものではない。遊び場面でも日常生活の小さなことでも，課題に向かう力は必要になる。

[5-1] 実行機能（executive function: EF）

目標や課題を達成するためには，思考や行動を制御する能力が必要となる。たとえば，レポートを期日までに終えようとすると，スケジュールを立ててみて，場合によっては友達との外出の約束を優先したい気持ちを抑えて取り組む必要がある。このように目標志向的な行為を組織し，コントロールするプロセスが含まれる枠組み，つまり，目標志向的な思考，行動，情動の制御は実行機能と呼ばれる（森口，2015）。具体的には，自分が取り組むべき問題を選び，その解決に向けてどれだけ努力するかを決め，努力を妨げる気晴らしや中断を避けることができる能力のことである。

実行機能は脳の前頭前野の発達と深い関わりがあるとされている（森口，2015）。前頭前野とは，前頭葉における連合野であり，人では著しく発達しており，脳全体の約29%を占め，脳の中では最も成熟するのが遅い領域だとされている（森口，2015）。

実行機能はいくつかの下位概念で構成される。どの下位概念で構成するかについては複数のモデルが提案されているが，ここでは認知的側面に注目したミヤケら（Miyake et al., 2000）の「抑制（inhibition）」「更新（updating）」「切り替え（shifting）」の3要素を含むモデルを紹介する。

「抑制」とは，自分の注意をコントロールすることである。ダイアモンド（Diamond, 2013，図1-6参照）は，これを実行機能の核の1つとし，さらに「干渉抑制」と「反応抑制」に分かれるとしている。さらに「干渉抑制」を，認知的抑制（思考や記憶の制御）と選択的注意（注意のレベルでの抑制）とに分けている。

抑制には将来を予測する側面もある。抑制は幼児期から発達するものであるとされるが，たとえば10歳ごろまでに順番をきっちり守る，気が散ることなく持続性がある，衝動的ではないなどで，「抑制」が優れていた子どもは，10代の時にきちんと学校に通い，危険な選択をしたり薬物を摂取したりする可能性が低く，その結果，30代での健康や富を予測するとしている（Moffitt et al., 2011）。

実行機能のもう1つの核がワーキングメモリ（第3，7章参照）である（Diamond, 2013）。ワーキングメモリは，ミヤケらのモデルでは「更新」にあたるとされる。ワーキングメモリは，情報を頭の中に一時的に保持し，それを保ちながら作業する活動である。たとえば教師に指示された行動を取るにもワーキングメモリが必要になる（Diamond, 2013）。具体的には，まず頭の中でやらなければならない活動のアイテムを並び替える。次に指示されたことを行動計画に変換したり，新しい指示や情報を今やっている思考や活動計画に加える（アップデート）。こうして情報を頭の中で相互に関連づけて指示された活動を実行する。

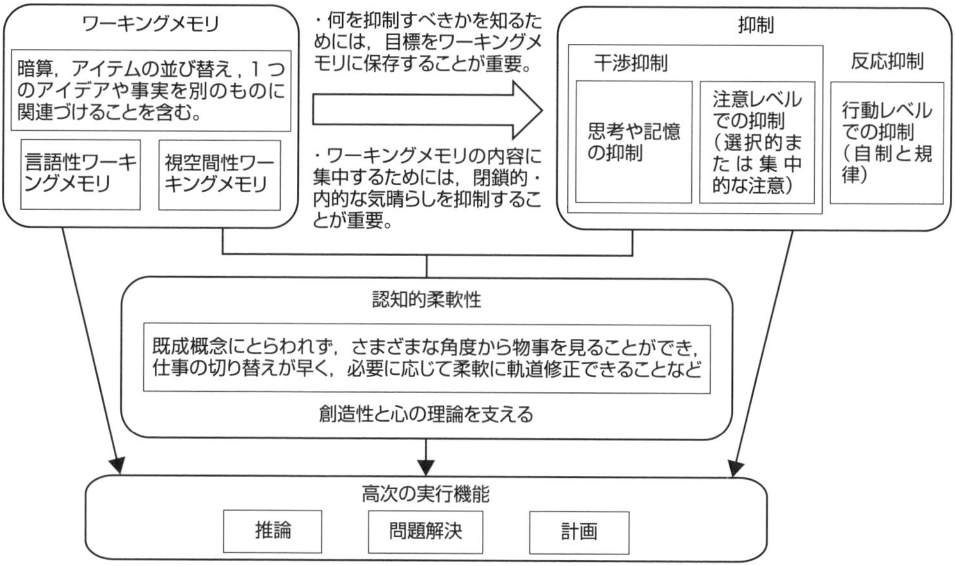

図 1-6　実行機能のモデル（Diamond, 2013 より作図）

これに関して，アロウェイら（Alloway & Alloway, 2010）は，ワーキングメモリとIQが学業達成に与える影響について調査した。その結果，ワーキングメモリはIQ以上に学業成績を的確に予測することが明らかになった。つまり，ワーキングメモリは学習にとって重要な要素である。

ところでワーキングメモリの容量の発達には個人差がある。アロウェイら（Alloway et al., 2009）は，ワーキングメモリの小さい子どもに着目し，IQや，語彙力，読解力等の認知能力や，教室での態度等について調査した。すると，ワーキングメモリの小さい子どもには，学習面で困難さを抱えること，課題を整理して完成させることができにくいこと，精神的な努力を必要とする活動に集中できにくいことなどの特徴が見られた。そして，ワーキングメモリが小さい子どもはこれらの特徴から，教師から，注意力が低く，気が散りやすい子どもであると見なされてしまうこともある。また，近年，発達障害との関連も注目されている。発達障害により，学習上で何らかの困難さを抱える子どものなかには，このワーキングメモリに問題を抱える子どももがいる。このようにワーキングメモリは，学習と深い関連が見られる。一方，学習上で抱える問題にワーキングメモリの弱さが見られないケースもあり，この場合，学習上の問題は，環境やその子自身の発達特性と関連する可能性がある（湯澤，2019）。

実行機能の３つ目の核として挙げられているのが，認知的柔軟性である

(Diamond, 2013)。これはミヤケのモデルの「切り替え」に相当する。認知的柔軟性は，要求や優先順位の変更に対応できる柔軟性のことである。たとえば，学校現場で生徒が教師の意図を理解していないとき，教師は生徒を非難することがある。しかし，教師にこの認知的柔軟性が備わっていれば，「どうすれば，この生徒は私が教えようとしていることを理解できるだろうか？」「この場合，教師として伝えなければならないことは何だろう？」などと柔軟に別の視点から考えることが可能になる。これができるためには，以前の視点を抑制し，別の視点をワーキングメモリに読み込ませる必要がある。つまり，認知的柔軟性には，抑制とワーキングメモリが深く関連している。

このように，実行機能は複数の下位概念から構成され，それぞれの要素は互いに深い関連をもっている。このように考えると実行機能は心と体の健康，学校生活や人生での成功，認知的・社会的・心理的な発達に不可欠なスキルであるとも言えるだろう。

[5-2] 非認知能力への注目

今まで述べてきたように，児童生徒の学習には認知能力は欠かせない。他方で近年，非認知能力への注目が高まっている。

非認知能力とは，意欲，忍耐力，自制心など，学校や社会での成功を支えると考えられている一連の態度，行動，方略のことである。可鍛性が高く，修正可能な非認知能力の要素として，自己認識，動機づけ，根気強さ，自制心，メタ認知方略，社会的コンピテンシー，レジリエンスとコーピング，創造性などが挙げられる（Gutman & Schoon, 2013)。これらは通常，学力テストで測定される読解能力や計算能力などの認知能力と対比される。しかしコーツら（Kautz et al., 2014）は，非認知能力は認知的発達を促すこと，そして「スキルはスキルを生む」ことを主張している。このようにこれらが認知的発達を支えている部分もあると考えると，非認知能力は認知能力やIQと同様に，またはそれ以上に重要であると考えられるようになっている(Gutman & Schoon, 2013)。

[5-3] 教育的な示唆

学校には多様な抑制システムがある。廊下で整列すること，教室で机に座って教師の話を聞くこと，友達と仲良くかかわること，怒りを抑えること，掃除や給食当番をきっちりおこなうことなどである。これらは実行機能や非認知能力ともつながっている。教師が学校での多様な活動について，実行機能や非認知能力の練習になっているという意識をもっていれば，子どもたちにかける言葉が違ってくるのではないだろうか。

第2章
社会性・道徳性の発達

藤村　敦

1．社会性の発達とその支援

[1-1] 学校教育の中で社会性を育てる

教育現場で，教師は必ず子ども同士のかかわり方について考えることになる。「この子どもは友達が少なくて心配だ」とか，「上手に友達と関係がつくれていないな」といった具合である。それは，学校は勉強をするとともに，人間関係も学ぶ場であるという考えからくるものであろう。このような教師の心配事について考えていく際，社会性の発達を学ぶことは，その解決の手がかりを与えてくれる。社会性とは，「生を受けてから社会の成員になるまでの過程で身につけていくものであり，人間関係を形成し，円滑に維持する能力（渡辺，1999)」である。一般的に学校教育において，子どもたちは集団で生活をすることを求められ，子どもたちには仲間とともに創り上げる活動が用意されている。ゆえに学校で生活していくうえでは，仲間との人間関係を形成する力が欠かせないものである。その「人間関係を形成する力」の育成のため，教師はクラス内において，学級活動の時間に仲間づくりをおこなったり，道徳などの授業で対人関係のあり方の学習をおこなったりしている。また，行事の中で，異年齢の交流活動をおこない，集団の中で自分のよさが発揮できる経験を意図的にさせるなどの取り組みをおこなっている。このような取り組みと並行して，活動の中で友達とうまく人間関係を結ぶことが難しい子どもへの個別な支援も必要になってくる。その際，子どもの社会性の発達をどのように捉え，支援していくとよいのだろうか。

[1-2] 社会性の発達

1）社会性の始まり　生まれたばかりの赤ちゃんのなかに社会性を有している子どもはいない。つまり，社会性は乳幼児の段階から少しずつ育まれるものである。赤ちゃんの社会性は身近な養育者との情緒的な結びつきからスタートする。ボウルビィ（Bowlby, 1969／邦訳，1976）は，子どもが母親とその他の人を区別し，特定の人に対して注意や関心を集中していく心理機制をアタッチメントと呼んだ。日本では愛着と訳されることが多い。このアタッチメントと呼ばれる情緒的な結びつきが社会性の始まりであると考えられる。繁多（1987）によると，その発達過程は4段階に分けられる。生後8～12週頃（第1段階）に，赤ちゃんには人に対してにっこりしたり，目で追ったりするなどの人とのかかわりのための反応や行動が見られる。そして，生後12週から6か月頃（第2段階）にはこの反応や行動が増え，特定の人（たとえば母親）に対して他の人より余計にほほ笑むといった，「特定の人に対する好み」が見られるようになる。6か月～2，3歳頃（第3段階）には，特定の人と他の人々をはっきり区別して，特定の対象に対する接近・接触を求めるようになる。つまり，この段階においては，赤ちゃんは特定の人を愛着の対象と見なしている。この頃の赤ちゃんは，他の人がいなくても平気なのに，母親が見えないと泣き出したり，他の人があやしても泣き止まないのに，母親が来ると泣き止んだりする。3歳前後以降（第4段階）になると，愛着の対象と離れていても，その対象との絆をしっかり心の中に表象として保ち続けることができるようになる。この頃になると，多くの子どもは安全基地を心の中に保ち，安心して活動できるようになるという。つまり，発達の初期段階の社会性の育成にとって，このアタッチメントが重要である。安全基地となる特定の人（身近な養育者）との間に安心感を得ることができるよう支援していくことで，子どもたちは特定の人以外の人と関係をもつための学習をすることができるようになっていく。

2）身近な養育者と学ぶ「やりとり」　身近な養育者との良好な関係を基盤として，子どもは特定の人以外の他者と関係をもつために必要な，物（もの）などを介するやりとりの方法について学んでいく。身近な養育者であれば，子どもが呼べばすぐに来てくれたり，一緒に遊んでくれたりするが，それ以外の人となればそうはいかない。このような他者と関係をもつためには，自分から何かを見せるなどして誘ったり，相手の持っている物に反応するなどの行動をしたりしなくてはいけない。つまり，やりとりが必要になるのである。子どもたちは主に身近な養育者との間でこのやりとりを学ぶことで，特定の人以外の他者との間でも適切なやりとりをすることができるようになっていく。子どもと他者とのやりとりについて，やまだ（1987）は三項関係という言葉を用いて説明している。三項関係は，第一項である「私」，第二項である「あなた（身近な養育者または特定の人以外の他者）」，そして第三項である「もの・こと・ひと」で説明される（図2-1）。子ども（第一項）があなた（第二項）とかかわるときには，もの（たとえば，おもちゃ）を共有してかかわったり，こと（たとえば，思い出や出来事）やひと（たとえば，遠くにいる人）の話を共有したりするというものである。熊谷（2006）によると，三項関係が形成される前に，まず二項関係が形成されるという。二項関係は2種類存在する。1つは，子ども自身（私）と，身近な養育

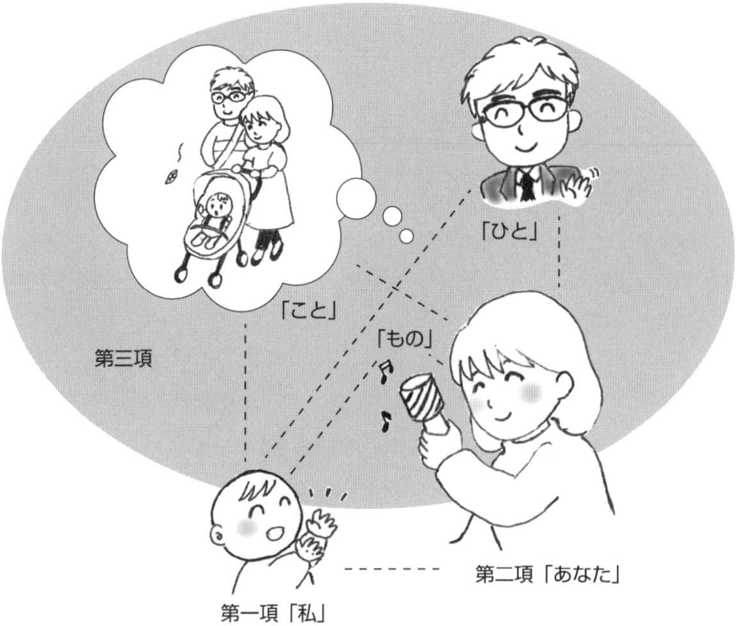

図 2-1　三項関係の基本形

者など（あなた）との関係である。これは 2 か月頃から始まる。たとえば，親子のスキンシップなどがこれにあたる。2 つめは，子どもと「もの」との関係である。子どもが一人でおもちゃで遊ぶ（一人遊び）などがこれにあたる。これは 4 か月頃に始まる。この 2 つの二項関係の経験を経て，子どもは「もの」などを介して養育者とやりとりをするようになる。このことから，このような時期の子どもたちの社会性を広げていくには，身近な養育者との良好な関係を確保しつつも，子どもと「もの」との関係をつないでいくことも必要になる。たとえば，子どもがいろいろなおもちゃで楽しく遊ぶことができるよう支援していく必要などがあるだろう。

このような 2 種類の二項関係を基盤として，子どもは第三項である「もの」などを介して養育者とかかわることができるようになる。養育者と大好きなおもちゃを介して遊ぶといった具合である。では，このようなさまざまな「もの」「こと」「ひと」を介して子どもとかかわる際，気をつけなくてはいけないことは何だろうか。藤村ら (2013) は，「私」と「あなた」の二者が共通の「もの」に関心を向ける共同注意や，共通の「もの」に関する感情を分かち合えるよう促す「情動の共有」が大切であると述べている。つまり，いろいろなものを一緒に見たり，一緒に喜んだり悲しんだりする経験の積み重ねが社会性の基礎を培うということであろう。

3）幼児の遊びの段階　養育者とのかかわりを中心とする三項関係が形成された後，第二項である「あなた」が，身近な養育者から，特定の人以外の他者（たとえば仲の良い友達）へと変わる機会も多くなっていくと考えられる。友達と遊ぶことなどを通して，養育者以外の他者とさまざまな「もの」「こと」「ひと」を共有することが多くなる。関係をもつ対象が広がることで，子どもの社会性はさらに発達していく。

幼児の遊びの中には，社会性の発達が見て取れる。パーテン（Parten, 1932）は，幼児の友達との遊びを6段階に分類した（表2-1）。その遊びを詳しく調べていくと，一人遊びは2～3歳児に多く，その後は減少していく。それに対し，連合遊びや協同的遊びは年齢とともに増加していく（図2-2）。連合遊びをおこなうには友達と遊びに関する会話や物の貸し借りをしなくてはいけないし，協同的な遊びをおこなうには，

表2-1　パーテンの遊びの発達段階（Parten, 1932）

何もしていない	遊んでいる様子はなく，周りの出来事に気をとられている。
一人遊び	近くにいる子どもとは違うおもちゃで一人で遊んでいる。
傍観的行動	仲間が遊んでいるのを見ているが，遊びには加わらない。
平行遊び	一人で遊んでいるが，他の子どもたちの近くで同じようなおもちゃで遊んでいる。相互交渉がみられない。
連合遊び	遊びに関する会話，物の貸し借りがある。類似の活動をしているが，役割分担が明確でない。
協同的遊び	組織化された集団遊び。共通の目的を達成するために役割分担がみられる。

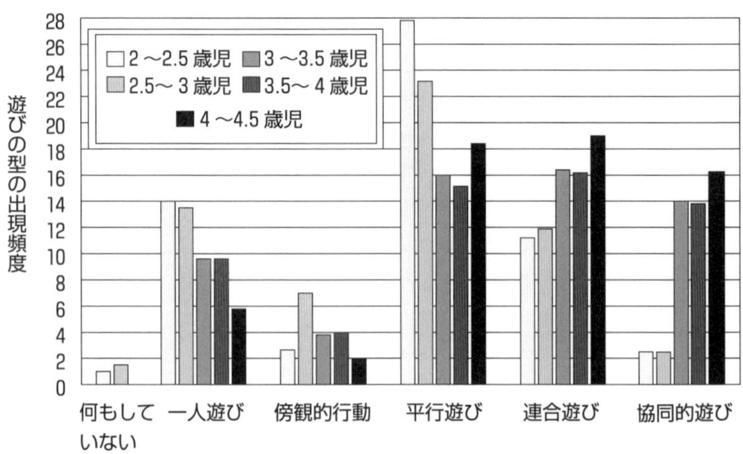

図2-2　乳幼児保育園での遊びの型の年齢変化（Parten, 1932）

共通の目的に向かって声をかけ合わなくてはいけない。つまり，社会性の発達とともに，子どもの遊びの様相は変化し，それと同時に子どもは他者とかかわるためのさまざまなスキルを獲得していくことになる。社会性を育てるには，養育者が遊びなどのさまざまな場面や活動を通して，このスキルをどのように伝えていくのかが重要になる。このことは子どもの遊びに限ったものではなく，その他の生活全般についても同じことが言える。では，このようなかかわる対象が大きく広がっていく段階にある子どもたちの社会性の発達を支えていくには，どのようなことに気をつけていくべきであろうか。

[1-3] 社会性の発達を支える

1）ソーシャル・スキル　子どもが友達や先生といった他者とかかわり，集団の中で生活をおこなうためには，そのためのスキルが必要になる。他者とのかかわり方の中で，学習され，獲得される部分に着目したスキルを，ソーシャル・スキル（社会的スキル）と呼ぶ。ソーシャル・スキルとは，狭義には「対人場面において相手に適切にかつ効果的に反応するために用いられる言語的，非言語的な対人行動」と定義される（相川，1999）。幼稚園児が，友達におもちゃを貸して欲しいときに，「○○ちゃん。このおもちゃ貸して」と言うといったコミュニケーション行動もこの中に含まれる。また，大人の場合，初対面の場合にはいきなりプライベートな質問はせずに，「今日は寒いですね」などのあたりさわりない話をするといった社会的ルールに沿った言動や行動も同様である。子どもは成長とともにこのようなソーシャル・スキルを身につけ，集団の中で活動していくことができるようになる。それでは，このソーシャル・スキルをどのように身につけさせていくとよいのだろうか。

2）モデリング　子どもが集団の中で活動できるようになるためにはソーシャル・スキルの獲得が必要である。しかし，これは自然に獲得できるというものではない。何らかの環境や支援がないと，このスキルは獲得できないと考えられる。幼稚園児のおもちゃの貸し借りを例にとって考えよう。おもちゃで遊びたいと思っているＡ児が遊びたいおもちゃはＢ児がすでに使用していたとしよう。この場合，Ａ児にとっては友達に「貸して！」と言えること，すなわちソーシャル・スキルが必要になる。それではスキルを獲得するにはどのような方法があるだろうか。１つめの方法は，誰かが直接Ａ児に指導するという方法である。たとえば，先生がＡ児に「Ｂちゃんに貸してって言ってごらん」と借りる方法を教え，Ａ児がＢ児に伝えることができ，その結果，おもちゃを得ることができたとしよう。そうすれば，Ａ児は「貸して！」と相手に伝えると，好きなおもちゃを借りることができるということを学習するだろう。このような学習の仕方はオペラント学習で説明できる（第５章参照）。２つめの方法は誰かの行動を見本として学習する場合である。A児のそばにいるC児がB児に対して「貸して！」と言い，A児の欲しかったおもちゃを借りたとしよう。この時，A児はC児の言動を見聞きし，どうすればおもちゃを借りることができるのかについて学習することができる。このように，他者の言動を参考にして，ソーシャル・スキルを獲得する方法もある。バンデューラ（Bandula, 1971／邦訳，1975）は，他者の行動を観察することで，その行動をするようになるという学習の方法をモデリング（観察学習）と呼んだ。これらのことから考えると，子どもの社会性を発達させるには，子どもにとって必要とされるソーシャル・スキルについて，大人が直接支援したり，子ども同士で観察し合ったりすることのできる環境が必要になる。また，獲得したスキルを実際に使ってみることのできる場面も必要になるであろう。教師は，子どもにとってどのような環境がソーシャル・スキルを学ぶのに適しているのかについてつねに考えておく必要がある。どのような人数で学ぶのが適切なのか，どのような友達の組み合わせで学習することが適切なのかなどについて考えていくことが大切であろう。

3）ソーシャル・スキル・トレーニング　すべての子どもたちが集団の中で，友達の様子をモデルとしてソーシャル・スキルを獲得していくことができればよいが，それだけでは不十分な場合もある。現代社会は子どもたちの遊びや交流の時間が減少しているとも言われている。その少ない時間の中で，スキルを獲得できない場合には計画的に指導していくことが必要になるであろう。ソーシャル・スキル・トレーニング（Social Skill Training: SST）とは，人間関係を円滑にするために知識や技能を指導する指導技法の1つである。ソーシャル・スキル・トレーニングは，学級活動の中や，自閉症スペクトラム児など，友達との人間関係のもち方などに難しさを感じる子どもたちなどに対して多く実践がなされている。実施形態も個別に指導するSSTと，グループや学級に適用するソーシャル・スキル教育が存在する（橋本，2016）。ソーシャル・スキルの指導の一般的な方法は図2-3のようなものである。まずは①指導したいスキルを直接伝え，子どもの理解度によっては，そのようにしなければならない理由などについても触れる（教示）。その後，②実際に友達や先生の見本などを見て実際のやり方を学ぶ（モデリング）。③学んだ後は，実際に練習をおこない（リ

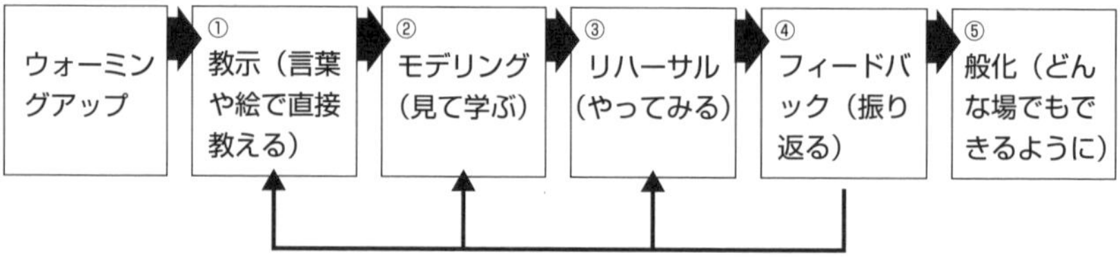

図2-3　ソーシャル・スキルの指導方法（上野・岡田，2007）

表 2-2　長期的な SST プログラム（堀部，2018）

月（回数）	エクササイズ	内容　［　］内は形態	ねらい
4月（3回）	きみこそスターだ（1～3年生） 探偵ゲーム（4～6年生）	じゃんけんをして，勝った人が負けた人からサインをもらう［全員］。じゃんけんをして，買った人が質問をして，相手がイエスといったらサインをもらう［全員］。	「おねがいします」「ありがとうございました」「どうぞ」を，相手の顔を見て言える。
5月（3回）	どちらを選ぶ	2つの選択肢から1つを選び，自分の選んだものを伝える［ペア］。	相手の顔を見て聞く，うなずきながら聞く，あいさつをする。
6月（4回）	アドジャン	「アドジャン」の掛け声に合わせて指を出し，その合計数のお題について順番に答える［グループ］。	相手の顔を見て聞く，うなずきながら聞く，あいさつをする，自分のことを端的に伝える。
7月（3回）	いいとこみつけ	互いのシートに相手のいいところ2つに○をつけあい，いいところを伝えあう［グループ］。	友だちや自分のよいところを見つける。
10月（3回）	どちらを選ぶ	2つの選択肢から1つを選び，自分の選んだものを伝える［グループ］。	相手の顔を見て聞く，うなずきながら聞く，自分のことを端的に伝える。

ハーサル)，④その練習の様子がどうであったか振り返ったり，ほめたり，訂正したりする（フィードバック）。その後，⑤学んだスキルがどんな時でも，どんな場でも，どんな人に対してでもできるよう指導を続けていくことになる（般化）。SST においては，学んだスキルが普段の生活に生かされるという「般化」が重要である。これについて，個別の学習ではこの般化が起こりづらいという指摘や，SST は個別にではなく，クラス全体におこなうと周囲の子どものスキルも向上するため，トレーニングの般化効果が期待できるという指摘もある（藤枝・相川，1999）。

この SST を計画的，長期的におこない，子どもの行動に関する問題の発生を予防しようという取り組みもある。表 2-2 に長期的に行われた SST プログラムの具体的な内容を示す。

2．道徳性の発達とその支援

[2-1] 学校教育の中で道徳性の発達について考える

「この子どもはいつもケンカばかりして困る」「悪いことをした時にどう指導したら

よいかわからない」という声が教育現場ではよく聞かれる。子どもは生まれながらにして，して良いことや悪いことについてわかっているわけではないため，教育現場においては，子どもたちにものの良し悪しについて指導していく必要がある。先に述べたソーシャル・スキルに関する学習も必要であるが，大人が生きていくためのソーシャル・スキルの数は相当な数であり，そのすべてを学習するのは難しく，子どもが自ら判断して，活動をしていく力が必要になってくる。この力の育成に関して，示唆を与えてくれるのが道徳性の発達に関する研究である。

学校は集団で生活をする場である。それゆえ，互いに他者を尊重して協働的に学んでいく姿勢が求められる。ゆえに，学校の中で社会のルールやマナーを学んだり，自分はどうあるべきか考えたりするなどの道徳性をその発達に応じて育むことは必要なことである。この道徳性に関して，平成27年には学校教育法施行規則が改正され，「特別の教科 道徳」が新設された。この背景には他教科より道徳の指導が軽んじられていたことなどがある。そして，改善の方向性として，道徳の内容をより発達の段階を踏まえた体系的なものにすることなどが挙げられている（文部科学省，2017）。このことからも，学校教育の中で「道徳性の発達」をどのように考えていくかという視点は非常に重要であることがわかる。

[2-2] 道徳性の発達

1）子どもの善悪の判断基準の変化　ピアジェ（Piaget, 1932／邦訳，1957）は子どもの道徳判断の発達的変化について検討をおこなっている。それによると，子どもの道徳判断は，8歳前後を境に他律から自律へ移行するという。ルール理解を例にすると，「他律的な段階」とは，ルールは外から与えられたもので変えることができないと考える考え方であり，「自律的な段階」とは，ルールは相対的なもので，皆の合意があれば変えることができるという考え方である。つまり，幼い時期は先生などの大人から与えられたルールが絶対であり，して良いこと，悪いことに関する自分なりの判断基準はもっていないということになる。他律的な段階に入り，子どもはルールそのもののあり方に気づき，それとともに道徳性に関して自分なりに考えをもち，自ら判断していくことができるようになるのであろう。学校においては，さまざまな活動をする際に，ケンカが起こることがあるが，活動のルールを柔軟に変化させ，相手に合わせてハンディキャップや特例を許容したり，ルールを守ることよりも活動そのものの楽しみを重視したりすることができるようになるのは，自律的な段階にならないと難しいと言えそうである。

2）道徳性の発達段階　それでは，子どもたちの道徳性は具体的にどのように発達していくと考えられるのだろうか。コールバーグ（Kohlberg, 1969／邦訳，1987）

> Aさんの奥さんががんで死にかかっています。お医者さんは「ある薬を飲めば助かるかもしれないが，それ以外に助かる方法はない」と言いました。その薬は，最近ある薬屋さんが発見したもので，10万円かけて作って，100万円で売っています。Aさんは，できる限りのお金を借りてまわったのですが，50万円しか集まりませんでした。Aさんは薬屋さんにわけを話し，薬を安く売るか，または不足分は後で払うから50万円で売ってくれるように頼みました。でも薬屋さんは，「私がその薬を発見しました。私はそれを売って，お金をもうけようと思っているのです」と言って，頼みを聞きませんでした。Aさんはとても困って，その夜，奥さんを助けるために，薬屋さんの倉庫に入り，薬を盗みました。
> Aさんは薬を盗んだ方がいいでしょうか，それとも盗まない方がいいでしょうか。

図2-4　モラルジレンマ（価値葛藤）課題の一例（永野，1985）

は，先のピアジェの理論を発展させ，道徳性の発達段階を大きく3水準，6段階に分類した。コールバーグはモラルジレンマ（価値葛藤）課題を提示して（図2-4），回答者に判断の根拠を尋ね，その理由によって分類をおこなっている（表2-3）。コールバーグは道徳性が発達するには，現在の自分の価値観と他者の考えとの間に不均衡状態が生じることが必要であると述べている。つまり，子どもにさまざまな道徳的な考え方に触れる機会を与え，自分の考えと比較するよう促すなどすることにより不均衡な状態を生じさせることが必要になる。それでは，このような発達段階などを踏まえ，教育現場では具体的にどのように子どもの道徳性を支えていくとよいのだろうか。

[2-3] 道徳性の発達を支える

1）道徳性の発達を支える視点　Aさんが，お腹がいたくて保健室に行っており，チャイムが鳴った後，遅れて席に座った場面を想像してほしい。それを見たBくんがAさんに対し，「チャイムが鳴ったのに席に座っていない！」とAさんを叩き，Aさんが泣いてしまった。このような場面に遭遇したとき，Bくんをどのように理解し，支援を考えていけばよいのだろうか。先に述べた道徳性の発達を踏まえるのであれば，Bくんはまだ他律的な段階であり，教師が「チャイムがなったら席に座っていること」と伝えていたルールを絶対的なものと捉えており，場合によって（事情によって）ルールは変更可能であるということを理解できない段階であったと理解することが可能である。このような場合，自律的な段階ではないBくんに対し，友達を叩いたことに関して，ただ感情的に怒るなどの指導をしても効果はあまり期待できないし，根本的な解決方法ではないとも考えられる。Bくんに対しては，Aさんはお腹がいたくて保健室に行っていたというBさんの立場について知らせる必要があるし，責めたてられたり叩かれたりすると嫌な思いをするのだということも教えてあげないといけない。また，そのような場面に出会った場合，どのように判断したらよいのかと

表 2-3　3 水準 6 段階の道徳性の発達（荒木，2005 を一部改変）

水準と段階	段階の内容	
	正しいこと	正しいことをする理由
第Ⅰ水準：前慣習的水準　道徳的価値は人や規範にあるのではなく，外的，物理的な結果や力にある。		
第 1 段階 他律的な道徳性	破ると罰がくる規則を守ること，権威者に服従すること，人や人の所有物に損傷を与えないことが正しいことである。	権威者がもつ卓越した権力のため，罰をさけるために正しいことをする。
第 2 段階 個人主義，道具的道徳性	直接的な利益になる場面に規則に従うことが正しい。自分の興味や欲求に一致するように振る舞い，他者にも同じことをさせることが正しい。公平なこと，平等の交換，分配や合意が正しいことである。	自分も他人もそれぞれが欲求や利害関係をもっており，そのような世の中にあって，自分の欲求や関心を満たしていくために正しいことをおこなう。
第Ⅱ水準：慣習的水準　道徳的価値はよいまたは正しい役割をとり，慣習的な秩序や他者からの期待を維持することにある。		
第 3 段階 対人的規範の道徳性	身近な人からの期待や一般に期待されている自分の役割に従って生活することが正しい。「よい人」であることが重要であり，それはよい動機をもち，他者に配慮できることを意味している。	自分からみても，他者からみても「よい」人間でありたいという理由から正しい行動をする。他者に対する配慮や「自分にしてほしいことを相手にせよ」という黄金律の信念に基づいて行動し，またステレオタイプのよいおこないを支持する規則や権威を維持したいという欲求から正しいことをおこなう。
第 4 段階 社会システムの道徳性	自分が同意した現実の義務を果たすことが正しいことである。法律は，社会的に定着している義務と相容れない極端な例を除いて守られるべきである。社会，集団，制度に貢献することも正しい。	社会制度を全体として維持するため，「誰もがやる」といった行為による社会システムの崩壊を防ぐため，また自ら定めた義務を果たせという良心の声のためにとられる行為は正しい。
第Ⅲ水準：慣習以後の原則的水準　道徳的価値は現実の社会や規範を越えて，妥当性と普遍性をもつ原則を志向し，自己の原則を維持することにある。		
第 5 段階 人権と社会福祉の道徳性	人はさまざまな価値観や意見をもっており，そのほとんどが集団によって相対的であることを知っている。しかし，それらは公平性のために，または社会契約であるために，守られるべきである。ただし，生命や自由のような相対的でない価値や権利は多数者の意見にかかわらず支持されねばならない。	法律に対する義務を理解できるのは，あらゆる人の幸せと権利を守るために法律をつくり，守っているという社会的契約の観点からである。家族や友情，信頼，労働の義務は自ら自由に契約したものという観点から守られねばならない。法律や義務は全体の公益を予測できる「最大多数の最大幸福」に基づくという関心から，正しいことをおこなう。
第 6 段階 普遍性，可逆性，指令性* をもつ一般的な倫理的原則の道徳性	自ら選択した倫理的原則に従うことが正しい。特定の法や社会的合意は，この原則に基づいている限りは妥当と考えられる。法がこれらの倫理的原則を犯す場合には，原則に従って行動することが正しい。この原則とは正義という普遍的な原則であり，人間の権利の平等や個人としての人間の尊厳を尊重するという原則である。	合理的な人間として普遍的な倫理的原則の妥当なことを信じているために，またその原則をよしとしているので，正しいことをおこなう。

* 倫理学用語「prescriptivity」の日本語訳。「指図性」または「規範性」とも訳される。ある道徳的判断が，それのもたらす行為に対してもつ拘束力のことを指す。

いう判断基準についても教えていく必要もある。道徳性を育てるにあたっては，他者の気持ちを感じることができる（共感性）ための支援や，相手の立場について考えることができるようになる（役割取得能力）ための支援，自分はどのような道徳的な判断基準をもつべきなのかについて考えることのできる支援（モラルジレンマなど）をおこなっていく必要があるだろう。

2）共感性　共感性とは他者の感情を認知した際に自分自身にもその感情反応が生じることである（Hoffman, 2000／邦訳，2001）。この共感性は，乳児期においても観察されている。ホフマン（Hoffman, 2000）によると，苦痛に対する共感には発達段階があるという。たとえば，生後11か月の女児は他の子が転んで泣くのを見て自分も泣きだしそうになり，それから指を口に入れ，母親のひざに顔をうずめた。これは，乳幼児においても他者の苦痛に関して共感している姿であると捉えることができる。しかし，この段階ではその苦痛が他者のものなのか自分のものなのかについては明確ではない。その後，子どもは他者を自分とは異なる存在として知覚するようになる。たとえば，悲しそうな他の子どもを見て，自分のかわいがっているぬいぐるみを差し出したりする。この自分のかわいがっているぬいぐるみを差し出したというエピソードを例にとり，共感的行動を増やすための支援について考えてみる。この子どもは自分と相手の苦痛を区別していると考えられる。そして，相手を慰めようとしてぬいぐるみを差し出すという共感的行動をとったと理解できる。ただし，相手はぬいぐるみが好きかどうかなどについては考慮していない。つまりこの子どもは，相手が自分とは別の考えや感情，要求をもっていることについて理解できていないと考えられる。しかし，このようなぬいぐるみを差し出す行動が生起したのは，「私は悲しい時にはぬいぐるみがあると心が落ち着く」という経験があったからこそであると考えられる。このことから，共感的行動を増やすためには，子どもたちにはさまざまな経験をさせ，どのような行為が安心感を生むのかなどについて感じさせ，体得させていく必要があるだろう。このような過程を経た後，子どもは自分を他人の立場に置き，その人の苦しみの原因を見つけることができるようになっていく。そのためには，以下に述べる役割取得能力も必要になるだろう。

3）役割取得能力　共感的行動を生むためには，さまざまな体験をすることが必要であるが，他者の立場に立って考える体験も必要である。道徳性が発達するには「役割取得の機会」が必要であると言われている。セルマン（Selman, 1976）は，相手がどのように感じ，考え，行動しようとしているかを推測し，その情報に基づいて自分の行動を決定できる能力を「役割取得能力」と呼んだ。セルマンはこの役割取得能力の発達段階について調べ，5つのステージに分類し，先のコールバーグの段階との対比をおこなっている。日本においては荒木（1988）がセルマンの分類に対応する

表 2-4　役割取得能力の発達段階（荒木，1988 をもとに作成）

発達段階	発達段階の評定方法
段階 0A 自己中心的な視点 （3～6 歳）	他人の表面的な感情や表情は理解するが，自分の感情と混同することが多い。同じ状況にいても，他の人と自分とでは違った見方をすることに気づかない。
段階 0B 自己中心的な視点 （5～9 歳）	自己中心的ではあるが，相手の気持ちは理解できる。泣く，笑うなどはっきりした手がかりがあると，相手の気持ちを判断することができる。しかし，相手の心の奥にある本当の気持ちにまで考えは及ばない。
段階 1 主観的役割取得段階 （7～12 歳）	与えられた情報や状況が違うと，人はそれぞれ違った感情をもったり，異なった考え方をもつことは理解できるが，他の人の立場に立って考えることはできない。
段階 2 自己内省的役割取得段階（10～15 歳）	自己の考えや感情を内省できる。他の人が自分の思考や感情をどう思っているかを予測できる。
段階 3 相互的役割取得段階	第三者の視点を想定できる。人間はお互いにお互いの考えや感情を考慮して行動していることに気づく。

発達段階を提示している（表 2-4）。この役割取得に関するセルマンの理論を基盤として，社会的スキルや共感性を育もうとする取り組みもみられる。渡辺（2004）はマサチューセッツ州ボストン市教育委員会に採用されていた VLF（Voices of Love and Freedom）プログラムを日本の道徳の時間に取り入れ実施している。このプログラムの目標は①自他の視点の違いに気づく力，②自分の気持ちを相手に伝える力，③他人の気持ちを推測する力，④自分と他人の葛藤を解決する力を育てることにある。具体的には，このプログラムは4つのステップ（1　結びつくこと，2　討論すること，3　実習すること，4　表現すること）から構成されている。以下に小学校3年生で行われた VLF プログラムの一例を示す（表 2-5）。ステップ1は，教師が個人的な話をすることによって，信頼関係を生み出し，動機づけを高めるためにおこなわれる。ステップ2では，物語を基に話し合いがおこなわれる。主人公だけでなく，さまざまな登場人物の視点を考えさせ，葛藤を経験させる。ステップ3は，物語を個人の経験として感じ，実際の生活に応用していくステップである。ロールプレイなどを用い，実際に自分ならどうするかといった気持ちの推測，葛藤解決について考えさせる。ステップ4では，物語から学んだことを自分自身の生活に統合させる。一人称の物語（日記など），手紙（二人称の視点を強める），物語の創作（三人称の視点をとらせる），エッセイなどのジャンルを利用して学んだことを実生活に当てはめて考える場面を設ける。この他にも，本間・宮城（2017）のように，役割取得能力の育成を目的として，小学校の道徳の時間において，道徳教科書の教材を使用し，物語を理解させたうえで，

表 2-5　VLF プログラムの実践例（渡辺，2004 をもとに作成）

授業資料　「にじいろの さかな（講談社，1995)」

にじいろのさかなは，自分のきらきら光る美しいうろこを自慢している。しかし，友達にあげようとしなかったために次第に孤立していく。たこさんからのアドバイスをもとに，他のさかなの気持ちを受け入れ，分かち合う体験から友達の大切さに気付くようになる話。

【ステップ１：結びつくこと】

教師自身が仲間外れにされて辛かった経験を語った。教師の話を聞いて，それぞれの思いを話し合った。

●仲間外れにされたことはありますか？　●その時どう思いましたか？

○つらい気持ち。○悲しくていやになる。

【ステップ２：話し合うこと】

絵本「にじいろのさかな」を読んだ。

●みんなに，そっぽをむかれたにじうおはどう思ったのでしょう？

○うろこを分けてあげるのは嫌いだけど，仲間に入りたいよ。

【ステップ３：実習すること】

にじうおがうろこをあげたときの様子をペアになってロールプレイした。両方のロールを体験し，みんなの前で発表できるペアに発表してもらった。

●にじうおがうろこをあげたときの様子を友達とペアになって言葉にしよう。

○「このうろこあげる。君も欲しかったんだね。」

【ステップ４：表現すること】

にじうおに言ってあげたいことを手紙に書いた。にじうおの気持ちになって手紙が書けるかをみた。

●教師の発言，○児童の発言

主人公の気持ち，その他の登場人物の気持ち，それを踏まえてその状況でどう行動するとよいと思うかについて話し合う活動をおこなっている例もある。このように，学校教育の中で，他者の視点に立って考えたり，感情について類推したりする活動を取り入れていくことが必要であると考えられる。

4）モラルジレンマ授業　さまざまなことに遭遇した際に，他者の気持ちに共感できたり，その立場になって考えられたりすることも重要であるが，自分がその時どのように対応するかについて考えるには，判断基準をもつことも重要である。すなわち，道徳的な判断基準について考える活動が必要になる。コールバーグの道徳性の発達段階を活用して道徳の学習をおこなおうとするのがモラルジレンマ授業であり，学校現場では数多くの実践がおこなわれている（たとえば，荒木，2005)。コールバーグは道徳性の発達を促す要因として，「役割取得の機会」の他に「道徳的葛藤の経験」を挙げている。子どもが現在いる道徳性の発達段階から次の段階に移行するためには，この道徳的葛藤（モラルジレンマ）が必要であるという。子どもがジレンマに遭遇す

【第1次】
①資料読み（資料：「この子のために」）
（概略）瀕死の重傷を負った息子マイクの命を救うために，父親（ジョーンズ）がたまたま家の前に車を止めていた運転手に暴力を振るい，車を奪って病院へ向かった話
②状況の共通理解と道徳的葛藤の明確化
主人公ジョーンズさんは，車を奪うべきか（生命尊重，家族愛），車を奪うべきではないか（法律尊重，他者の所有権の尊重）という道徳的葛藤の中で，車を奪うという行為を選択する。この行為に賛成（盗むべき）か，反対（盗むべきではない）か。
③第1次の判断理由づけ
【第2次】
①葛藤の再確認
②第1次の判断と代表的な理由づけの提示
③「判断理由づけ書き込みカード」への書き込み
④自由な意見交換
⑤焦点化された論点について討論
⑥第2次の判断理由づけ

図 2-5　モラルジレンマ授業の具体的な流れ・内容例（荒木・鈴木，1999 をもとに作成）

ると，子どもが現在もっている概念との間に不均衡が生じる。そして，その不均衡を調整するために，自分の考えを変えたり，調整したりしなければならない。モラルジレンマ授業は，授業の中でこの道徳的葛藤を意図的に起こし，不均衡を生じさせるために，モラルジレンマの物語を子どもたちに示すことから始まる。そして，オープンエンドの討論をおこない子ども自身の考えを変えたり，調整したりするよう促すという流れで構成されている。この授業において，授業のまとめは存在しない。討論を通して，子どもたちが一緒に学習する仲間や先生のもつさまざまな道徳的思考に触れることで，より高次の道徳的判断力が育成されるというものである。モラルジレンマ授業の具体的な流れや内容の例を図 2-5 に示す。

学校教育の中では，さまざまな場面において意図的・計画的に道徳性の発達を促していく必要がある。以上のようなさまざまな共感性・役割取得能力・モラルジレンマといった視点を織り交ぜ，活動をおこなっていく必要があるだろう。

〈補講１　乳児の愛着〉

乳児期の愛着は，思春期・青年期の人間関係にも大きな影響をもつ（第４章参照）。関連事項をテスト形式で確認しておく。以下のＡ，Ｂの各空欄を下の選択肢（それぞれＡ群，Ｂ群）から選んで埋めてみよう。

養育者など特定の他者と子どもの間で形成される情緒的結びつきを（Ａ）は（Ｂ）と呼んだ。日本語では愛着と訳される。

（Ａ）は，アカゲザルの実験をおこない，子ザルが授乳時以外は柔らかい布で作られた代理母人形にしがみつくことを見出した。

養育者との間に愛着を形成できることで，愛着対象が（Ｂ）となり，乳児は安心して環境の探索活動をおこない知的好奇心を高めていく。

（Ａ）は，母子と見知らぬ人がいる室内から母親が退室し，再入室した際の乳児の反応を分析する実験によって，アタッチメントの質を検討した。この実験方法を（Ｂ）法（母子分離再会実験）という。

エインズワースの実験結果から，乳児は３つの型に分類された。（Ｂ）型，（Ｂ）型，（Ｂ）型である。

（Ｂ）型は母親と分離時に泣いたり混乱したりせず，再会時も距離を取ったり無視したりする。（Ｂ）型は分離時に泣いて混乱を示し，再開時に接近し抱きつくなどする。（Ｂ）型は分離時に強い不安や混乱を示し，再開時には母親に接近を求めながらも怒りを示す。近年，無秩序型のあることも報告されている。これは，母親に対して再会時に接近してから身をすくめる，顔を背けたまま接近するといった，接近と回避の両方が見られる型である。親の養育態度や親子の関係性の違いによって，子どもの愛着行動の現れ方が異なると考えられている。

Ａ群
ハーロウ　　ボウルビイ　　エインズワース
Ｂ群
アンビバレント　　安全基地　　ストレンジシチュエーション　　安定　　回避
アタッチメント　　愛着障害

第3章
個性とその発達

角谷詩織

人には個性がある。人は，遺伝や生物学的に規定されたものをも含め，個性をもって生まれる。ただ，その個性は一生変わらないものではなく，成長の過程でのさまざまな経験を通して，より色濃くなったり，あるいは逆に目立たなくなったりする。個性と捉えられるものは多数あるが，一般に代表的なものとしては，その人の性格や知的能力が挙げられるだろう。そして，性格や人格に関する要因はパーソナリティ特性として，また，知的能力に関する要因は知能として，その発達のあり方や，それが個人の適応に与える影響について検討されている。

人の適応に影響を与える要因を考える際に，「生まれか育ちか（nature or nurture)」は，古くからの大きな議論であり続けた。近年は，「生まれもった特性と環境との相互作用」により人間の発達のあり方や適応が左右されるという見解が主流となっている。たとえば発達行動小児科学では，遺伝子や環境要因独自の影響に加えてエピジェネティクス[1)]の見解が生まれたり，特定の遺伝子に起因する特性が発現するか否かに環境要因が影響を与えると考えられるようになった。

このように，人間の発達や適応は，遺伝子レベルでの素因も含めた個人の特性と環境要因との相互作用により規定されると考えられ，パーソナリティや知能についても同様の見解が当てはまると言えるだろう。

1．パーソナリティ

[1-1] パーソナリティとは

パーソナリティは，広くは個人の性格と理解されている。より具体的には，個人の思考，感じ方，行動の比較的安定したパタンで，それにより個性が生み出される。オルポート（Allport, 1937）によれば，パーソナリティは「個人の中にある絶えず変化する精神的な秩序体系である。これにより，その人独自の環境への適応が生まれる」。

1）エピジェネティクス（epigenetics）：遺伝子だけの性質に規定されることなく遺伝子の発現パタン等を確立・維持・消失することによって多様性を獲得していく仕組みとしての生命現象のこと。

このように，パーソナリティについて考えることは，個人差や個性，さらに個人の適応を考えることにもつながる。

[1-2] パーソナリティの捉え方：ビッグファイブ

パーソナリティを捉えるうえで広く用いられているものがビッグファイブ（Big Five）と呼ばれるモデルである。ビッグファイブ・モデルは，パーソナリティを5つの要素からなるものと考える。そして，その要素はそれぞれ，外向性（extraversion: E），協調性（agreeableness: A），勤勉性（conscientiousness: C），情緒不安定性・神経症傾向（neuroticism: N），知性・開放性（openness: O）と呼ばれる。

ベン＝エリアフとザイドナー（Ben-Eliyahu & Zeidner, 2020）によれば，外向性は個人の社会性，アサーティブさ（自分の意見を相手の気持ちも推し量ったうえで主張できる），ポジティブな情緒の程度を示す。外向性の高い児童生徒は，社交的で明朗，活発，熱烈で，冒険心に富み，アサーティブであるとされる。協調性は，思いやり，感謝の態度，素直さ，人を信頼する傾向，柔軟な構えに特徴づけられる。協調性の高い児童生徒の特徴は，忠実，従順で，利他的であり，思いやりと共感性が高い。勤勉性は，衝動性をコントロールし，目標への努力や責任ある態度，未来を見通し，すぐに報酬を得ることができない状況に耐えたり社会規範を守る態度とされる。勤勉性の高い児童生徒は自らを律し，成功に向かって努力に励む姿に特徴づけられる。第4に情緒不安定性・神経症傾向は，自分ではどうすることもできないなど，ある事態に対する強烈でネガティブな感情に特徴づけられる。情緒不安定性・神経症傾向の高い児童生徒は，不安が高く，心配性，衝動的で，傷つきやすさ，失敗への恐れの高さなどを示す。最後に開放性は，複雑で新しい環境の刺激に対して進んでかかわろうとする態度であり，その環境刺激には思想や人，文化，感覚などが含まれる。開放性の高い児童生徒の特徴は，知的好奇心，想像性，独創性，洞察力の高さに現れる。

[1-3] パーソナリティの発達

概してパーソナリティ特性は気質を基盤にしており，生涯にわたり比較的安定している。一方，発達段階に特徴的に見られる変化もあり，思春期におけるネガティブな変化や成人期におけるポジティブな変化が注目されている。

人の生まれながらの個性として気質がある。たとえば，むずかりやすい赤ちゃんもいれば比較的いつもご機嫌な赤ちゃんもいるように，新生児や乳児にも個性があり，同じ刺激に対する反応もさまざまである。気質は脳内神経伝達物質との関連もあり（玉瀬，2018），生物学的基盤をもち生涯にわたり比較的安定している。ただし，脳の可塑性に裏づけられるように，それは環境との相互作用のなかで変化・発達する。気質は感情・活動・注意における反応性や自己制御の仕方と定義される（Rothbart et al., 2020）など，情動制御との関連が指摘されている。つまり，発達初期から見られる情動制御における気質的個人差が，その後の幼児期における自己制御機能の個人差と関連し，さらに，児童期になると，その情動制御パタンは個人のパーソナリティ特性を反映したものとして現れる（Pace & Passanisi, 2018）。この情動制御は「努力を要するコントロール」（effortful control: EC）に現れ，実行機能のうちの「ホットな実行機能」と関連するが，４歳までの幼児には非常に難しいとされている（無藤, 2018a）。

気質は遺伝や生物学的基盤によるところが大きく，パーソナリティの概念や理解は主に成人期の研究から発展してきたものであるため，どのような気質がどのようなパーソナリティを予測するのかについては，まだはっきりしない点も多いが，いくつかの縦断研究から示唆されていることがある（Chen & Schmidt, 2015; 無藤, 2018b）。外向性は，主に幼児期までのポジティブな感情（ものごとへの熱中，他者へかかわろうとする社交性，報酬を得られる状況への熱心な接近）が基盤となる。情緒不安定性・神経症傾向は，幼児期初期以降のネガティブな感情（苦痛，恐れ，悲しみ，いらだち，欲求不満など）の経験と表出が基となる。勤勉性の背後には，幼児期における急激な実行機能，努力を要するコントロールの力の発達――幼児期において，注意を向けるべきところに向けたり自身のネガティブな情動をコントロールする力の個人差として現れているもの――がある。協調性の背後には，１歳過ぎにはすでに個人差として現れる共感性や攻撃性などがある。知性・開放性と関連するものとして，幼児期までの新奇場面への関心，審美的関心，知的関心の個人差が存在する。

ビッグファイブ・モデルの安定性や変化については，児童期以降の研究によるところが大きい。それは，ビッグファイブにある特性が分化・出現し，それらの特性を言語化できるのが児童期以降であることによる。概観すると，以下のような発達特性が見られる（Atherton et al., 2020）。児童期は，認知，社会性，運動能力ともにぐんぐん伸びる時期でもあり，それに伴うパーソナリティの変化が見られる。概して，情緒不安定性・神経症傾向が低下し，勤勉性や協調性が上昇する。続く，急激な生理的発達を示す思春期には，パーソナリティ特性がネガティブに変化する（知性・開放性，情緒安定性，勤勉性が低下する）。このネガティブな変化は，青年期の後期から成人期前期にかけて回復し，成人期には，協調性，勤勉性，情緒安定性は上昇する（成熟の原則）。これは成人期における就業や結婚，親となることなどに伴う社会的役割の変化に応じるとされる社会投資の原則が強く関連している。

[1-4] パーソナリティ特性と社会的環境との相互作用

パーソナリティの発達を捉えるうえで環境との相互作用は無視できない。パーソナリティ特性と環境との相互作用に関する枠組みや理論，モデルが近年急増している。これらは総じて，個人の特性や心理状態がその人をとりまく環境や状況を形づくり，さらに，それがまた個人の特性や心理状態を形づくることを示している。個人の特性と環境要因との相互作用を考える際に，個人の特性として，生まれながらの気質が取り上げられ，環境要因として，養育者の養育スタイルや学校での先生や友達，あるいは地域社会の安全性など，人とのかかわりを中心とした環境が取り上げられる。

ここで重要なのは，個人の特性と環境要因とがランダムに結びつき相互に作用し合うわけではない（Atherton et al., 2020; Laceulle & van Aken, 2018）点である。第一に，人は遺伝的にある程度規定された気質をもって生まれるだけでなく，その気質に基づき，自身にとって居心地の良い環境を選択する（active person-environment transactions）。たとえば外交的な人は，内向的な人よりも休日に大勢集まってのレジャーを計画することが多いかもしれない。第二に，物理的な環境は同じでもそれへの人の反応はさまざまで（reactive person-environment transactions），その反応のあり方は個人のパーソナリティ特性を反映している。たとえば，繊細な子どもはそうでない子どもよりも，先生から注意されたことを深刻に受け止め思い悩むかもしれない。第三に，個人のパーソナリティ特性に裏づけられた態度や行動が他者からの反応を呼び起こしたり方向づけたりする（evocative person-environment transactions）。たとえば，ネガティブな反応が強くむずかりやすい気質の乳幼児は，反応が乏しかったり一貫性がないといったネガティブな養育者の反応を引き出しやすい（Laceulle & van Aken, 2018）。あるいは，共感性があり思いやりのある態度で友達に接する子どもに対するクラスの子どもの反応は，威張ったような態度で接する子どもへの反応とは異なるだろう。

このように，個人のパーソナリティ特性と環境とはランダムに組み合わされるというよりはむしろ，個人のパーソナリティ特性に応じて環境もある程度方向づけられ，さらに，パーソナリティ特性と環境との相互作用により，個人の適応が方向づけられる。そして，個人のパーソナリティ特性に合った環境からポジティブなフィードバックを受けることで，さらにその特性が強化されるという循環が生じる。個人のパーソナリティに合った環境であるかどうか（goodness of fit）が適応に重要となる。

しかし，この循環の過程で，ときに強烈な環境の変化や環境からの刺激，あるいは選択の余地なく恒常的にさらされた環境により，パーソナリティに変化が生じることがある。これはとくにトラウマや虐待などのネガティブな環境要因の影響として検証されることが多い。ネガティブではない環境要因との関連では，成人期における結婚や就業，親となることに伴い，適応的で情緒が安定する方向へわずかではあるが変化することが示されている。

[1-5] パーソナリティの測定

パーソナリティを測定する方法には，自己評定や行動観察などさまざまなものがある。日本では投影法（ロールシャッハ・テストやTATなど）が従来からその代表的な方法で，今日も用いられることがある。ただし，投影法の実施や解釈には熟練した専門的技能が必要とされる。欧米各国でのパーソナリティ研究のなかでは，投影法には，フロイト派の抑圧という概念が背景にあり，より自然科学志向の心理学者はあまり使わなくなっているとされる（Boyle & Helmes, 2020）。また，投影法による評価は，被検者の瞬時の反応に対する検査者の特異的解釈に大きく依拠しており，安定性に欠けるなどの見解が複数ある（たとえば，Hojnoski et al., 2006）。そのため，現在はビッグファイブ・モデルを反映した自己評定や他者評定を用いた研究が多い。

日本においてもビッグファイブ・モデルに即した尺度が邦訳・開発されている。主なものとして，Big Five尺度（和田，1996），Big Five尺度短縮版（並川ら，2012），主要5因子性格検査（FFPQ）（村上・村上，1997，2017），日本版NEO-PI-R（下仲ら，1998），5因子性格検査短縮版（FFPQ-50）（藤島ら，2005），日本語版Ten Item Personality Inventory（TIPI-J）（小塩ら，2012）がある。

このように，ビッグファイブ・モデルに即した尺度が今日多用されているが，自己評定や他者評定での測定は，測定しやすい反面，被検者の意欲の高低により回答にゆがみが生じ，信頼性が低くなるという欠点があることに留意すべきだろう。

[1-6] パーソナリティと学校適応

学業成績や学校適応にパーソナリティは影響を与えるのだろうか。学業成績に与えるパーソナリティの影響力は知的能力の影響に比べると小さいことが研究から示されているが，学業成績をはじめとする教育成果をめぐる因果関係を正確に理解するためには，パーソナリティ特性や意欲などの知的能力ではない要因も加味する必要がある。パーソナリティと教育成果との関連を見た研究は知的能力と教育成果との関連を見た研究よりもはるかに少ないものの，総じて以下のような傾向が示されている（Ben-Eliyahu & Zeidner, 2020）。つまり，パーソナリティは，学業成績や学校適応に影響を与えるが，それは，直接的なものというよりは間接的なもので，意欲など，より直接的に学業成績へ影響を及ぼす要因に作用する。たとえば，パーソナリティにより，教師や友達も含めた教室環境の何を重視するかが異なるだろう。また，教育環境のなかでの個人の目標志向性，自尊心，認知スキルなどの形成に作用したり，教師

－生徒間の信頼関係，クラスでの対人関係などに影響を及ぼしたりもする。さらに，パーソナリティ特性はポジティブ・ネガティブ両方の感情と結びついているため，学校における生徒の全般的な感情や意欲を左右する。そして，不安や抑うつ，対外的な問題行動などの脆さにも影響を与えうる。このように，より直接的に学業成績に影響を与える要因の背後にパーソナリティが存在すると考えられる。

2．知　能

[2-1] 知能とは

知能（intelligence）の定義としては，ウェクスラー（D. Wechsler）による定義「各個人が目的的に行動し，合理的に思考し，自分の環境を能率的に処理する総合的能力」（Wechsler, 1944）が古くから広く受け入れられている。アメリカ心理学会は「情報を引き出す力，経験から学ぶ力，環境に適応する力，考えや根拠となることを理解したり的確に用いる力」としている。学校でのテストや成績により捉えられる学力と知能との間に相関は見られるが，学力と知能はもちろん同じではない。たとえば，知能が高い子どもすべてが学校でのテスト成績が高いとは限らない。

知能もまた，遺伝的に規定されている部分をもち比較的安定しているが，環境要因の影響を受ける。知能が生得的な要素をもつことを示すものとして，脳の構造的・機能的特性と知能指数（IQ）との間の関連も明らかにされている。また，幼児期の発達検査と児童期以降の知能検査双方の検査結果間の相関は小さいが，乳児期における刺激への馴化が情報処理の速さを示しており，これがその後のIQを予測することが示されている（Cohen & Cashon, 2003）。

知能には構造がある。なかでもCHC理論（Cattell–Horn–Carroll理論; McGrew, 2005）は改訂が重ねられつつ（Schneider & McGrew, 2018）も，現在も広く支持されている構造理論である。その基本的構造はキャロル（Carroll, 1993）の提唱した三層構造である。最上部（第三層）にはさまざまな知能の基となる共通因子（g因子）があり，第二層に，流動性知能（fluid intelligence）と結晶性知能（crystallized intelligence）の理論（Gf–Gc理論）を拡張したE Gf–Gc理論（Horn & Noll, 1997）などを含む広域の知能因子を位置づけ，第一層に狭義の多数の細分化された知能を位置づけている（図3-1）。

g因子は，スピアマン（Spearman, 1904）により提唱された知能に関する共通因子である。個々の知能因子は相互に正の相関をもち，その背後に共通の要因が存在するという考えに基づきその存在が提唱された。一方，E Gf–Gc理論を提唱したホーン（J. L. Horn）はg因子の存在を否定するなど，このg因子の存在をめぐる議論が

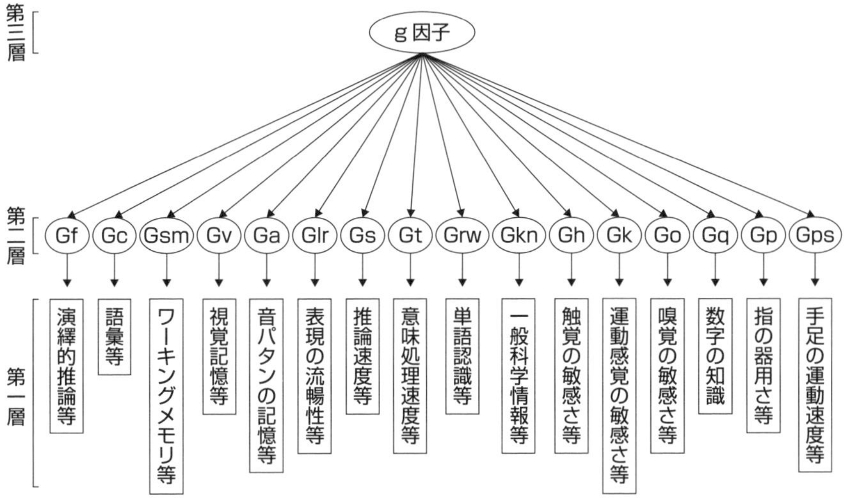

図 3-1　CHC 理論の示す知能の三層構造（三好・服部，2010 を参照して作成）

重ねられている。

CHC 理論で第二層の知能因子の一部として位置づけられている流動性知能と結晶性知能は，キャッテル（Cattell, 1963）により提唱された知能を構成する 2 因子である。流動性知能は生まれもった力に依拠するところが大きく，新奇な場への適応力，問題解決能力として現れる。結晶性知能は，経験や学習により培われ，語彙や一般知識，理解力として現れる。加齢に伴う知能の変化を捉える際に，この 2 つの因子が見

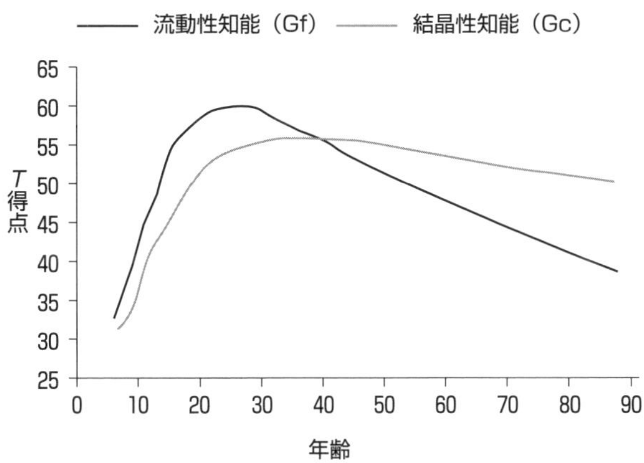

図 3-2　流動性知能と結晶性知能の発達的変化（Román, 2015 より作成）

出された意義は大きい。つまり，流動性知能は青年期にはピークを過ぎ，その後は加齢に伴い低下するのに対し，結晶性知能は成人期後期以降も維持しうる知能であることが示されている（図3-2）。

[2-2] 知能の測定

知能は人の知的能力を総合的に捉えているが，学力テストなどのように既修事項の定着を中心としたテストで測定できるものではない。学力テストで測定する学力は結果として外に現れ出た能力であるのに対し，知能検査で測定する知能は，個人のもっているであろう潜在的な能力を推定する標準化された検査となる。平均100，標準偏差15（ないし16）の正規分布曲線（ベルカーブ）を描くと推定されている。

児童・生徒用の知能検査で広く用いられているものとしては，児童向けウェクスラー式知能検査がある。日本の最新版はWISC-Ⅳで，対象年齢は5歳0か月～16歳11か月である（欧米の最新版はWISC-Ⅴ）。知的障害児への療育手帳判定過程では田中ビネー知能検査（最新版はⅤ。対象年齢2歳～成人）や新版K式発達検査（最新版は2020。対象年齢0歳～成人）が用いられることが多い（吉村ら，2019）。

知能検査が何を測っているのかという点に関する議論は古くからある（Eysenck & Kamin, 1981／邦訳，1985）。知能検査で人間の能力のすべてを捉えることができるわけではないが，その結果から本人の本質的な特性を知ることができ，また，学校環境で経験する可能性のある困難についてもある程度予測できるなどの点で重要な情報源となる。

近年，ワーキングメモリ（第1，7章参照）の低さが学習上の困難の根本的原因と関連があることが指摘されている。WISCにもワーキングメモリの一部を測定する項目があるため，知能検査結果におけるワーキングメモリの低さに注目されることが多い。ワーキングメモリは情報を保持しつつ処理をする能力とされるが，教室ではこの力を要する場面が無数に存在する。それだけに，知能検査や発達検査の評価プロフィールで特定の障害の特徴を見分けることは難しい（大六，2009; Webb et al., 2016／邦訳，2019)。今日では，知能検査や発達検査の評価プロフィールから障害を判別しようとする傾向が強く，誤った判別につながりかねない。臨床例を集めてその評価プロフィール特性を記しているものもあるが，概してサンプル数が不十分な場合が多く，また，「特定の特徴（障害）のある子どもの『グループ（臨床群）としての』データであり，必ずしもその特徴のある全ての子どもに当てはまるわけではない。そして，多くの場合，その特徴（診断）だけに当てはまるデータではないことも心にとどめておく必要がある」(Flanagan & Kaufman, 2009／邦訳，2014)。評価プロフィールは，障害の判別よりもむしろ個の特性を把握するために重要となる。数値にのみ注目するのではなく，補助問題との条件間比較，行動観察などの質的情報により，なぜそのような数値になったのか，数値の背後にどのような認知的情報処理プロセスの障害が存在しうるのかを見極めることが肝要である（大六，2009; Webb et al., 2016／邦訳，2019）。

[2-3] 知能指数が高い子どもが学校生活に困難を抱えるとき

日本では，学校生活に比較的大きな困難が顕著に現れると，その支援の方向性を考えるうえで知能検査が実施されることが多い。その際，知能指数が 70～85 よりも低い場合は，知能指数以外のさまざまな特性も考慮したうえで，特別な教育的配慮が施される。一方，知能指数が高いあるいは非常に高いとき，とくに問題なしとされたり，あるいは，どのようなことに配慮すればよいのかが的確に示されないケースが珍しくない。多くの場合，その子の学校生活での困難と知能の高さ（非常な高さ）とが関連づけて考えられることはほとんどない。しかし，図 3-3 からもわかるように，標準的な教育環境において知的ニーズが満たされうる子どもは，平均の IQ 100 周辺に限定されており，知的障害とされる子どもの対極に位置する子どもも標準的な教育環境においてはその知的ニーズが満たされえないことは十分に想定できる。

また，下位検査得点間のディスクレパンシー（開き）が本人の特性理解を示すものという解釈にとどまらず，発達障害を直接示すものと誤解される風潮があるが，一般に知能が高いほど下位検査間の得点の開きは大きくなる傾向がある。さらに，表面的

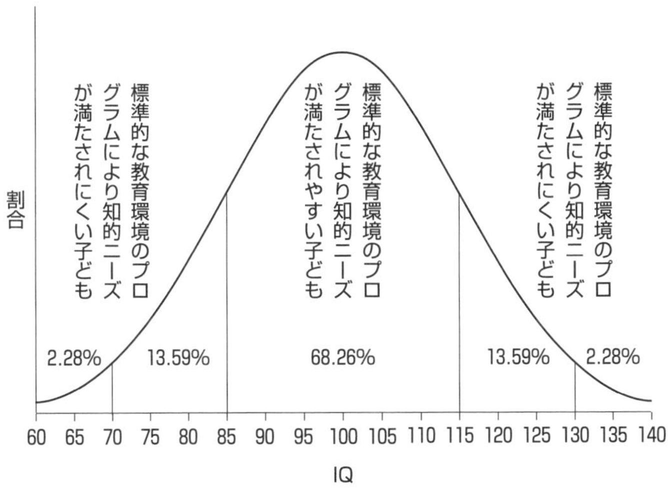

図 3-3　知能指数（IQ）の正規分布曲線と，標準的な教育環境において知的ニーズが満たされうる子どもの範囲

な行動（授業中に話をじっと聞いていられない，友達と協力できない，教師の指示に従わない，など）にのみ注目して障害の枠組みでその子どもを理解しようとしてしまうこともある。これらの傾向は心理臨床の専門家の間にも存在するのが日本の現状であり，その誤解による不適切な介入を未然に防ぐうえでも，教師は重要な役割を担う。

下位検査間の得点の開きがそのまま発達障害を意味することにはならないうえに，表面に現れた行動のみに基づいて発達障害の枠組みで理解することは適切な対応ではない。知的能力が高いことに起因して公教育の場において問題が生じることがあり，これを発達障害と誤解しないよう，細心の注意が必要である（Webb et al., 2016／邦訳，2019）。

ギフティッド児とは，学問領域，創造性，リーダーシップ，芸術等のいずれかの領域で並外れた力を発揮する素質のある子どものことを指す。IQ が 120 ないし 130 以上が目安とされることが多い。ただし，学業領域の潜在的な力の高さは知能指数である程度的確に把握できるが，それ以外の領域は知能指数では測定できない。そのような場合，知能指数が 115 前後以上であれば，まずはギフティッドの枠組みでその子を理解し対応してみようとする教育的配慮がなされると，問題や困難の本質を見誤ることが減るだろう。全検査 IQ が 115 以上の子どもの場合，下位検査得点や諸特性を考慮したうえでその子をギフティッドの可能性を視野に入れた枠組みで理解しようとする姿勢が求められる（Webb et al., 2016／邦訳，2019）。たとえば，知的能力が非常に高いために，標準的な授業に非常に退屈している可能性が高い。そして，教師の話を聞いていない，席に座っていないなどの行動が，この退屈さが原因である場合が多い。あるいは，非常に強烈で真理を突いた正義感があるため，教師の対応に権威主義的な面が垣間見えると断固として抵抗することがある。また，知的能力が同程度の友達がクラスにいないため，クラスの友達とは「話が合わない」状態にあるかもしれない。そして，これらは発達障害などの障害が原因での多動性や指示に従えない反抗行為などとは質を異にするものである。知的能力の高い児童生徒は，その高さだけにはとどまらないさまざまな共通特性をもっている（Webb et al., 2016／邦訳，2019）。それらの特性を教師が理解したうえで，児童生徒の行動の背後にどのような要因があるのかを見極めることが重要となる。

[2-4] 知能と学校適応

相関をベースとした研究からは，知能が高いほど学業成績や職業上の業績も高く，健康な傾向が示されている（坪見ら，2019）。ただし，知能と職業上の地位との間の相関はおよそ 0.4 ないしそれより少し強い程度であるため，その関連の程度は想像よりも弱いものとなる（Deary, 2001／邦訳，2004）。また，あらゆる相関研究がそうであるように，これは集団全体に関する結果であり，集団全体の傾向としての記述となる。つまり，個人のことについては何ら情報が得られない（Deary, 2001／邦訳, 2004)。これは，前述のギフティッド児をめぐる課題が存在することを裏づける。重要なのは，児童生徒の知的能力に応じた学習環境が提供されているかどうかを常に吟味することである。

知能指数だけで個人の学業や職業上の成功は予測できないという見解は，情動知能（emotional intelligence: EI)，社会情動コンピテンス（socio-emotional competence)，非認知的能力等，知能指数では測定できない力の重要性が強調されることとも関連する。これらの能力の指すところは，人とかかわることも含めて何かに取り組むうえで，自身の気持ちや注意を適切にコントロールしたり表現できる力となる。情動知能とは，どのような情動状態にあるのかを認識したり，それを表現，理解，コントロールできる力である（Kotsou et al., 2019)。ただし，知能指数だけで個人の業績や適応が予測できないのと同様，これらの能力だけでも個人の業績や適応は予測できない（たとえば，Smithers et al., 2018)。

3．個人差に応じる：教育の平等とフレキシブルな教育環境

子どもにはそれぞれのパーソナリティや知的能力がある。それらは生まれもった気質や能力と，遭遇・経験する環境との相互作用により形づくられ，個性の一部となる。教室は多様な個性をもった子どもが共に生活し，学ぶ環境でもある。教師が同じ働きかけをしても，それに対する子どもの反応はさまざまだろう。このような状況で子どもの良い面をそれぞれに伸ばすためには，フレキシブル（柔軟）な教育環境であることが求められる。

そのためには，教育の平等に対する根本的な認識を確認する必要があるだろう。すべての児童生徒に同じ内容を提供するだけでは平等とは言えない。体格の異なる子どもに同じサイズの体操服を与えるのは，均一であって平等ではない。それぞれ合ったサイズの体操服を与えることが，個々のニーズを平等に満たすことを意味する。同様に，たとえば同じ難易度の課題を同じ分量だけ，同じ回数提供するのは均一であって平等ではない。個々に異なる教育のニーズをもっている子どもたちがそれぞれに同じだけ満たされること――たとえば，個々の教育ニーズに合った方法，難易度，分量，回数の課題を提供すること――が真の平等であろう。

平等に子どもの教育ニーズを満たすには，フレキシブルにならざるをえない。「集団生活で，それは無理だ」と諦めることは，大きな問題につながるだろう。平等に教育ニーズを満たす方法の１つとして，子ども自身が選ぶことのできる機会や学習方法

を可能な限り提供することが挙げられるだろう。たとえば，どの程度反復練習すれば習得できるのかは，子ども自身が何度か経験して自覚できるようになる。教師がすべきことは，この回数を全員均一に指定することではなく，子ども自身が，自分は何回反復すれば必要な習得事項を習得できるのかを自覚できるよう支援することである。つまり，多様な学習方法を提供し，異なる学習方法の選択肢を与えることが重要となる（Hattie, 2012／邦訳，2017）。また，必修事項の習得が難しい子どもへの支援ばかりでなく，知的好奇心が高い子どもにはそのニーズを満たすために発展的な内容の入り口を教えることも必要になるだろう。たとえば，学習集団の人数が少ないほど教育効果があがりそうだというのが一般の感覚であるが，実際は，教材と授業の質が学習集団に見合ったものでなければ，いくら小集団での学習を行ってもその効果は得られない。集団に見合った適度に困難な課題に取り組ませることが必要とされる（Hattie, 2009／邦訳，2018）。教師1人で数十人の子ども個々のニーズに見合った難易度の課題を提供することは非常に難しい。しかし，幅広い選択肢を与え，子ども自身が自分に合った方法・難易度等を自覚，選択できるようにサポートすることは可能であり，おのずと教育環境の柔軟性が増してゆく。

さらに，1つの方法ではなく，さまざまな方法で学習する機会を設けることも柔軟さの1つと言えよう。たとえば，日本ではグループ間のレベルが均一になるようなグループ分けをおこなった活動が多い。しかし，クラス内でのグループ編成を，能力・学力別に編成した小集団での学習が，その学力レベルによらず有効であることが明らかにされている（Steenbergen-Hu et al., 2016）。能力・学力別編成かどうかにかかわらず小集団であることの意義も見出されているが（Hattie, 2009／邦訳，2018），これは前述のとおり，集団に見合った適度な難易度の課題が提供された場合に限定されることを考えると，グループ内の能力・学力差が大きい場合よりも小さい場合の方が，子どものニーズを満たしやすいだろうと考えられる。さらに，教室では，できた子どもができない子どもへ教える場面が多く見られるが，実際，熟達者が学習初期の初心者に教えることは，「熟達者は初心者にとっては貴重だと思われる情報を飛ばしてしまう傾向」があり，1つひとつ順を追って教えていることにはならないので有効ではないことが示されている（Hattie & Yates, 2014／邦訳，2020）。

均一ではなく平等の観点に立ち，子どもが自分で選び，自分で決めることを尊重し，さまざまな学習方法があることを子どもに気づかせ，自分にはどのような方法が合っているのかを自覚できるよう，また，それぞれの方法を経験できるようにサポートをすることが，学習に有効な手続き的知識の獲得を促すことにつながり（Hattie & Yates, 2014／邦訳，2020），個のニーズに応じる1つの手段となると言えよう。

〈補講 2　パーソナリティ測定法の種類〉

パーソナリティの測定には，近年開発・使用されているビッグファイブ・モデルによる質問紙法の他に，従来からの以下のような検査法がある。第 3 章で述べられたように，投影法は検査者に専門的技能が必要であり，安定性への批判などもある。いずれにしても，1 つの検査の結果のみから検査対象者の個性を決めつけることには慎重であるべきだろう。各検査にはそれぞれ特徴があり，テストバッテリーを組むことで対象者のパーソナリティを総合的に捉えることができる。

[質問紙法]

矢田部ギルフォード性格検査（YG 性格検査）　120 項目 12 の特性尺度から構成されている。それぞれの尺度の点数を用いて折れ線グラフを描き，対象者のプロフィールを作成する。

ミネソタ多面人格目録（MMPI: Minnesota Multiphasic Personality Inventory）　550 項目，4 妥当性尺度，10 臨床尺度から構成される。多面的にパーソナリティを把握できる。

モーズレイ性格検査（MPI: Maudsley Personality Inventory）　外向 - 内向の向性次元と神経症傾向を測定し，それらを組み合わせてパーソナリティを類型化する。

[作業検査法]

内田クレペリン精神検査　1 桁の数字の足し算を連続しておこなった作業過程を分析する。

[投影法]

ロールシャッハ・テスト　インクの染みのような図版について，何に見えるかを回答してもらい診断する。

絵画統覚検査（TAT: Thematic Apperception Test）　人物などの登場する図版について，そこから連想して回答された物語を診断する。子ども用は児童統覚検査（CAT: Children's Apperception Test）という。

P-F スタディ（Picture-Frustration Study）　欲求不満がたまる場面での登場人物のせりふが書いてある図版について，空白になっている吹き出しにせりふを記入してもらい診断する。

文章完成法検査（SCT: Sentence Completion Test）　書きかけの未完成な文について，その後に続く文章を回答してもらい診断する。

第４章
思春期・青年期の発達

秋光恵子

1．発達段階と発達課題

人は誕生の瞬間からさまざまな変化を遂げながら人生を歩んでいく。時間とともに変化するのは身長や体重といった身体的な側面から，情緒や知能のように直接的には捉えることが難しい側面まで多岐にわたるが，その変化は生涯を通して続く。そのような時間の経過とともに心身の諸側面において生じる変化が「発達」であり，それぞれの区切りを時系列的に並べたものを「発達段階」という。

発達段階には諸説ある。たとえば，精神分析家であるフロイト（Freud, 1953／邦訳，1969）は神経症患者の治療経験からリビドーと呼ばれる心的エネルギーを重視し，その発現の様相を中心とした心理 - 性的な発達段階を提唱している。また，認知機能を重視したピアジェ（Piaget, 1964／邦訳，1968）は，より高次のシェマ（認知的枠組み）を獲得することを発達と捉える認知発達理論を展開している。このような特定の側面ではなく，より総合的な観点から学校段階や社会とのかかわり方を基準にして発達段階を区切ることもある。

発達段階のそれぞれには，達成が期待されている能力，技能，態度などがあり，それらのセットを「発達課題」と呼ぶ。発達課題という概念を初めて提唱したハヴィガースト（Havighurst, 1953／邦訳，1958）は，各段階の発達課題を達成することによって個人は幸福を得ることができ，次の段階の課題達成も順調となり，逆に達成に失敗すると次の段階への移行が困難になるとしている。ハヴィガーストが提示した発達課題は現代社会における価値観とは異なるものも多いが，人は人生の各段階における課題に対峙しながら発達を続けるという考え方は今もなお重要である（表 4-1）。

2．思春期・青年期の発達課題

[2-1] 自我同一性の確立

思春期・青年期における発達課題として，もっとも知られているのは「自我同一性

表 4-1　ハヴィガーストによる発達課題 (Havighurst, 1953)

乳・幼児期	
	歩くこと，食べること，話すこと，排泄について学ぶこと
	性の相違と性に対する慎みについて学ぶこと
	社会や事物についての単純な概念を形成し，善悪の区別を知り，良心を発達させること
	両親・きょうだいや他者と情緒的に結びつくこと
児童期	
	遊びを通じて必要な身体技能を学ぶこと
	友だちと仲良くし，性別に合った社会的役割を学ぶこと
	読み，書き，計算の基礎的技能と日常生活に必要な概念を発達させること
	良心，道徳性，価値判断の尺度を発達させること
青年期	
	同年齢の男女の洗練された交際を学ぶこと
	自分の身体構造を理解し，有効に使うこと
	両親や他のおとなから情緒的，経済的に独立すること
	職業を選択し，結婚と家庭生活の準備をすること
	市民として必要な知識と態度を発達させ，社会的に責任ある行動をとること
	行動の指針としての価値ある倫理の体系を学ぶこと
壮年期	
	配偶者を選択し，結婚相手との生活を学ぶこと
	第一子を家族に加え，育て，家庭を管理すること
	職業に就き，市民としての責任を負うこと
中年期	
	おとなとしての市民的，社会的責任を達成すること
	一定の経済力を確保し，維持すること
	子どもが幸福なおとなとなれるよう援助すること
	余暇活動を充実させ，配偶者と人間として結び付くこと
	中年期の生理的変化を受け入れ，適応すること
	年老いた両親に適応すること
老年期	
	肉体的な強さと健康の衰退，引退と収入の減少に適応すること
	配偶者の死に適応すること
	同年代の人々と明るい親密な関係を結ぶこと
	社会的・市民的義務を受け入れること
	肉体的生活を満足に送れるように準備すること

の確立」であろう。「自我同一性（ego identity)」はエリクソン（Erikson, 1959／邦訳，1973）が提唱した心理社会的発達理論の中核となる概念である。エリクソンは，乳児期から老年期までを8つの段階に分け，それぞれの段階に固有の心理社会的危機を社会的なかかわりを通して克服することで，青年期の危機を乗り越えて得る自我同

表 4-2　エリクソンによる心理社会的発達理論 (Erikson, 1959)

発達段階	心理社会的危機	重要な対人関係の範囲・領域
乳児期	信頼 対 不信	母，母的な人物
早期幼児期	自律性 対 恥，疑惑	両親，親的な人物
遊戯期	積極性 対 罪悪感	家族
学童期	生産性 対 劣等感	近隣・学校
青年期	自我同一性 対 自我同一性拡散	仲間集団，役割モデル
早期成人期	親密性 対 孤立	友人，パートナー
成人期（壮年期）	生殖性 対 停滞性	労働，家庭
老年期	自己統合 対 絶望，嫌悪	人類全体，親族

一性，すなわち「自分は何者か」にたどり着くと考えた。さらに，青年期に確立された自我同一性はその後の発達段階における危機の克服にも影響を及ぼすとし，このような発達の過程を漸成発達図式として表している。漸成発達図式に示された各発達段階における課題と危機，その克服を助ける社会的なかかわりは表 4-2 のようにまとめられる。

各発達段階における心理社会的危機とその克服は，自我同一性の確立に対してどのような影響を及ぼすのであろうか。

乳児期（0～1歳）の子どもは自由である。空腹や排泄など，不快なことがあれば泣くことで母親などに自分の欲求を満たしてもらえる。また，微笑や発声をすれば好意的な反応が自分に向けられる。乳児はそのような環境を通して，自分を取り巻く世界は安全であり，その世界に自分は受け入れられているという感覚を育むことができる。これが「信頼感」であり，その感覚は，後の青年期において自分の将来に対する見通しをもつことにもつながるという。

乳児期において獲得された温かな世界観は，次に続く早期幼児期（1～3歳）に始まるしつけに適応するための土台ともなる。トイレット・トレーニングに代表されるようなしつけは日常生活の全体に及び，乳児期には許されていた自由な振る舞いにも我慢が求められるようになる。早期幼児期では，それまでは自分を無条件に受け入れてくれていた親から叱られることもあるが，そのような生活の変化も乳児期に獲得された信頼感があれば受け入れることができるだろう。そして，しつけを通してさまざまなことを自分でできるようになることは「自律」の感覚を子どもにもたらし，青年期においてはより大きな困難に出会っても“私にはできる”という自己確信となる。

遊戯期（3～6歳）の子どもはそれ以前の段階よりも多くのことを身につけている。家庭の中ではおとなの手伝いができるようになり，年下のきょうだいが生まれていれば世話をする立場となる。外の世界にも関心が向き，遊び方も広がる。そのような経験を通して「積極性」が獲得され，青年期においても，積極的にさまざまな役割を実験的に試みるという自分らしさの探索を支えることになる。

学童期（6～12歳）では学校生活がスタートする。子どもは学校生活を通してさまざまなスキルを伸ばしていくと同時に，他者との比較や優劣も否応なく経験し，自分の得意・不得意を知ることになる。そのような経験を通して，まじめに取り組むことで多くのものを得ることができるという「生産性」の価値を知り，青年期の自我同一性につながる自己理解が進む。

そして青年期（12～19歳頃）では，いよいよ自我同一性の確立が課題となる。青年期では，自分にとっての重要な他者である親や家族，友人の行動様式や価値観を無意識のうちに取り込んで同一化することでつくられてきた自分を吟味し，自らの取捨選択による再構築が試みられる。しかし，「自分は何者なのか」の答えに到達するのは容易ではない。「自分らしさ」が見つからず，「私は何者にもなれない」「何のために生きているのかわからない」といった悩みもまた，多くの青年が体験するものである。エリクソンはこの状態を「自我同一性の拡散」とし，この危機を乗り越えるためには社会的な責任や義務が一時的に猶予されることが必要であると考え，青年期を心理社会的猶予期間（モラトリアム）とも位置づけている。このような心理社会的危機を克服して，「私は私だ」「今の私は私自身でつくりあげてきた」という感覚を得るとともに，そのような「私」が自分の属する集団からも認められていることが，自我同一性の確立であるとされている。しかし，いったん獲得された自我同一性も，その後の人生の中でも修正されながら，よりいっそうの「自分らしさ」を築いていくことになる。

青年期以降の発達課題についてエリクソンは，就労して自分の家庭をもつ頃までの早期成人期と，家庭で子どもを養育したり，社会的な活動の中で新たな価値を生み出したりすることが生活の中心となる成人期（壮年期），そして次世代を育てるという役割を果たした後の老年期の3つの段階で論じている。早期成人期では青年期に確立した自我同一性を基盤にして職業などの選択をして社会人としての役割を果たすとともに，信頼できるパートナーと深く安定した関係をもつという「親密性」の構築が課題とされている。さらに，成人期（壮年期）では，次の時代を担う子どもや社会的生産物を生み育てることを意味する「生殖性」が重要な課題となり，老年期では今まで果たしてきた役割や責任を価値づけ，ありのままの生涯を受け入れ，人生の終わりに向き合って，もう一度「自分らしさ」を問い直すという「自己統合」が最後の発達課題とされている。

なお，エリクソンの心理社会的発達理論に対しては，当時の男性社会を中心としたモデルであるという批判もある。現代では女性も社会で活躍し，家族のあり方もかつてとは比較にならないほど多様化している。このような時代の変化に伴い，女性の自我同一性の発達に関する理論的モデルも提言されている（たとえば，岡本，1999）。

[2-2] 自我同一性地位

エリクソンの心理社会的発達理論は，生涯を通した発達の中に自我同一性の役割を位置づけることで，多くの有益な知見をもたらした。一方，マーシャ（Marcia, 1966）は青年期における自我同一性の達成を，確立対拡散という一次元で捉えることに対して問題を提起している。マーシャは数年間をかけて自我同一性の獲得のプロセスを分析し，それが確立するには「危機の経験」と「傾倒」が必要であることを指摘した。そして，自我同一性の確立の程度を「危機の経験」と「傾倒」の組み合わせによって６つのステイタスに分類する自我同一性地位という考え方を提唱している（表4-3）。

マーシャの自我同一性地位における「同一性達成」は，危機と傾倒の両方の経験がある状態を意味している。ここでの「危機」とは，自分自身と真剣に向き合い，複数の選択肢の中から進むべき１つの道を選び出さなければならないという葛藤状態である。また「傾倒」とは，自分の選択に対して責任をもち，積極的にかかわっている状態のことを指している。したがって，同一性達成とは「自分自身と真剣に向き合い悩んだ結果として選択した自分の目標に対して，真摯にかかわっている状態」であり，将来における状況変化に対しても柔軟に対応できる安定さも獲得しているとされている。

これに対して，「自分の目標に対して真摯にかかわっている（傾倒している）ものの，その目標は悩み抜いて選択した結果ではない（危機は経験していない）状態」は「早期完了」と名づけられている。早期完了のステイタスは，進むべき道は定まっており，そのための努力もしているため，表面的には同一性達成と同じように見える。しかし，目標選択における危機を乗り越えた経験をしていないため，目標達成の過程

表4-3　マーシャによる自我同一性地位（Marcia, 1966）

自我同一性地位		危機	傾倒
自我同一性達成		経験した	している
早期完了		経験していない	している
モラトリアム		経験の最中	しようとしている
自我同一性拡散	危機前拡散	経験していない	していない
	危機後拡散	経験した	していない

で，あるいは目標達成後でも，困難に遭遇した際に弱さが露呈するとされている。早期完了は，たとえば親の期待や世間的な価値観に沿った進路を選択し，そのことに対して大きな疑問ももっていない，といったケースである。このような例をイメージしてみると，早期完了の脆弱さはよく理解できるであろう。

また，マーシャによる「モラトリアム」と「同一性拡散」の位置づけは，エリクソンのそれとはかなり異なるものである。「モラトリアム」については，エリクソンは青年期そのものを自我同一性確立に向けた猶予期間（モラトリアム）としたが，自我同一性地位における「モラトリアム」は「傾倒しようとしているものの，いまだ危機の最中である状態」である。いくつかの選択肢の中で迷っている最中であり，それに打ち込もうとしても打ち込みきれない状態を指している。何かを選ぶということは別の何かに見切りをつけることでもある。つまり，自我同一性地位における「モラトリアム」は，複数の可能性のどれも捨てられないという自分の曖昧さにも苦しんでいる状態といえるだろう。さらに「同一性拡散」は，エリクソンでは同一性確立の対極として位置づけられているが，自我同一性地位では「危機前拡散」と「危機後拡散」に分け，それぞれを「危機も傾倒も経験していない状態」と「危機は経験したが傾倒していない状態」としている。「危機前拡散」ではそもそも目標選択をしていないため，傾倒する対象もない。また「危機後拡散」では目標選択をしようとしたが結局は決定ができていない状態であり，“自分にはすべてのことが可能である”ことを維持するために何事にも傾倒しない状態である。

自我同一性地位に関しては，マーシャの理論に基づく尺度も作成されており，日本でも多くの研究が行われている。それらによると，ある時点で判定された自我同一性のステイタスは不変ではなく，ステイタスの下降方向への変化もあることが示されている（たとえば，Marcia, 1976; 榧場，2008）。青年期に限らず，「自分は何者か」の答えを見つけるのは自分らしく人生を送るために重要なことであろう。しかし，多くの人は行きつ戻りつしながら，時間をかけて「自分」を知るのであり，学校におけるさまざまな経験も，児童生徒が自分と向き合い，葛藤を経験し，打ち込むべきものを見出すことを促すものとなるだろう。

3．思春期・青年期の発達にかかわる人間関係

[3-1] 親

母親や家族を人生の初期段階における重要な他者とした研究者はエリクソンの他にも多い。その中でボウルビィ（Bowlby, 1969, 1973, 1980／邦訳，1976，1977，1981）は，養育者（主に母親）とのかかわりを通して育まれた情緒的な絆である「愛着」を，

後の人生にも大きな影響を及ぼすものとして重要視している。思春期・青年期における親との関係性の特徴として「心理的離乳」や「第二反抗期」が挙げられる。この時期には子どもの知的な能力や客観的に物事を捉える力が大きく伸び，友人関係や行動範囲も格段に広がる。それによって，これまでは当たり前に従うことができていたおとなの権威に対して批判的になり，親に対しても激しく反発する。発達的な見地からは，この時期の子どもの反抗的な態度は成長の証であるが，親はそのことを理解していたとしても，我が子の変化をすぐに受け入れられるものではない。今までのような従順さを子どもに求めて子どもがさらに反発し，関係がますます悪化することもあるだろう。しかし，安定した愛着関係が根底にあることで，親子双方が嵐の時期を乗り越えてお互いに自立した関係へと移行していく。

養育者との間に築かれた愛着は，自他への認識や社会的行動の枠組みとして機能する「内的作業モデル」となる（Bowlby, 1973）。内的作業モデルは，「自分は他者から受け入れられる価値のある存在か」と「他者は自分を助けてくれる存在か」という2つの次元で構成される。安定した愛着関係は自分に対する「価値ある存在」という認識を形成し，青年期における社会的適応にも影響を及ぼす。たとえば大学生を対象とした調査では，子どもの頃の親の養育態度を肯定的に受け止めているほど肯定的な内的作業モデルが形成されており，また，肯定的な内的作業モデルは自尊感情の高さや良好な友人関係に関連していることが示されている（島，2014）。

一方，不安定な愛着関係は自分自身への「拒否される存在」という内的作業モデルに基づき，自分に対する不安と他者を回避するような対人態度を形成する。幼児期の不安定な愛着関係については，エインズワースら（Ainsworth et al., 1978）が提唱した「安定型」「回避型」「アンビバレント型」という愛着の3タイプの中の「回避型」と「アンビバレント型」がよく知られている。それらは親の拒否的な，あるいは一貫しない養育態度と関連しているが，そのような養育態度からは虐待も連想できよう。虐待は児童虐待防止法（厚生労働省，2000）によって，①身体的虐待，②性的虐待，③ネグレクト，④心理的虐待，の4種類と定義されている。また，虐待の犠牲になるのは幼い子どもだけではない。平成30年度に全国の児童相談所が虐待相談として対応した約15万件のうち，33.7％は7～12歳，20.5％は13～18歳が被虐待者の事例である（厚生労働省，2020）。虐待は子どもの権利に対する重大な侵害であり，心身の成長や人格の形成を著しく阻害することは言うまでもない。思春期・青年期にも被虐待のリスクがあることを知っておくことが，気になる様子を示す子どもの早期発見と早期対応につながるだろう。なお，『子ども虐待対応の手引き』（厚生労働省，2007）では，虐待をしつけであると主張する保護者がいることについて，「保護者の意図の如何によらず，子どもの立場から，子どもの安全と健全な育成が図られているかどうかに着目して判断すべきである」と明記されている。学校においては保護者との信頼関係を築くことは重要であるが，児童生徒の幸福を第一に考え，毅然とした態度で対応することが必要な場合もある。

[3-2] 教　師

思春期・青年期の発達に対して，教師にはどのような役割があるのだろうか。中学生以降になると，生徒が学校で過ごす時間は，眠っている時間を除けば家庭で過ごす時間と同じくらいか，むしろ長くなり，親には見せない顔を教師に見せることもある。しかし，親と子の関係と比較すると，教師と児童生徒の関係は個人と個人のつながりでもあると同時にあくまでも学校という枠組みの中で成立するものであり，関与の程度も親よりは浅い。そのような，身近でありながら程よく離れた距離にいる教師は，密接な関係を過ごしてきた親からの自立を求める青年にとって，受け入れやすいおとなとして存在することができるだろう。自分らしく社会とかかわる成人期に到達するためには，その時期になった自分の具体的なイメージにつながる社会人としての役割モデルが必要である。学校には多くの教師がおり，児童生徒は多様なタイプの教師とのかかわりの中で，自分のモデルとなる教師にも出会うことができるだろう。

ただし，学校という枠組みの中での教師と生徒児童という関係は，教師の態度によっては親以上に権威的な関係にもなりうる。西本（1998）によれば，中学生が教師の言うことに従うかどうかに対しては“励ましてくれるから”“相談にのってくれるから”といった「教師の思いやり」がもっとも影響を及ぼしていた。そして，“先生だから”“大人だから”という「教師の正当性」の影響力は，“格好いい（かわいい）から”“ハンサム（美人）だから”といった「外見性」よりも低いことが示されている。教師は児童生徒に対して指導する立場にあり，行動に問題があれば正すこともしなければならない。しかし，問題行動の指導のような場面においても懲罰的な，あるいは形式的な指導ではなく，児童生徒の発達を促すという観点から，適切なかかわり方を考える必要があるだろう。

教師との関係性は児童生徒の学校への適応感に対して直接的に影響を及ぼすだけでなく，教師との関係の良さは親子関係が不安定な生徒に対して補償的に働いて，彼らの学校適応感を高めることも示されている（林田ら，2018）。さらに，小・中・高校時代の教師とのかかわり経験は大学生段階での自我同一性に影響を及ぼしていることも明らかにされている（秋光・市野，2017）。学校において教師は児童生徒に課題を与え，疑問を投げかけ再考を促し，児童生徒自身が考えを深めていくきっかけをつくる役割をもつ。それと同時に，児童生徒の努力や成果を認め，励まし，誉めることもできる存在である。そのような教師の働きかけは，児童生徒の過去にも未来にも影響を与えうるのである。

[3-3] 友　人

1）同性友人との関係　親からの心理的離乳が進む思春期・青年期において，もっとも重要な存在となるのは友人であろう。幼児期から児童期にかけては，何かを決める際の判断基準は親であったが，思春期以降は何事も自分自身で決めようとする。困った時に援助を求めていたのも親であったが，もはや親は頼るべき存在ではない。しかし，思春期から青年期は自分さがしの中でさまざまな不安や悩みに直面する時期である。そのような心情を共有することができ，支え合えるのが友人である。思春期・青年期における友人関係の意義や機能は，①不安や悩みを打ち明けることで孤独などの否定的な感情が解消され，情緒的な安定感・安心感が得られる，②友人との相互作用が自分を客観的に理解する機会となる，③楽しいことだけでなくトラブルなどの経験から，思いやりや配慮といった人間関係スキルが学べる，とまとめられている（松井，1990；宮下，1995）。

2）異性友人との関係　思春期・青年期の大きな変化として第二次性徴がある。身体的な成熟により，自分自身の性への意識が強くなると同時に異性への関心も高まる。異性との関係においては，友人関係とは異なる強い感情を経験する。それらは幸福感や独占欲，嫉妬のようなものまで幅広いが，そのような感情を経験することも人格的な深みを増すことにつながるであろう。また，異性との友人関係から恋愛関係へと移行した後の行動は，一次元的に進展することが明らかにされている（松井，1993）。友愛的な会話からスタートする第1段階から，結婚の約束が交わされる第5段階までの一連の恋愛行動には「口喧嘩」や「関係を解消したいと思う」といったものも含まれている（松井，1993）。ハヴィガーストやエリクソンの示す成人期の発達課題には家庭を築くことも挙げられているが，恋愛中にパートナーとの葛藤を経験し，その対処を学ぶことも成人期への準備となるであろう。

3）友人関係における現代的課題　青年期では人格的共鳴や内面の開示を伴う友人関係が形成されるというのが「伝統的青年観」（岡田，2010）であるが，現代における思春期・青年期の友人関係も同様であろうか。総務庁青少年対策本部（1991）が1990年に実施した調査では，“心を打ち明けて話せる友人”が1人以上いる若者は95.7%と示されている。これに対して，2019年の調査（内閣府，2020a）では，“他の人には言えない本音を話せることがある”に「そう思う（「どちらかといえばそう思う」を含む。以下同様）」と回答したのは13～14歳で74.7%，15～19歳で56.7%であった。さらに，“何でも悩みを相談できる人がいる”に「そう思う」と回答したのは13～14歳で76.1%，15～19歳で58.9%であり，東京大学社会科学研究所・ベネッセ教育総合研究所（2018）による調査でも，“悩みごとを相談しあう友だちがいる”に「当てはまる（「まあ当てはまる」を含む。以下同様）」と回答したのは小学生（4～6年）67.2%，中学生75.7%，高校生78.0%であった。これらの調査は質問内容も回答方法もいくぶん異なるものの，1990年代と比較すると，本音や悩みを打ち明け合う親密な友人関係を形成している者の割合は減少していることがうかがえる。

その一方で，内閣府（2020a）の調査では“(学校の友人と）楽しく話せる時がある”に13～14歳で89.7%，15～19歳でも84.2%が「そう思う」と回答しており，東京大学社会科学研究所・ベネッセ教育総合研究所（2018）でも“友だちと一緒にいるのが楽しい”に対する小・中・高校生の回答はすべて95%以上が「当てはまる」であった。ところが，同調査の“仲間はずれにされないように話を合わせる”が「当てはまる」のは小・中・高校生いずれも50%を超えており，“友だちとの関係に疲れる”でもそれぞれ21.8%，31.4%，33.0%が「当てはまる」であった。このような状況からは，現代の思春期・青年期における友人関係の複雑さが見て取れよう。この複雑な友人関係に関して，秋光（2019）は，スクールカウンセリングの場でも「友だちとは仲良しで一緒にいて楽しい。でも，しんどい」という相談が多いことを報告している。自分の悩みを話そうとしたら「友だちは楽しい話をする関係だよ」と拒否されたケースや，「自分の悩みなんか話して，その場を暗くするなんてできない」と訴えるケースなどから，表面的にはとても良好な友人関係でありながら，つねに気を遣って関係を維持しているのが現代の子どもの実態ではないかと述べている（秋光，2019）。

さらに，現代の思春期・青年期の友人関係においてはソーシャル・メディアの存在を無視することはできないだろう。総務省（2020）の調査によると，6歳から80歳以上の全世代の中でスマートフォン利用率がもっとも高いのは20～29歳の87.9%であるが，13～19歳も76.7%に達しており，ソーシャル・ネットワーキング・サービス（SNS: Social Networking Service）の利用も80.5%となっている。また，SNSの利用目的は全世代とも「従来からの知人とのコミュニケーションのため」がもっとも多く，13～19歳と20～29歳では「新たな交流関係を拡げるため」も20%を超えていた。ここからも，青年期では友人関係の維持と形成のためにSNSがさかんに利用されていることがわかる。ところが，河井（2014）によるパネル調査では，新規利用者だけに限るとソーシャル・メディアによく投稿することが友人関係満足度を高める傾向が認められたが，全体ではよく閲覧することは孤独感を高める傾向があり，よく投稿することは孤独感を高めるとともに友人関係満足度も低下させる傾向があるという結果が示されている。

思春期・青年期の自分さがしの途上で多くの人が落胆や焦り，悩みを抱いていたとしても，お互いの悩みを分かち合うことのない楽しいだけの友人関係では，「私だけが悩んでいる」と孤独を感じるだろう。そのような孤独感を癒すために，「誰かがわかってくれるはず」とソーシャル・メディアの中につながりを求めるのかもしれない。しかし，河井（2014）が示したように，ソーシャル・メディア上での関係づくりは当初はうまくいったとしても，結局は孤独感をいっそう募らせるようである。また，大谷（2007）は，“一緒にいる友人によって自分のキャラ（性格）が変わる”“一緒に昼食をとる友人と，一緒に遊ぶ友人は違う”といった友人関係の「切替」が，青年期においてみられることを明らかにしている。SNS でも複数のアカウントを使い分けるのは中学生や高校生では一般的であり，それも切替のひとつであろう。その場で求められるように振る舞い，目的に応じて友人を選ぶという切替は一見適応的であり，大谷（2007）の調査でも友人関係への満足感につながっている。しかし，身近な友人には敢えて知らせない SNS アカウントを作るようなことからも，友人関係における切替は，目の前の友人関係に対する疲弊感や警戒心を示唆しているように思われる。

以上のような現代的課題を踏まえると，学校には児童生徒の友人関係に関してもさまざまな役割が求められていると言えよう。思春期・青年期における悩みは成長の証であり，悩みについて友人同士で話す・聞くことで良い解決方法が見つかるかもしれないことを，積極的に伝えることが必要である。また，自分の悩みを適切に開示し，相手の悩みを受け止め，一緒に考えるためのコミュニケーションスキルを学ぶ機会を設けることも，豊かな友人関係の中での児童生徒の発達を促すものとなるだろう。

4．自分を価値ある存在として受け入れる

[4-1] 性に関する意識

思春期・青年期に訪れる第二次性徴では生物学的な性（セックス）が顕在化し，「男らしさ」「女らしさ」といった性役割観に基づいた振る舞いが求められる場面も増加するだろう。これは，心理社会的な性（ジェンダー）への意識も高めることになる。伝統的な性役割では，男性には統率力や行動力が，女性には従順さや優しさが求められる。しかし，そのような個人の特性と生物学的な性を結びつけることへの批判から，近年では自分らしさとは何かという観点から個々に合った特性・役割を考えることが主流である。さらに現代では，性的指向・嗜好としての性（セクシュアリティ）における個性も重視されるようになってきた。これら 3 つの性の組み合わせにおいて強い葛藤を抱く人がいることや，性の多様性を表す言葉のひとつである「LGBT」も社会的に認知されてきている。

自分の性を受け入れることは，「自分は何者なのか」という自我同一性に深くかか

わる問題である。中塚（2015）は1999年から2009年までの岡山大学ジェンダークリニックの受診者の半数以上が，小学校入学前から自分の性別に対する違和感を自覚していたことを報告している。また，15,000人以上のLGBT当事者を対象者とした調査（日高，2017）では約60%が学校でのいじめ被害経験があったことや，希死念慮をもったことのある当事者が約60%にのぼる（中塚，2015）という報告もある。このような状況を背景として，近年では学校に対しても多様な性への対応を考えることが求められている。文部科学省（2016）が教職員向けに作成した資料では，2014年に実施された学校内での性同一性障害に関する対応の全国調査に対して，606件の報告があったことが示されている。606件のうちもっとも多くを占めたのは高校（66.5%）であったが，中学校が18.2%，小学校高学年も6.6%となっている。また，実施された特別な配慮は「その他」を除いて14種類にまとめられており，実施率の高かった上位3つは「トイレ」41.4%，「更衣室」35.3%，「制服」31.3%であった（文部科学省，2016）。配慮については当事者の意思を尊重しながら希望に基づいてなされなければならないが，上記のような設備面に加えて人間関係の側面や，当該児童生徒の尊厳についても十分に考慮することが必要であろう。

[4-2] 自己肯定感を育む

日本の子どもの自己肯定感が諸外国と比較して低いことがしばしば指摘されている。近年の調査においても，“自分自身に満足している”に「そう思う（「どちらかといえばそう思う」を含む）」と回答した若者は，韓国やアメリカ，ヨーロッパ諸国の6か国ではいずれも70%を超えていたのに対して，日本では45.1%であった（内閣府，2019）。このような結果は，視点を変えれば，「日本の若者は自分の現状に満足せず，さらなる向上を求めている」とみることもできる。しかし，“今の自分が好きだ”に対する「あてはまる（「どちらかといえば当てはまる」を含む）」の回答も46.5%に留まっているという報告もあり（内閣府，2020b），「日本の若者はさらなる向上を求めている」という解釈は楽観的すぎるであろう。教育界からも，子どもの自己肯定感の育成に焦点を当てた提言がなされている（国立青少年教育振興機構青少年教育研究センター，2017；教育再生実行会議，2017）。

学校現場においても，子どもに身につけて欲しい力として「自尊感情」を挙げる教師は多い。「自尊感情」は自分自身を肯定的に認識する感情であり，どの子どもにも身につけて欲しい力のひとつであることに違いない。しかし，「自分に対する肯定的感情」にはいくつかの種類があり，それらはプラスの機能をもつものばかりではない。

心理学的な研究においてもっともよく用いられているのはローゼンバーグ（Rosenberg, 1965）が定義した「自尊感情」である。ローゼンバーグによる「自尊

表 4-4　自尊感情，自己愛傾向，仮想的有能感，自己受容の各尺度項目（一部）

自尊感情尺度（Rosenberg, 1965; 山本ら，1982 の翻訳）
少なくとも人並みには，価値のある人間である
物事を人並みには，うまくやれる
だいたいにおいて，自分に満足している
自己愛傾向尺度（大石ら，1987）
私は才能に恵まれた人間である
私はよいリーダーになれる自信がある
私は人から誉められることを望んでいる
仮想的有能感尺度（速水ら，2005）
他の人の仕事を見ていると，要領が悪いと感じる
会議や話し合いで無意味な発言をする人が多いと感じる
他の人に対して，なぜこんな簡単なことがわからないのだろうと思う
自己受容尺度（櫻井，2013）
ありのままの自分で良いと思う
良いところも悪いところも含めて，これが自分だと思える
自分の不完全な部分にとらわれない

感情」は，自分自身を「とても良い（very good)」と感じることではなく，「これで良い（good enough)」と感じていることである。一方，自分自身に対する「とても良い」という認識には「自己愛傾向」や「仮想的有能感」もある。「自己愛傾向」は自分に対する優越感と他者からの賞賛欲求の高さが特徴であり（小塩，1998)，「仮想的有能感」は周りの人々を過小評価することで自分の有能さに対する認識を高めるのが特徴である（速水ら，2005)。

表 4-4 に示した自己愛傾向と仮想的有能感の各尺度項目からは，それらが確かに自分自身に対する「とても良い」という認識であることがわかるだろう。しかし，これらの強さは，自分に自信がありながらも，つねに他者を意識して比較し，攻撃的になりやすいという不安定さも抱えている。子どもに身につけて欲しいのはこのような自己肯定感ではないだろう。一方，自尊感情尺度の項目にも，“人並みに”や“だいたいにおいて”という文言に物足りなさを感じるかもしれない。しかし，このような「これで良い」という自尊感情こそが，幸福感を高めたり精神的健康を支えたりしていることが多くの調査研究によって実証されている。そのことを踏まえると，子どもの心の中に育むべきなのは，「私はとても良い」ではなく，「私はそこそこに良い」という自尊感情であると言えよう。

そのような自尊感情は，ポジティブな体験の多さとの関連が明らかにされていることから，自尊感情を育むためには自分が多くのポジティブな体験をしていることに気づかせることが必要である。ポジティブな体験には，もちろん試験で良い結果を残すといったこともあるが，その過程での努力なども含まれるはずである。子どもに自信をもたせたいという願いを伝える時に「“これだけは誰にも負けない”というものをもちなさい」と言うことがあるが，“誰にも負けない”という言葉は，結果や成果に注目させがちである。結果や成果だけでなく，“誰にも負けないくらい頑張った”“好きという気持ちなら誰にも負けない”といった体験にも大きな価値があることに，子どもが気づけるような言葉かけも必要であろう。

さらに，これまでの自分を吟味し再構成する思春期・青年期ではとくに，自分の中に好きになれない部分を見つけることも多い。「これで良い」と思えない自分に対しては，自己肯定感をもつことはできないのだろうか。そこで，「自己受容」の概念にも目を向けたい。表 4–4 に示したように，「自己受容」とは「ありのままの自分を受け入れること」である。そして「ありのままの自分」は，「良いところ」だけでなく「悪いところ」や「不完全な部分」も含んでいる。思春期・青年期に限らず，完全な人間はいないだろう。苦手なことや不得意なこと，頑張ってもできないことは誰にでもある。しかし，その不完全な存在こそが「私」であろう。良いところも悪いところもある，そのままの「私」を価値ある存在として受け入れられることが，もっとも大切な自己肯定ではないだろうか。

目標を立て，一生懸命に取り組み，目指した結果を出すことは素晴らしいことであり，他者からの承認や賞賛も得やすい。そのような承認・賞賛を通して自己肯定感を高めることもできる。しかし，自己肯定感を得ようとして「もっと頑張らなければダメだ」と自分を追い込み苦しむ児童生徒も少なくない。学校生活の中で児童生徒が体験するのは学校行事や学級内での係活動，友人との人間関係まで幅広く，成功や失敗といった結果としては表れないものも数多くある。さまざまな体験を通して，児童生徒がありのままの自分の価値に気づくように支援することも，彼らの自己肯定感を育むことになるであろう。

〈補講 3　マズローの欲求階層説と自己実現〉

マズロー（Maslow, 1970）は，人間は自己実現に向かって絶えず成長するものだという基本的考えのもと，人間の欲求を 5 つの水準に分類した（図補 1）。

これらの欲求は，より低次の欲求が満たされることで，次の欲求が生まれると考えられた。最も低次にある「生理的欲求」や「安全と安定の欲求」が満たされなければ，友人をもち，仲間と親しみ，その一員として信頼し合う関係をつくろうとは思えないし，「愛・集団所属の欲求」や「自尊感情と他者による尊敬の欲求」が満たされなければ，最高次にある「自己実現の欲求」は生まれないということである。

今日においても，貧困，災害，地域紛争などによって生理的欲求や安全と安定の欲求が満たされない子どもたちは世界中に，そして日本にも多くいる。それらの低次欲求や，愛や自尊感情などの謂わば社会的な欲求が満たされることで，子どもたちは自己実現，すなわち自身の可能性や能力を実現し，使命を達成し，人格内の一致・統合に向かおうと動機づけられることが可能になるのである。

また，生理的欲求から自尊感情の欲求までは欠乏欲求であり，欠乏欲求はそれが満たされないことによる不満足によって行動が生起するとされた。一方，最高次の自己実現欲求は成長欲求であり，誰もが達成できるわけではない。ただしたとえば芸術家などのように，低次の欲求が満たされていなくても，自己実現をしている人もいる。こうした欲求の構造は，社会的背景によって変化することも指摘されている。

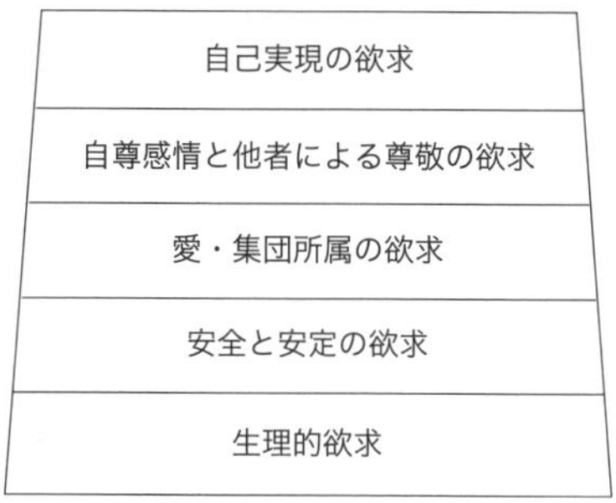

図 補 1　マズローの欲求階層説

第5章
学習の基礎的メカニズムと学習の深化

南　学

児童生徒に対して，教師は授業で教科の知識や技能，考え方を教えるが，同時に，自分から興味関心をもってさまざまなことを調べ，考え，学んで欲しいと思っている。学校教育では，そうした能動的で主体的な学習を生涯にわたって続けることのできる力を児童生徒に育てること，いわば学習行動の学習が目指される。では能動的な学習は，どのように指導したらできるようになるのだろうか。そもそも，学習とはどのように成立するのだろうか。本章では，まず学習の基礎的メカニズムとしての条件づけと，それに基づく学習行動の習慣づけについて述べる。そのうえで，教科等の知識や技能の学習の方法と，さらに学習を深化させる能動的学習の方法について述べていく。

1．学習の基礎的メカニズム

教師は，児童生徒に教科などの指導をおこなうだけでなく児童生徒に学習の習慣をつけさせる必要がある。児童生徒に学習の習慣づけができていれば，宿題などの家庭学習もしっかりとでき，学校での学習以外にも成長が期待できる。こうした習慣づけや実技系の学習などの基礎的メカニズムとしては条件づけ（conditioning）がある。条件づけには古典的条件づけ（classical conditioning）と道具的条件づけ（instrumental conditioning）がある。ここではそれぞれ説明していく。

[1-1] 条件づけ

1）古典的条件づけ　古典的条件づけはレスポンデント条件づけ（respondent conditioning）とも呼ばれる。パヴロフ（Pavlov, 1927）が犬をつかって実験していた時に，メトロノームの音を聞かせた後にエサを与えると，次第にメトロノームの音を聞いただけで唾液を出すようになることを見つけた。エサを与えられると唾液を出すのは生まれつき備わっている無条件反射であるが，エサと一緒に聞くメトロノームの音を条件刺激，メトロノームの音を聞いて唾液を出すことを条件反射と呼ぶ（図5-1）。この古典的条件づけはすでにもっている無条件反射をもとに，新しい条件刺激

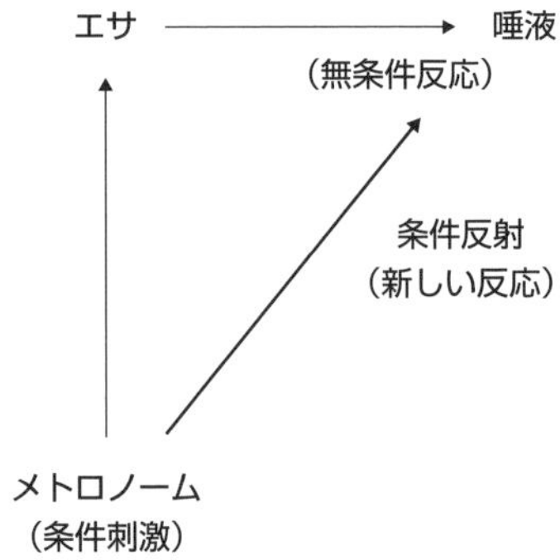

図 5-1　古典的条件づけ

を一緒に提示すると条件刺激に対して新しい反応が獲得されるという現象である。日本人の場合，梅干しの写真を見ただけで唾液が出てくる。これも古典的条件づけの例として挙げられるだろう。

2）道具的条件づけ　道具的条件づけはオペラント条件づけ（operant conditioning）とも呼ばれる。ソーンダイク（Thorndike, 1898）の実験によって見つけられた。ここでは飼い犬に「お手」の芸を仕込む例で説明しよう。ふつう犬にこの芸を仕込むとき，飼い主が「お手」と言っても当然犬は言葉を理解しない。しっぽをふったり，吠えたり，ねころんだりするかもしれない。ここで犬が座ったり，前足を上げたりしたときにごほうびをあげると，犬は次第に「お手」と言われるとすぐに腰を落とし，前足を上げてごほうびを待つ体勢になってくる（図 5-2）。ここで犬は「お手」と言われたらごほうび（報酬）をもらえる手段（道具）として，座って前足を上げる行動をとっていることになる。このように，特定の行動に対して報酬を与えると，その特定の行動が増える学習の過程や手続きのことを道具的条件づけと呼ぶ（罰の場合はその行動を減らす学習となる）。人間の場合にも，家庭でのしつけなどでこの道具的条件づけがおこなわれていると考えられる。子どもは次第にほめられる行動をとるようになり，叱られる行動をとらないようになる。実技の習得などもこの道具的条件づけと考えられる。ここではうまくいく行動が少しずつ増えていき，その妨

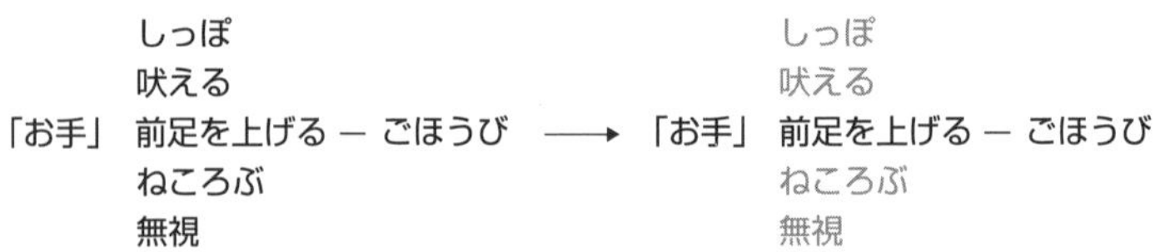

図 5-2　道具的条件づけ

げになるような無駄な動きなどが少しずつ減っていくだろう。

[1-2] 習慣づけ

1）条件づけと習慣づけ　年の始めなどに，今年の誓いなどを立てる人も多いと思うが，「三日坊主」と言われる状態になることも多いのではないだろうか。これは無理な目標を立ててしまうことや「意志が弱い」ことが原因の場合もありえるが，そのほかにも行動を十分に習慣づけられなかったことに原因がある場合も多い。習慣づけとは，ある行動を継続的に実行していく状態（習慣）をつくり上げることである。しかし，新しい行動を毎日の生活にうまく組み込み，継続していくことは容易ではない。習慣をつくり上げるには，前述の道具的条件づけを組み込むことが重要であり，習慣行動に対してそれを支える報酬や罰を用意しておくことが不可欠である。たとえばダイエット行動などでは，じっとしていたい，おいしいものをたくさん食べたいという欲求と反する行動や運動の継続，食事制限や改善などを持続する必要がある。その際，そうした行動の結果，体重の減少や体脂肪率の低下，身体の見た目の締まり具合などの成果が出ることだけでなく，行動を継続していることに対する周囲の賞賛，行動を開始する以前の状態の嫌悪などさまざまな要因がダイエット行動を支える。これら周囲の支援をはじめ，努力に対する成果が見えることが日々の行動を強めていくこととなる。習慣づけに失敗するのは，習慣行動に対するさまざまな報酬による強化とその報酬を得ようとする動機づけのしくみがうまくつくられていないことに起因するのであって，「意志の強さ」に頼らないしくみづくりと，多少の甘えを許容して長期的な視点をもつことが大事である。

2）家庭学習の習慣づけ　教師になったとき，とくに小学校教師の場合に意識することの1つに，児童が勉強の習慣をつくることが挙げられる。勉強は学校でおこなうだけでなく，家庭学習の習慣をしっかりとつけることが大事だと教師は考えるだろう。こうした習慣づけにおいて，条件づけや動機づけ（第6章参照）を意識した指導が必要である。しかし実際は，単に毎日宿題をたくさん出して，学習を繰り返すことだけで習慣づけようとする教師が多いのではないだろうか。もちろん，それがすべて間違っているとは言わないが，結果としてたくさんの量の宿題を出してしまう教師も少なくないと思われる。しかし過大な宿題を出してしまうことで，児童生徒が，課題そのもの（たとえば漢字を覚える）よりも課題をこなすことに意識が向いてしまったり，勉強を受身的なものと考えてしまったり，その教科を嫌いになったりしてしまうことがないようにしなければならない。ベネッセの教育総合研究所がおこなっている「学習基本調査」の第4回（2006年）と第5回（2015年）の児童生徒の学習時間の調査によると，いわゆるゆとり教育批判が起こる前と後の比較では，小・中・高校生と

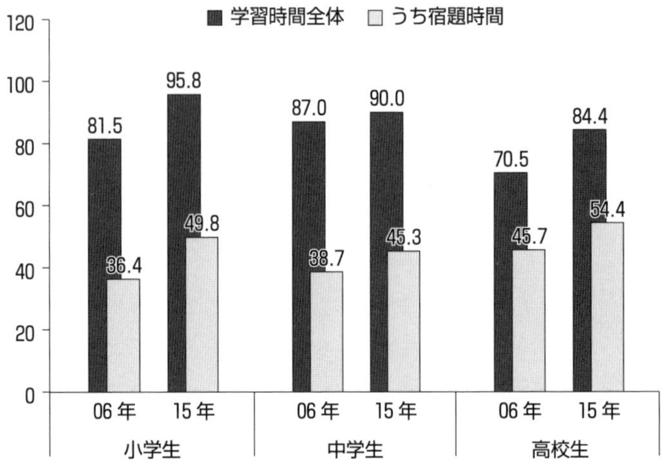

図 5-3　平日の学習時間と宿題時間（分）（ベネッセ教育総合研究所，2006, p. 79 より作図）

もに学習時間が増えているが，そのほとんどが宿題の時間が増えたためであり（図5-3），自発的な学習時間はほとんど増えていない。宿題が教師の自己満足になっていないだろうか。

家庭学習の習慣をつけさせたいと思うのなら，強制するだけでなく，自発的にその課題に向き合いたいと思わせることが大事である。すなわち内発的動機づけ（第6章参照）を引き出すような工夫が必要である。どうすれば自発性を引き出せるかを知りたいのなら，ゲームなどの遊びを振り返ってみるとよい。子どもはゲームが大好きで，ほうっておいてもやりたがる。そこにこそヒントがある。たとえば，ネットのゲームにはログインボーナス（毎日立ち上げるだけでポイントを付与する）というものもよくみる。また，フィットネスのゲームなどでは，起動した日を記録していき，カレンダーで表示したりする機能がついている場合がある。こうした努力をわかりやすい形で表示（見える化）することは努力の積み重ねを示すことであり，がんばった証を示してくれるものである。これを家庭学習に応用し，たとえばシールなどで達成度を示す工夫などをすると，蓄積された努力が見える形で示されることとなる。これが結果として報酬となり，その学習行動が強化され，次の学習への動機づけにつながることがあるため，努力や成果の多面的な見える化が求められる。今後，学校現場でもコンピュータを活用した ICT 化が進むだろう。教師の作業を軽減するだけでなく，児童生徒たちの努力の多面的な記録をおこない，努力の質などを表示していくことができるとよいと思われる。

2. 教科等の学習における学習法・教授法

[2-1] 学 習 法

次に学校教育における教科等の知識や技能の学習に関して，それを支える学習法・教授法をみていく。学習法については，第6章や第7章も深く関連するので，よく読んでおいてほしい。ここでは，動機づけや記憶そのものに関わらない学習法について触れておく。

1）メタ認知　授業やアルバイトの中で「これは大事な話だし，初めて聞く話なので，しっかり聞かなきゃ」と思ったことはないだろうか。あるいは「この話は前にも聞いたことがあるので，確認程度に聞こう」と思ったことはないだろうか。これは自分の記憶を十分に発揮させるために有効な方法である。覚えないといけないものがあるときにはそこに集中しないといけないし，そうでないものは力を抜いてもよいからである。こうしたことをする心的機能のことをメタ記憶という（Flavell, 1987; Nelson & Narens, 1994)。メタ（meta-）は英語の接頭語で「上位の」「高次の」という意味である。わかりやすく理解するために，頭の中にたくさんの小人がいると考えてみよう。記憶をおこなうたくさんの小人が働いている。そのうち，このなかから「上司」にあたる小人を1人選ぶことにする。これがメタ記憶である。メタ記憶は記憶そのものはおこなわないが，記憶をおこなう小人たちをしっかり監視して，どこが忙しくてどこが暇なのかを見ている。そして，メタ記憶は全体に「こっちがたいへんだから助けにいってね」というような指示を出す。このように，記憶活動を監視し，指示を出す働きをする機能をメタ記憶という。メタ記憶があることによって，記憶活動を最大限に引き出すことが可能になる。

このメタ記憶を認知活動全般に拡げたものをメタ認知（metacognition）と呼ぶ。メタ認知はさまざまなところで使われている。たとえば私たちは，目的地に行く時にただ単に歩くだけでなく，どの道順が早く着けるのかをまるで頭の中に地図を広げているかのように考えている。複数の料理を作っているときには，一品ずつ順番に作るのではなく，食べる時に適温になるように料理の時間を逆算して，手順を考えたりする。テニスの試合などでは，ボールを打ち返すだけでなく，ゲームの組み立てを考え，打ち返す場所を考えたりする。ほかにも，たくさんのレポートや試験が詰まっているときは，どこにどれだけ時間を割くかはとても重要であることは痛感しているのではないだろうか。このように，目の前の活動を闇雲におこなうだけでなく，どうすればより良いものになるか，努力の成果が良くなるかを考えているのがメタ認知である。

メタ認知は，メタ認知的活動とメタ認知的知識に分けられる。メタ認知的活動には

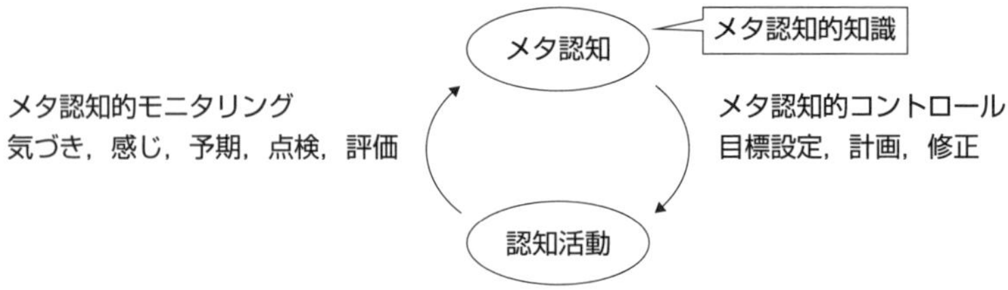

図 5-4　メタ認知

メタ認知的モニタリングとメタ認知的コントロールがある（図 5-4）。今現在の状況を知るモニタリングと現在の状況に対して指示を出すコントロールである。メタ認知的知識には，約束を忘れないためには手帳に書いておくとよいというものや，授業で大事なところはノートに書くといったような，コツのようなものが含まれる。最近のスマートフォンにはスケジュールを通知してくれるアプリなどもあり，こうしたアプリの活用法に関する知識などもメタ認知的知識といえる。

2）学習法におけるメタ認知　学習法においてもこのメタ認知を意識的に活かすことが効果的である。しかし，大学生になっても案外このメタ認知を意識して勉強をしていない者がいるようである。上で見たように，努力の成果・効率を高めるためには，メタ認知を活用するほうがよい。東京大学社会科学研究所とベネッセ教育総合研究所がおこなっている「高校生活と進路に関する調査 2018」（2019）でも，高校 2 年生のときと 3 年生のときを比べて，「くり返し書いて覚える」という勉強方法をずっとしている生徒は成績が上位から中位・下位に低下した群に多くなっている（図 5-5）。他方，メタ認知的学習方略である「テストで間違えた問題をやり直す」や「何

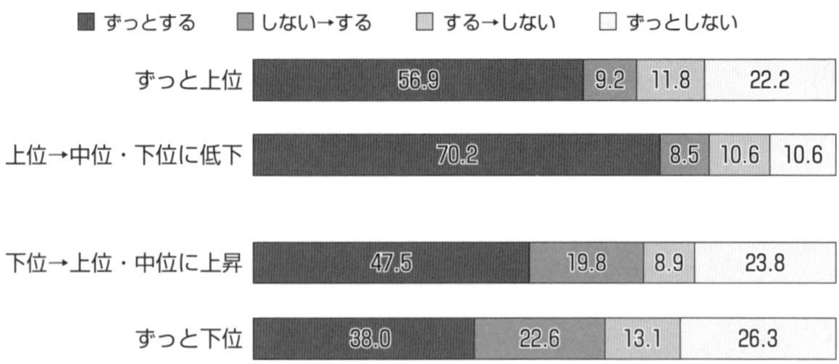

図 5-5　高 2→高 3 の成績変化「くり返し書いて覚える」（東京大学社会科学研究所・ベネッセ教育総合研究所，2019）

が分かっていないか確かめながら勉強する」という勉強方法をおこなっている生徒は「ずっと上位」の群で割合が多くなっていた（図 5-6(1)，5-6(2)）。闇雲に「くり返し書いて覚える」という方法よりも分かっていないところを重点的におこなう勉強法のほうが効果的である。これを活用している生徒のほうが成績が高まるという結果である。また，偏差値が高い大学に進学した生徒ほどメタ認知的方略をおこなって勉強していることも見出されている。

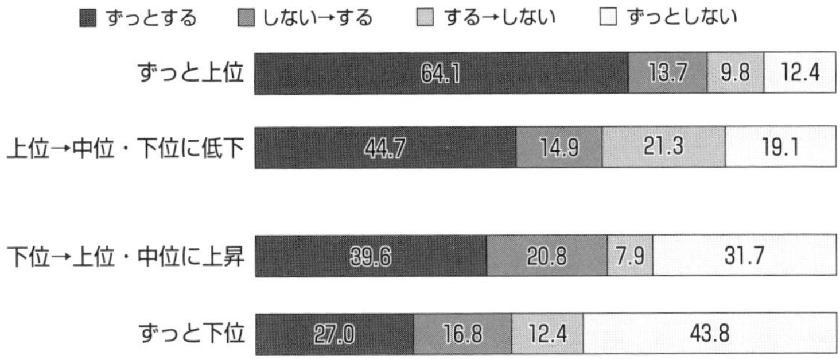

図 5-6(1)　高 2 →高 3 の成績変化「テストで間違えた問題をやり直す」（東京大学社会科学研究所・ベネッセ教育総合研究所，2019）

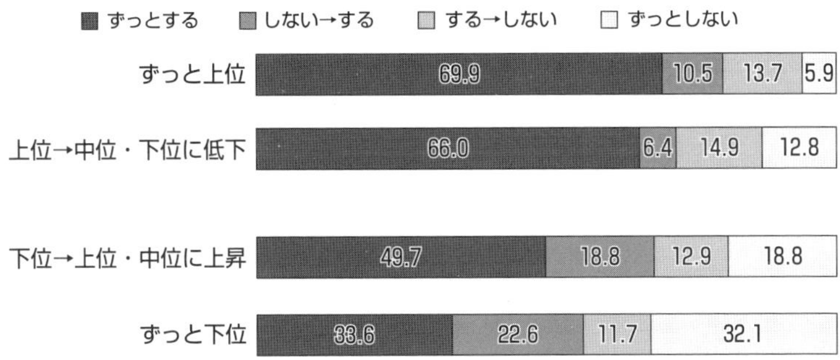

図 5-6(2)　高 2 →高 3 の成績変化「何が分かっていないか確かめながら勉強する」（東京大学社会科学研究所・ベネッセ教育総合研究所，2019）

最後に，8つの永世称号をもつ将棋棋士である羽生善治氏が，メタ認知に関して次のように言及している。羽生氏のように，メタ認知を伸ばし，実践していくことは容易ではないかもしれないが，実践する価値があるだろう。

孫氏の兵法に敵を知り，己を知れば百戦危うからず，という言葉がありますが，究極の学習というのは「自分をきちんと客観的に知る」（メタ認知）と「相手の気持ち，考え方，感情を知る」（思いやり）であると思っています。

どちらも言葉にするのはかんたんですが，実際に行うのは至難の技です。それでも，自分も周囲も快適に暮らして行く上では，日々磨いていく必要のあるスキルであるとも思います。　　　　（羽生善治 2016『誰にでもできる探究』より）

[2-2] 個に応じた教授法

1）適性処遇交互作用（ATI）　日本の伝統的な一斉授業のスタイルは，生徒全体に対して効率良く知識を伝授するという点では優れているが，学力的にクラスの真ん中に合わせて授業を進めていくしかなく，いわゆる落ちこぼれや吹きこぼれ（学力が高く，学校の授業が退屈に感じる）などをつくってしまう。そのため教師は宿題を出したり，応用問題をさせたりと工夫はするのだが，根本的な解決とはなりにくいのが現実である。一斉授業という前提を取り去り，学習者の個性や知能などに合わせた指導をおこなっていくことができれば，それぞれの児童生徒の学習を最大限に引き出すことができるかもしれない。

クロンバック（Cronbach, 1957）は，指導法の効果が学習者の特性によって異なることを適性処遇交互作用（aptitude treatment interaction: ATI）と呼んでいる。適性とは学習者の個性や知能などのことであり，処遇は授業や教育の方法のことを指し，ここに交互作用（適性によって教授方法の効果が異なってくる）が生じるというのである。スノウら（Snow et al., 1965）がおこなった有名な実験では，対人積極性

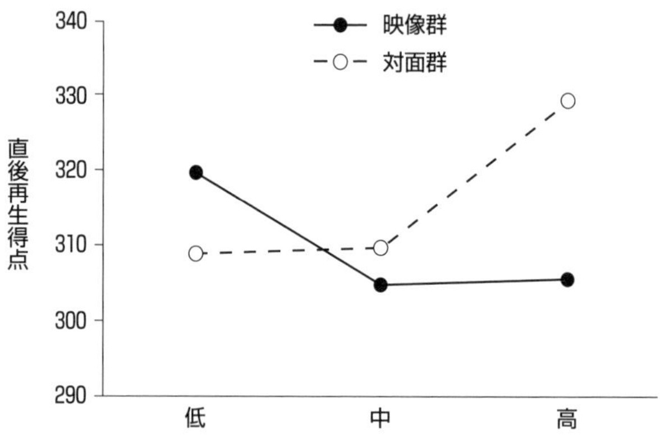

図 5-7　対人的積極性の交互作用（Snow et al., 1965 を参考にして作成）

の高い学生は教師が対面でおこなう指導の方が成績が高くなり，そうでない学生は映像による指導の方が高くなった（図5-7）。ただし，市川（1995）が指摘するように，どの教育方法がどのような児童生徒に有効であるのかを一つ一つ判定するのはとても難しいことが問題点として挙げられる。また，適性処遇交互作用の発想に基づくと適性ごとにクラス編成をおこなうこととなるが，結果として同じような適性の児童生徒だけのクラスとなる。それでは，多様な立場の他者と触れ合うことで学べる機会が失われてしまうなどのより大きな問題も含んでいる。適性処遇交互作用を導入するときは，基礎的な知識の習得など実施の範囲を検討する必要があるだろう。

2）CAI（コンピュータ支援教育）　古くから，それぞれの児童生徒に問題を出し，個々のペースで学習していくのがよいという発想があり，その延長上にCAI（computer assisted instruction）がある。コンピュータが問題を出し，その回答に応じて次に与える問題を変えていくという方法である。近年はコンピュータが安価になってきたこともあり，家庭にも普及が進んでいる。また，スマートフォンなどの「コンピュータ」は1人に1台のペースで普及してきているといえる。こうした普及につれて，問題を解く時間や誤答のタイプなどを児童生徒一人ひとりのデータとして蓄積し，次に与える問題（発展問題や復習の問題）をその子の習熟度に最適なものにする技術やしくみが実現可能になりつつある。ネット上にそうした判定・問題提供システムを用意すればインターネットを通じて大勢の子どもが利用できるため，コスト的にも現実性が増してきている。最近ではこうした技術はアダプティブ・ラーニング（adaptive learning）と呼ばれ，実際にサービスを提供し始めている企業やそれを導入する学校なども出始めている。

3．学習の深化を促す教育

[3-1] クリティカル・シンキング

1）クリティカル・シンキングの必要性　クリティカル・シンキングとは，批判的思考（critical thinking）とも呼ばれる思考のことである。クリティカルには批判という意味もあるが，「重要な」という意味もある。クリティカル・シンキングが指す意味は後者である。すなわちある物事について本質的で重要な点について考えることがクリティカルな思考ということになる。今の日本では批判というと人格的な非難と結び付けられやすく，「批判的」にはこうした難癖をつけるというような否定的な誤解が生じやすいため，筆者はクリティカル・シンキングというカタカナで表記したい。

あるいはその考えることを「反省的に」考えることでもある（メタ思考）。人は自分自身の思考について無頓着であることが多い。そうした自分の思考の癖について自覚的になることもクリティカルに考えるときには必要である。

なぜクリティカル・シンキングが必要なのかというと，もはや「諸外国をまねる」時代ではないからである。日本はすでに十分にトップの国になっている。これからのテクノロジーはすべての国が手探りであり，創造的に考える必要がある。

また，たくさんの情報が飛び交う時代でもある。以前のように政府や専門家がマスコミを通じて発信するというだけでなく，SNS を通して一般の人たちも簡単に意見を発信できるようになった。これまで表に出にくかった現場の実態やデマや噂話なども発信され飛び交うようになる。専門家でない一般の人には，こうした情報の中から何が真実であるのかを判断するのは難しい。そこでは自身の意見に近いものを重視し，対立する意見を軽視するようになりやすい。実際，今のネットニュースアプリは，これまで閲覧した記録から，その人が好むような情報を優先的に提示するようなしくみ（フィルターバブル）が作られている。これでは「居心地のいい」情報ばかりを目にするようになり，いっそう偏った意見が形成されやすい。自分の立場に反する意見なども意識的に集めるようにしないと正しい判断はできなくなるだろう。

2）実はクリティカル・シンキングが苦手な日本人　しかし，今の日本人（若者に限らず「昔の若者」も含めた日本人）は，こうしたクリティカル・シンキングが苦手である。OECD がおこなっている「PISA 生徒の学習到達度調査 2006」では，生徒に，理科教育でどのような授業をよく受けるかを尋ねている。そこでは，知識を教え込む注入主義と生徒の能力を開発する開発主義を対比させた質問をいくつかおこなっている。舞田（2012）は，こうした授業スタイルについて調査対象となった約 34 万人分のデータをもとに注入群，中間群，開発群に分け，国別に比較している（図 5-8）。この図では横軸が注入群の割合，縦軸が開発群の割合を表している。日本は参加国の中でもっとも注入群が多い国となっていることがわかる。つまり，日本の学校での授業スタイルは生徒自ら考えさせるのではなく，ほとんどが知識を伝達するのみとなっている。これでは生徒が自ら考える力を伸ばすことは難しいだろう。

また同じく OECD が実施している「TALIS 国際教員指導環境調査 2018」では，教師の労働環境だけでなくどのような教育活動をおこなっているかも尋ねている。そのなかでクリティカル・シンキングに関連したものとして，「批判的思考が必要な課題を出す」と「生徒の批判的思考を促す」という問いがある。舞田（2020）はこれについても図 5-8 と同様に，国別に集計している（図 5-9）。驚くことに，日本だけが突出して，批判的思考に関わる教育活動をおこなっていないことがわかる。

このように，日本の生徒は教師主導型授業（結果的に生徒は受身的になりやすい）を多く受けてきており，またクリティカル・シンキングにつながる授業を受けてきて

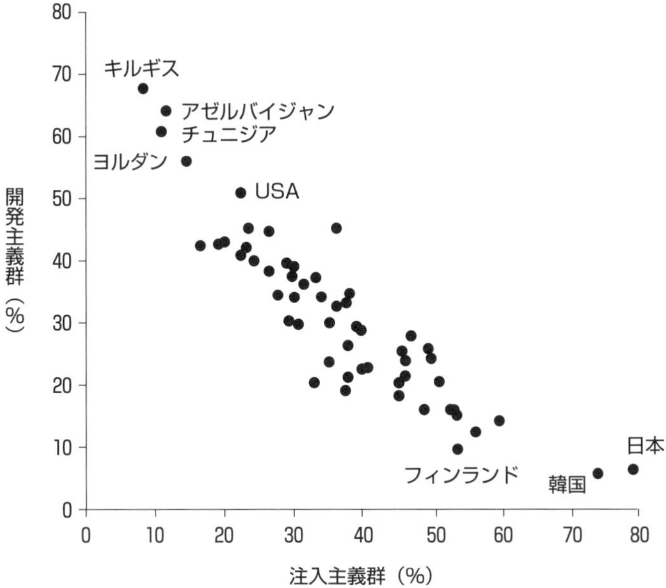

図 5-8　注入主義群と開発主義群の割合（PISA 2006 より国際比較）（舞田，2020 の分析を筆者が再分析したもの）

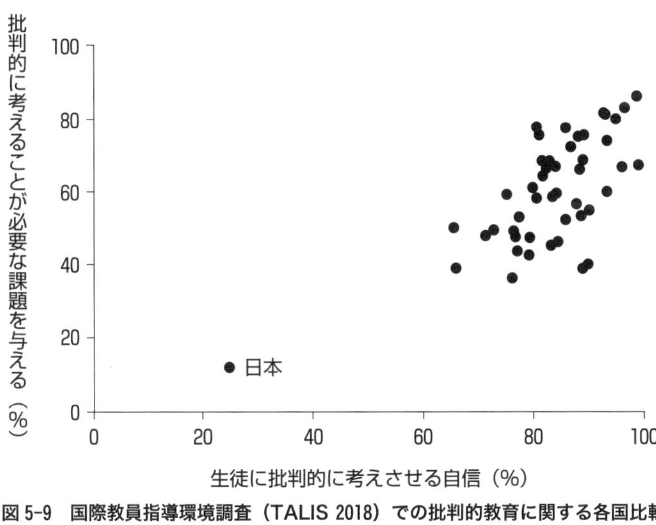

図 5-9　国際教員指導環境調査（TALIS 2018）での批判的教育に関する各国比較（舞田，2020 の分析を筆者が再分析したもの）

いない。これでは授業で習った事柄を暗記するだけが勉強であると考えるのもやむをえない。当然このような授業は楽しくないので，ただ試験や受験のために詰め込むだけという試験のための勉強となるのも無理からぬことかも知れない。

3）探究としてのクリティカル・シンキング　ただし，文部科学省もこの現状を看過しているわけではなく，2022年度の学習指導要領の改訂で，高等学校に「探究」という名がつく科目が新設される。選択科目ではあるが「日本史探究」や「世界史探究」「古典探究」「理数探究」などが置かれることとなる。探究とは「問題解決的な活動が発展的に繰り返されていく一連の学習活動のこと」である。ここでの問題解決的な活動には，「課題の設定」「情報の収集」「整理・分析」「まとめ・表現」が含まれる。思考力・判断力・表現力の育成に関わる教科として，わざわざ新設されるのである。今回は高等学校だけであるが，いずれ小・中学校にも広がっていくだろう。それを機会に児童生徒の思考力を引き出せるよう，教師自身が「考える」習慣を身につけていってほしい。まずは少しだけ立ち止まって考えることからはじめるとよいだろう。たとえば歴史の授業で「明智光秀が主君である織田信長を討った」ということを習ったとしたら，「どうして光秀は信長を討ったのだろう？」と考えて調べてみると，単なる歴史的事実だけでなく，その背景にあった勢力の対立など，教科書には書かれないようなことまで理解が広がるかもしれない。また，ルネッサンスがなぜ花開いたのかを探っていくと，きっかけの1つに伝染病の流行が関わっていることがわかる。どのように関わっているのか，探究してみるとおもしろいかもしれない。

クリティカル・シンキングの育成に関する実践例として，荒川（2018）を挙げておく。荒川（2018）は中学校国語科で「メディアを読み解く」授業をおこなっている。メディアの流した情報をうのみにするのではなく，そこにどんな意図が込められているのかを考えながら，クリティカルに受け止めることをねらっている。実際の「高齢者の事故」に関するニュースを生徒に見せ，そのニュースの組み立てを別の番組の同じ事故を扱ったニュースと比べながら読み解かせていく。そこで生徒はあるニュースが「判断力の低下」や「悲惨さ」などを強調しており，「高齢ドライバーの免許自主返納」へとつなげていることに気づいていく。一方で統計では高齢者よりも若年者のほうが事故を起こしやすいという矛盾した情報があることに気づき，そのニュースが意図的に誘導している可能性まで考えられるようになった。このように，ある情報を別の立場から捉えなおすことで，その情報をうのみにしない生徒を育てられるのではないだろうか。

[3-2] 能動的学習

1）アクティブ・ラーニング　アクティブ・ラーニング（active learning）は

直訳すると「能動的に学ぶこと」となる。上のクリティカル・シンキングを引き出すのが苦手な日本の教育環境を変えるために打ち出された教授法の1つがアクティブ・ラーニングである。教師主導で一方的な授業ではなかなか生徒（の頭）がアクティブ（能動的）にならず，受身的になりがちであるため，そこを改善しようということをねらった教授法である。もちろん，教師主導型授業でも生徒の興味を強く引くような内容であれば生徒の頭はフル回転してアクティブになることはある。その意味で，生徒が静かな授業がすべて悪いわけではない。

ただし，アクティブ・ラーニングは生徒の頭が働いていることを指すだけでなく，他の生徒との会話からたくさんのことを学ぼうということも含んでいる。他の生徒との会話から学ぶとはどういうことかというと，自分の意見をもつだけでなく他の生徒の意見を聞いて，その意見と同じところ，対立するところをきちんと受け止め，自分の意見をさらに高めていくという点が大事な点である。学びは自分一人でやるものではなく，他者の視点から新しい考えを学び，その意見を尊重しながら自分の意見を研ぎ澄ませていくということをねらっている。これも受験のための勉強ではなく，これからの社会で必要な学びのあり方を取り込んだものということができるかもしれない。

なお，アクティブ・ラーニングを形式的に生徒にわいわい話させていればよいと考えていては，本質的な学びを深めさせることはできないだろう。それだけでは，低レベルの議論やおしゃべりをするだけの時間となる可能性がある。生徒が本当に興味を引くような課題，たとえば答えのない問題を与え，真剣に考えるという状態におかなければ，その学びはかえって非効率なものとなり，結局一斉授業のほうがましだということになりかねない。教師の力量が求められるものといえよう。

2）ゲーミング　ここまでクリティカル・シンキングやアクティブ・ラーニングについて述べてきた。しかし，人はあまり関心がない出来事に関して考えることを避けようとする傾向ももっている。認知的資源を節約しようとする，つまりよく考えずに直感的に判断したり他人任せにしたりする傾向である。だからこそ教育場面で考えることを促す必要があり，そのために教師は関心のもてる教材を用意し，児童生徒が考えるように誘導する。しかし，児童生徒に積極的なクリティカル・シンキングや能動的な思考をさせるのは容易ではない。ここでは，児童生徒を思考に引き込む方法としてゲーミングを紹介したい。

ゲーミングは①架空の場面で，②勝敗やゴールの基準が示され，③その中で学習者自らが自身の行動を選択する際に，感じたことや気づきを学びに反映させるという方法をとる。ゲームには個人でおこなうものや集団でおこなうものなどがあるが，教育場面では集団でおこなうものがのぞましいと筆者は考える。集団でおこなうなかで，他者の視点から学んだり，意見交換をしながら活動を選択するといった，個人では達成できないような課題を与えることができるからである。うまく作られたゲームは楽しく，頭もフル回転するので，学習者のモチベーションも高まるのが利点である。

数あるゲームの中でも，用意するものが低コストで，かつ学習者が楽しみながら学べるものの1つとして「ゼロサムゲーム（高橋，1998)」を紹介したい。1つのグループは5～9人までで，6～7人がのぞましい。人数が増えるほど難しくなる。クラス内にはいくつかの班ができるはずである。班対抗で競わせるとよいだろう（競争を煽るというよりも早く上がった班を賞賛するという方向で)。ゲームは参加してみてはじめて気づくことも多いため，ぜひやってみてほしい。

使うのはトランプの黒（スペードかクローバー）と赤（ハートかダイヤ）である。配るカードは1人に3枚になるように用意する。たとえば6人班だと18枚になるので，黒・赤それぞれA～9を用意する。7人班だと21枚になるので，黒・赤それぞれA～10に，ジョーカー1枚を用いる（奇数班にはジョーカーを1枚使う)。これをシャッフルして3枚ずつ配る。3枚が手持ちのカードである。配ったカードは班の中で見せ合う。このゲームのゴールは班内でカードを交換していき，班員全員の手持ちのカードの黒の合計と赤の合計を同じにすることである（ジョーカーは0とする)。全員が揃うと軽い達成感が味わえるだろう。その状態を目指して班内で相談をしながらカードを交換する。交換する際に守るべきルールは，手持ちのカードは常に3枚であること，交換は両者が合意して交換することだけである。「正解」は1つではないので，早くできた班には別の組み合わせでゴールできるよう，何回もやらせてみるとよい（図5-10)。

このゲームのポイントは，班員全員が揃うことがゴールであるというところにある。場合によっては自分の手持ちが揃っているものを崩さないといけなくなることもある。最後まで協力しないといけないのである。何回かやっているうちに，コツのようなものがわかってくる。

何回かゴールできるようになったら，ゲームを終えて，振り返りをおこなう。たと

ゼロサムゲームのルール

- カードをシャッフルして1人3枚ずつ配る（1から順に)。
- カードは表にする。
- グループ内の意見交換は自由。
- カードの交換は必ず1枚対1枚（手元は常に3枚)。
- カードの交換は当人同士のみ。
- 赤がプラスで，黒がマイナスを意味する。ジョーカーは0。
- グループ全員のカードの，赤と黒の数字が等しくなると完成。

図5-10　ゼロサムゲームのルール（高橋，1998）

えば，①ゴールするコツは何か，②自分はゴールするために何に気をつけたか，③このゲームを通じて感じたこと・考えたことは何か，などについて 5 ～10 分間振り返り班内で共有する。

ゲームは現実の世界ではなく，架空の世界であることも重要である。架空の世界なのでいくら失敗してもやり直しが効く，どんどん挑戦すればよい，という点が重要である。子どもが真に学べるのは，成功した時よりも失敗した時である。失敗した時には，どうすればうまくできるようになるのかということを自然と考える。しかし，日本の学校では，失敗は避けられる文化があり，なかなか失敗して学ぶということができない。ゲーミングは，この大事な学びのチャンスを提供できると期待できる。

なお，東日本大震災を契機として，こうしたアナログゲームが次第に広まりはじめ，ステイホームが推奨されるコロナ禍でもさらに注目されるようになってきている。現在では，市販のアナログゲームもたくさん販売されている。なかには「相手を騙して勝つ」というような教育場面にふさわしくないゲームもあるが，コミュニケーションを引き出すものが多く，さまざまなものがある。

3）学習の深化をうながすには　インターネットが普及し，そこにアクセスする機器を多くの人が持ち歩ける時代に，単に知識を丸暗記してすらすらと暗証できてもそれを尊敬する人は多くないだろう。それよりも今は（大量の知識にアクセスできるがゆえに）その知識の要点は何であるかを相手に合わせて噛み砕いて説明できることのほうが求められる時代であると思われる。そのためには，頭に入れた知識を深く理解し，そこから意味や意義を見いだせるようになることが大事である。

このように，知識を「使える知識」「生きた知識」にする（今井，2016）ためには，上で述べたクリティカル・シンキングやアクティブ・ラーニングはたしかに有効な学習方法であるといえる。またそのなかでもゲーミングは学習者を深い思考に導き，思考に没頭させる（フロー状態; Csikszentmihalyi, 1990／邦訳，1996）ことを可能にする方法である。このフロー状態は子どもだけでなく大人でもとても楽しい時間である。フロー状態をたくさん経験すると，その楽しさを求めて，自ら没頭し，深い理解を求める児童生徒が増えるのではないだろうか。また，自分の頭の中で新しい考えを「発見する」こともある。自分で発見したことは印象に残り，新しい「生きた知識」として定着し，実践してみたくなることもある。筆者もクリティカル・シンキングを促す（ハードルを下げる）ゲームを作っている（南，2013a，2013b）。このゲームを通じて一人でも多くクリティカル・シンキングを実践してみようと思ってくれるなら本望である。

〈補講 4　学習の理論〉

以下は学習の理論について書いた文章である。選択肢から適切な言葉を選び，空欄を埋めてみよう。

パヴロフは，イヌの実験から，(　　) 条件づけを発見した。刺激と反応の間に新たな連合ができることが学習だと考えた。

(　　) はパヴロフの実験に影響を受け，自らは行動主義心理学を提唱した。

学習を説明する理論として，学習とは刺激と反応の連合だと考える連合説の他に (　　) 説がある。その立場にはトールマンの (　　) 説やケーラーの (　　) 説が含まれる。

道具的条件づけは，(　　) がネコの (　　) と言われる装置を使った実験で見出した。

ソーンダイクののち，スキナーが，いわゆる (　　) と言われる装置を使ってネズミやハトの実験をおこない，道具的条件づけについて体系的に研究を進めた。

(　　) 条件づけは，自発した望ましい行動に報酬が与えられたことに適応して，その行動をおこなうよう学習することである。

オペラント条件づけにおいて，正の (　　) とは行動に対して強化子（好子）が与えられ（うれしいことが起こり），その行動の頻度が増加することであり，負の (　　) とは行動に対して強化子（嫌子）が除去され（嫌なことが起こらなくなり），その行動の頻度が増加することである。

正の (　　) とは行動に対して弱化子（嫌子）が与えられ（嫌なことが起こり），その行動の頻度が減少することであり，負の (　　) とは行動に対して弱化子（好子）が除去され（うれしいことが起こらなくなり），その行動の頻度が減少することである。

[選択肢]

古典的　問題箱　ワトソン　洞察　スキナー箱　弱化　ソーンダイク　強化
スキナー　パヴロフ　認知　道具的　サイン・ゲシュタルト

第6章
動機づけ

遠山孝司

教師が注目することの多い幼児，児童，生徒の心理的な要素の1つに「やる気」がある。この「やる気」に関して，教師が児童生徒を見て「あの子はやる気がある」「やる気があるので良い結果が出そうだ」などと考える。やる気がある状態の活動はやる気がない状態の活動に比べてその成果が出やすいと一般的に言われることもあり，教師は児童生徒に対して学習も含めたさまざまな活動にやる気をもってもらいたいと考える。

この「やる気」の問題について，心理学では「動機」という概念を用いて多くの研究がなされてきた。そして，何かをすることに対してやる気があり，積極的に取り組もうとしているという状態は「動機づけられている」と表現される。

この章では「動機づけ」に関する教育心理学の理論を整理し，教師が児童生徒とのかかわりの中で児童生徒の「やる気」に対していかに向き合うべきかを考えていきたい。

1．動機と動機づけの種類

人間が何らかの行動を起こすとき，その行動の原動力となる内的なエネルギー，いわゆる「やる気」のことを心理学では「動機」「動因」「欲求」「要求」などと表現する。そして，この「動機」というエネルギーによって行動が導かれる過程を「動機づけ」と言う。

ハル（Hull, 1937）はこのような人間や動物が行動を起こすエネルギーとそのメカニズムについて，「動因低減説（drive reduction theory）」という理論を提案した。これはある行動を取ろうとする人や動物には「動因」と呼ばれるエネルギーが存在し，行動をとること，または行動によってもたらされる結果を得ることでそのエネルギーが低減，解消されるというものである。さらにこの理論のなかで，行動の起きやすさは，動因の強さだけでなく経験や習慣によって変化すると言われている。

このような何かをしたいというエネルギーが同じでも経験や習慣によって行動が起

きやすくなるとされるこの理論は，児童生徒の指導のなかで児童生徒に経験をさせることや習慣づけることの意義に根拠を与えてくれる。

動機づけによって導かれる行動には，好ましい何かをしたい，手に入れたい，近づきたいという思いから起きるものだけでなく，好ましくない何かを避けたい，遠ざかりたいという思いからも起きる。このように何かを得たいという意思だけでなく，何かを避けたいという意思も，行動することや行動しないことへのエネルギーになることを示している。そして，これらの行動を起こしたり方向づけたりするきっかけや対象のことを「誘因」「目標」と呼ぶ。前者の近づきたいと思わせる誘因を「正の誘意性をもつ誘因」と呼び，後者の遠ざかりたいと思わせる誘因を「負の誘意性をもつ誘因」と呼ぶ。

[1-1] マレーによる動機・欲求の分類

「動機」や「欲求」には多様なものがあり，それらについてはさまざまな分類が提案されてきた。マレー（Murray, 1938）は，行動を導く動機や欲求について，空気や水や食事，睡眠を欲するような一次的で生理的な欲求と，物事の達成や他者との親和的な関係などの心理的な幸福を求める二次的で心理的，社会的な欲求に分類した。

生理的な欲求には，それが満たされていないと欲求が強まり，満たされると欲求が弱まるという生理的な平衡維持（ホメオスタシス）のための自己調整機能があるとされている。また，心理的，社会的な欲求については，何かを成し遂げたいという達成欲求や何かを手に入れたい，維持したいという取得欲求や保全欲求，誰かと仲良くしたい親和欲求，他者から認められたいという承認欲求，楽しみ笑い，リラックスしたいという遊戯欲求，物事を理解し新しい知識を得たいという認識欲求などの多様な分類が提案されている。

さらにマレーは欲求が行動する本人の自覚できる意識的なレベルだけでなく，無自覚的で無意識的なレベルでも機能し，行動を制御するとしている。

[1-2] 認知的な欲求と認知的不協和理論

マレー（1938）は，物事を理解する認識の欲求を二次的な欲求の1つとしたが，人間は物事について「こうすればこうなる」といった一貫性のある因果関係で理解し，納得できる状況を望む。このような納得したいという欲求に関連してフェスティンガー（Festinger, 1962）は，人間の信念と行動の関連について，人間は信念に従って行動するだけでなく，時に自分の信念に合わない行動をした後に納得することを求めて，自分のとった行動とつじつまが合うように信念を変更することもあるとした。このような信念に合わない行動をした際に生じる心理的な葛藤や認知的な不協和を減らすための「合理化」と呼ばれる思考に関する理論を「認知的不協和理論」と言う。

「合理化」がなされる状況の 1 つに，個人が自らの信念に反する行動を求められ，それに対する報酬が与えられる状況では，報酬が十分である場合よりも不十分である場合の方が信念を変える力が強く働くという「不十分報酬パラダイム」がある。たとえば体力を使うようなことはなるべくしたくないと思っていた人間が何らかの仕事で重い荷物を繰り返し運ぶ際に，金銭的な報酬が十分であれば「お金のためにこの作業をしている」と考えるが，金銭的な報酬が十分でないと「お金のためだけでなく体も鍛えられるからこの作業をしている」と考える。これは不十分な報酬であるにもかかわらず信念に反する行動をしたことについて，自分の信念（＝認知）を変えて自分の行為を合理化，正当化しているというものである。信念が否定されたときにこそ，その信念を強めるような行動をとる（信念／反証パラダイム）場合や，集団に所属するための厳しい儀式があると，その集団のメンバーの集団への忠誠心を高める（誘導服従パラダイム）場合も行動をとることによって信念が変わる例である。このように行動をした後にもっともらしく信念を修正することもあることから，フェスティンガーは人間を理性的な存在と言うだけではなく，時として合理化，正当化をしてでも，納得することを求める存在でもあるとしている。

人間の納得したいという動機は，たとえば学校の教科に関する勉強がわからないときに，わからないものをわからないままにしたくないという動機にもつながる一方，学校の勉強は社会に出てから使わないのでわからなくてもいいと自分を納得させようとする動機にもつながる。子どもの学びを指導する教師には，このような認知的な動機の理解とそれを踏まえた指導の工夫が求められる。

[1-3] 異なる領域の動機の関連

ここまで述べてきたように人間の心にはさまざまな種類の動機，さまざまな領域に対する動機が存在するが，異なる領域に対する動機はそれぞれが完全に個々に独立しているのではなく，時として関連し合い，相互に影響することも示唆されている。たとえばウェンツェル（Wentzel, 1989）は高校生にとっては「新しいことを学ぶこと」や「物事を理解すること」といった学業達成に対する目標の強さだけでなく，「信頼できる，責任ある行動をすること」や「時間どおりに物事を行うこと」などの社会的な目標の強さも，学業成績に影響していることを示した（中谷，1996）。そして中谷（1996）は小学生の学業熟達目標の強さと社会的責任目標の強さが学業成績に影響を与える過程を検討し，学業熟達目標が学業熟達的行動や教科学習への関心・意欲に影響するだけでなく，社会的責任目標が社会的責任行動に影響し，その影響が教師からの受容を経て教科学習への関心・意欲につながることを示した。

2．自律的な動機づけと他律的な動機づけ

教育のなかで児童生徒の行動は自らが好んでおこなっている行動と，自らが望んでいるわけではないが，そのような行動をすることを周囲の他者や環境から求められておこなっている行動に分けることもできる。このような自律的な動機づけと他律的な動機づけに関する動機づけの分類に「内発的動機づけ」と「外発的動機づけ」というものがある。「内発的動機づけ」とは行動自体から楽しみや喜びを感じるために行動が自律的に起きる過程を指す。「外発的動機づけ」とは品物や他者からの承認などの獲得または罰の回避を目指して他律的に行動が起きる過程を指す。「内発的動機づけ」は，人間や動物が生まれもった好奇心や何かを操作したいという気持ちが原因であるため安定的で，遊びという行動もこの動機づけによって引き起こされる。それに対して，「外発的動機づけ」は，原因が外的であり，報酬や罰などのあり方が変化することによって行動が引き起こされるかどうかが変わる。

子どもたちが，自ら主体的に学ぼうとする気持ちをもち，生涯学び続ける大人になることを目指すためには，学びに対する子どもの動機づけは内発的であることが好ましいとされており，内発的な動機づけと外発的動機づけについて多くの研究がおこなわれてきた。

[2-1] アンダーマイニング効果

内発的動機づけと外発的動機づけの関係を検討する研究として，デシ（Deci, 1971）は内発的に動機づけられている行為に対して報酬を与えることで，動機づけがどのように変化するかを検討した。パズルに挑戦している大学生に，途中からパズルに取り組むことに対する報酬を与えたところ，報酬の有無や報酬の種類によってパズルに対する動機づけが変化することが示された。報酬が与えられなかった群の内発的な動機づけは変化がなかったのに対し，物質的・金銭的な報酬を与えられた群の内発的な動機づけは低下した。一方ほめ言葉などの言語的な報酬は内発的な動機づけを低下させなかった。金銭などの報酬が課題の魅力を低減させるこの効果は「アンダーマイニング効果」と呼ばれている。またレッパーら（Lepper et al., 1973）は幼稚園児のお絵かき課題でも報酬をもらえると期待するだけで内発的動機づけが低下することを示している。

ただし，報酬を与えることが常に行動に対する動機を抑制するということではなく，デシ（1975）は課題自体の魅力が低く内発的な動機づけが低い場合は報酬が動機を高めるとして，外発的な動機づけの肯定的な効果も示している。

これらは，内発的な動機づけが低い場合には外発的な動機づけによって行動が起こりやすくなる一方で，外発的な動機づけによって内発的な動機づけが阻害される場合があることを示している。児童生徒が本人の意志で積極的に取り組んでいることに対して大人が物質的な報酬を与えることが児童生徒のやる気を下げてしまう可能性がある一方で，子どもをほめる，励ますなどの行為はやる気を下げることはないようである。

[2-2] 他律から自律への移行：自己決定理論

デシとライアン（Deci & Ryan, 2002; Ryan & Deci, 2000）は，行動することを他律的に他者に決められるのではなく，自律的に自らが決めることによって達成の程度や精神的健康が向上するとして，これを「自己決定理論」いう理論にまとめた。さらに，他律的な外発的動機づけと自律的な内発的動機づけの関係について，それらを対立する2つの極として捉えるのではなく，動機づけられていくプロセスの中で，他律的な動機づけから自律的な動機づけへ段階的に移行するものとして捉えることも提案している。

自己決定理論では，「やりたいとは思わない」から行動しないという動機づけのない段階と，「面白いから」「楽しいから」「興味があるから」「好きだから」行動するという内発的調整がなされた内発的動機づけの段階の間に，4段階の外発的動機づけの内在化の過程を想定している（図6-1)。それは，①「人に言われるから仕方なく」「やらないと叱られるから」などの理由で，外的な報酬や罰に従う「外的な調整」の段階，②「やらなければならないから」「不安だから」「恥をかきたくないから」など，その行動や結果を自分に関係しているものとして捉える「取り入れ的調整」の段階，③「自分にとって重要だから」「将来のために必要だから」など自分にとっての重要性や価値のあるものとしてその行動や結果を捉える「同一化的調整」の段階，④「やりたいと思うから」「学ぶことが自分の価値観と一致しているから」など，行動することが他者から求められていながらも自分自身もその行動を望んでいる「統合的調整」の段階という4段階である（櫻井，2009)。

児童生徒の動機づけを自己決定理論に基づいて考えるとき，最初は自律的，内発的には動機づけられていない他律的な行動も，その行動に関連する価値観が内在化していくなかで内発的で自律的な行動へ変化していくというプロセスが考えられ，そのプロセスに沿った大人の声掛けや指導が児童生徒の行動を受動的なものから主体的なものに変化させることが考えられる。

また，デシとライアンは（Deci & Ryan, 1991, 2012; Ryan, 1993）は，自己決定理論を発展させるなかで，自らが行動の主体でありたいと考える「自律性

行為	他律的	←―――	―――	―――	―――→	自律的
動機づけ	無動機づけ	外発的動機づけ				内発的動機づけ
自己調整（内在化）	なし	外的調整	取り入れ的調整	同一化的調整	統合的調整	内発的調整
自己調整に関する事項	・非意図的 ・有能感の欠如 ・統制感の欠如	・従順 ・外的な報酬や罰	・自我関与	・個人的な重要性 ・感じられた価値	・気づき ・自己との統合	・興味，関心 ・楽しさ
感じられた因果の位置	非自己的	外的	外的寄り	内的寄り	内的	内的
学習行動の理由の例	（やりたいとは思わない）	「人から言われるから仕方なく」 「やらないと叱られるから」	「やらなければならないから」 「不安だから」 「恥をかきたくないから」	「自分にとって重要だから」 「将来のために必要だから」	「やりたいと思うから」 「学ぶことが自分の価値観と一致しているから」	「面白いから」 「楽しいから」 「興味があるから」 「好きだから」

図 6-1　さまざまな動機づけ（Deci & Ryan, 2002; Ryan & Deci, 2000; 櫻井，2009 より）

(autonomy)」や自身の力で環境と効果的に相互作用をおこないたいと考える「有能感（competence)」だけでなく，他者や集団と緊密な関係を築きたいという「関係性（relatedness)」に対する心理的欲求も自己決定を求めるための基礎的な欲求であるとしており，社会的な関係の中で他者と良い関係を築きたいという欲求が個人の動機づけを他律的なものから自律的なものへ変化させることが示唆されている。

3．動機の強さや行動の起こしやすさに影響する要因

動機づけに関連する研究は，エネルギーとしての動機が行動に影響する以外に，結果の原因についての考え方（帰属）の傾向や，失敗を避けたいという気持ちの強さなどのさまざまな要因が動機の強さや行動に影響することを示している。

[3-1] 原因帰属と達成動機

ワイナーら（Weiner et al., 1971）は，学業達成場面で結果が出た後に，学習者がその結果の原因を何だと考える（帰属する）のかが，その後の学習者の達成動機と関

		統制の位置	
		内　的	外　的
安定性	安　定	能　力	課題の困難度
	不安定	努　力	運

図 6-2　原因帰属の 2 次元の例（奈須，1988; Weiner et al., 1971 より）

	統制可能		統制不可能	
	安　定	不安定	安　定	不安定
内　的	ふだんの努力	一時的な努力	能　力	気　分
外　的	教師の偏見	他者の非日常的な援助	課題の困難度	運

図 6-3　原因帰属の 3 次元の例（奈須，1988; Weiner, 1979 より）

連していることを示した。彼らは原因帰属を統制の位置（自分の内側／外側）と安定性（時間を超えて安定／不安定）という 2 次元で捉えられると考え，統制の位置によって自尊感情や恥に影響し，安定性は次回の成功への期待に影響するとした（図 6-2）。

ここで示された帰属と動機の関連とは次のようなものである。達成動機を高く維持するためには内的で不安定な次元（努力）などへの帰属が有効である。成績上位群は下位群に比べて努力へ帰属する傾向が強い。

さらに成功や失敗の帰属について，達成動機が高い群と低い群の間に明らかな差があることが示された。成功については達成動機の高い群は低い群に比べて努力や能力など，内的な要因に帰属する傾向が強く，低い群は成功を課題の困難度や運など外的な要因に帰属する傾向が強かった。一方，失敗については，達成動機の高い群は内的で不安定な努力に帰属する傾向が強く，低い群は内的で安定した能力へ帰属する傾向が強かった。

これらの結果は，児童生徒の成功や失敗に対する教師の声かけの内容がその後の児童生徒のやる気に影響し，成功，失敗のどちらであっても自分の中にある不安定な「努力」という原因に帰属することがその後のやる気の高さにつながる可能性を示している。

また，ワイナー（Weiner, 1979）は「統制可能性」の次元を追加し，原因帰属を 3 次元で捉えることも提案している（図 6-3）。

[3-2] 達成動機と期待価値モデル

アトキンソン（Atkinson, 1964, 1966）は，何かを成し遂げるための「達成行動をおこなおうとする傾向」について，個人の一般的な「成功達成傾向」と「失敗回避傾向」，課題の成功に対する「期待」，課題に成功することの「価値」の4つの概念から整理した。

アトキンソンは，まず特定の課題によらない個々人がもつ全般的な「達成動機」というものを想定し，これは個々人がもつ「成功達成傾向」と「失敗回避傾向」の差によって決定されるとした。ここでいう「成功達成傾向」とは，特定の課題に限らない成功を求める個人の傾向である。「失敗回避傾向」とは特定の課題に限らない失敗を避けようとする個人の傾向である。そして「成功達成傾向」と「失敗回避傾向」の強さは必ずしも一方が強くなれば一方が弱くなるものではなく，ともに強いまたは弱い場合もありうる。

そして，特定の課題に対して「達成行動をおこなおうとする傾向」は個人のもつ「成功達成傾向」から「失敗回避傾向」を引いた「達成動機」の強さと課題の成功に対する「期待」の強さ，課題に成功することについての「価値」の強さという3つをかけ合わせた積によって決定されると述べている。成功に対する「期待」の強さとは，成功の見込みのことである。成功することについての「価値」の強さとは，成功したことによって得られる心理的，物質的な報酬に対して感じる価値のことである。そしてこの「期待」と「価値」は相補的な関係にあり，成功しそうな見込み，いわゆる「期待」が高ければ成功することの「価値」は低くなり，逆に「期待」が低ければ「価値」は高くなるとされている（表6-1）。

このモデルは，個人の達成行動をおこなおうとする傾向は，一般的に成功したいという気持ちが強く，失敗を恐れる気持ちが弱い個人が，成功するか失敗するかという見込みが半々のときに最も強くなることを示している。ただし，失敗を恐れる気持ちが強い個人は，確実に成功するような価値の低い課題や失敗しても当然と考えられる期待の低い課題を選ぶ傾向が強くなるだろう。教師が児童生徒に働きかけるとき，児童生徒の失敗を恐れる気持ちをいかに軽減させるかも考えるべき視点になる。

表6-1　アトキンソンの期待価値モデルにおける3つの式（Atkinson, 1964, 1966）

- 達成行動をおこなおうとする傾向＝（成功達成傾向－失敗回避傾向）×期待×価値
- 達成動機＝成功達成傾向－失敗回避傾向
- 価値＝1－期待

[3-3] 有能感と達成行動

個々人の自分に対してもつ有能感は，個人が達成行動をおこなうかどうか，継続するかどうかを決定する際の要因になる。

ホワイト（White, 1959）は人間が環境に働きかけ環境を変化させる経験を繰り返すなかである種の有能感，いわゆるコンピテンス（competence）を獲得すると述べている。

バンデューラ（Bandura, 1977）は，人がある事態に対処する際，それをどの程度効果的に処理できると考えているかという認知，一定の結果に導く行動を自らがうまくやれるかどうかという期待，その期待を自覚したときに生じる自信を「自己効力感(セルフ・エフィカシー)」と呼び，これがその後の遂行行動を予測すると主張した(伊藤，1996)。そしてバンデューラ（1997）は思考して自らの行動をコントロールすることで達成できたという「制御体験」，見聞きした他者の体験を見本とする「代理経験」，自分が成功できると思わされるような他者からの「言語的説得」，本人の「生理的情動的な状態」の４つの情報源が個人の自己効力感の認識に影響を与えると述べている。

一方，無力感は行動を起こす力を弱める。セリグマンら（Seligman, 1975; Seligman & Maier, 1967）はどんな反応をしても電気ショックから逃れたり，事前に避けたりすることができない経験をした犬は，状況が変わり，電気ショックから容易に逃れたり避けたりできるようになったとしても電気ショックを避けようとしなくなることを実験により見出した。このことから，不快な状況を避けることも逃げることもできないという経験が繰り返されることによって学習された無力感「学習性無力感（learned helplessness)」が，状況を改善するような行動を起こしにくくさせると説明した。

これらの理論は児童生徒に有能感をもたせるような経験や教師からの働きかけが達成行動や課題を達成する確率の向上につながることを示している。

4．子どもの「やる気」を引き出す教育実践

ここまで述べてきたように，人間が行動を起こすエネルギー「動機」を扱う研究は，児童生徒の「やる気」に働きかけ，行動を促す際の教師の振る舞いに多くの示唆を与えてくれる。本章では以下のような内容を紹介してきた。①何かを得たいという気持ちだけでなく，何かを避けたいという気持ちも行動のエネルギーになりうる，②習慣づけることでやる気が行動に結びつきやすくなる，③人間は理解したい，納得したいという気持ちを強くもっている，④欲求は学習や対人関係などの領域ごとに完全に独

立しているものではなく，時として領域を超えて関連している，⑤「やる気」をもって行動してもらうための報酬は時として「やる気」をそいでしまうことがある，⑥最初は主体的にやる気がない子どもも，取り組んでいるうちに価値観を取り入れ，主体的に取り組むようになる場合もある，⑦自分で結果をコントロールできるという感覚が「やる気」を強め，自分ではコントロールできないという感覚が「やる気」を弱める，⑧「成功したい」という気持ちがやる気を強め，「失敗したくない」という気持ちがやる気を弱める。これらの知識を教師がもって自らの教育実践に取り組むことは，その成果を豊かなものにしてくれるであろう。

だが「やる気があるから行動する」「やる気がないから行動しない」という考え方について，疑問を呈するような研究もある。コーンフーバーとディーッケ（Kornhuber & Deecke, 1965）によると体を動かす前に脳の中では神経細胞の活動が始まっており，リベットら（Libet et al., 1983）は自発動作について，動作の0.55秒前に脳の中では神経細胞の活動が始まっており，その0.35秒後にその行為を実行しようとする「意識」が起きることを示した。ここから意識というものは行動や決断の主体なのではなく，自らの行動や決断に対する傍観者でありながら自らを主体だと受け止めている存在であると考えられている。このように考えると，人間は行動すると決めてから行動する，または行動しないと決めてから行動しないという考えが誤りで，人間は自らの意思で自らの行動を制御してはいないかの印象を受けるが，カーネマン（Kahneman, 2011）は人間の意思決定について「直感」で判断しその後「推論」で修正する，という二重プロセスモデルを示している。ここから意識に昇る前の直感的な動作は必ず継続されるというものではなく，時として推論という思考プロセスの中で意識的に中断されることも起こりうると考えられる。人間は意識していない自発的な行動をときにメタ認知のなかで追認し，ときに制止または修正しながら行動しているという思考過程のモデルから，意思決定や行動についても今後検討する必要があるだろう。

これを児童生徒のやる気や動機づけと行動の関係のなかで整理すると，児童生徒はやる気があるから動機づけられているから行動し，やる気がないから動機づけられていないから行動しないという意思決定のプロセスを必ずしも経ていないという可能性がある。人間は自らが特定の対象に対して集中，継続して行動する状態から自らの「やる気」や「動機」を感じ取り，そのような行動をしない状態，他の対象に気を取られ行動が継続しない状態や他者から強制されて行動している状態から自らの「やる気のなさ」「動機の弱さ」を感じ取っている。そうであるならば，いわゆる「やる気のない」児童生徒は行動しない理由をやる気のなさに帰属することがあるが，どんな形であれ行動をしているうちに「やる気」の感覚を児童生徒自身がもつようになる可能性がある。教師は児童生徒の「やる気」に直接働きかけることができなくても，児童生徒が特定の対象に集中し，継続して行動をしやすい状況，没頭しやすい状況をつくることで児童生徒の集中した行動を継続させ，「やる気を引き出すこと」ができるかもしれない。

ハル（Hull, 1932）は，目標が近づくことで目標に対する行動への動機が高まる効果の存在を示し，これを「目標勾配仮説」と名づけた。ここから，児童生徒に対して大きな目標に向けて細分化された小さな目標を明確にすること，目標に接近しつつある自分を意識させることなどで，児童生徒が集中し，継続して行動している状態をつくり上げ，児童生徒のやる気を引き出せるという実践が考えられる。

また，集中し，継続して行動している状態に類似の概念として，「没入」「没頭」という状態や「フロー体験（flow experience: Csikszentmihalyi, 1990）」というものがある。読解過程における読みへの没頭を研究した小山内・楠見（2013）は，注意の集中に加えて，具体的な場面のイメージや共感などの体験も没頭体験には含まれるとしている。グリーン（Green, 2004）は物語世界への集中によって時間の感覚の喪失と現実世界に関するアクセスの減少が起きることを示した。

没入の結果，すべての注意が特定の行為に注がれ，自分が行っているその行為と自分とが切り離されているという感覚がなくなり，その状態が楽しく感じる「フロー体験」は活動のレベルと行為者の能力とのバランスが取れているときに起きるとされている。

教師は児童生徒が具体的なイメージをもち，共感できるような教材選びについて，さらに児童生徒の能力とのバランスのとれた活動について注意深く検討することで児童生徒が継続して集中する学習活動につなげたい。言い換えると，児童生徒のやる気を引き出すために，児童生徒が行動を起こしたくなるような目標設定や環境づくりを含むさまざまな教師の働きかけが求められる。動機づけの理論の中でも自らがコントロールする「自律」や「効力感」の重要性に繰り返し触れてきたが，児童生徒にとっても，できないことができるようになることやできるようになったことを使って何かをコントロールできるようになることは楽しみであり，教育において重要な課題である。教師は授業のなかで，自分が何をするか，児童生徒に何をさせるかだけでなく，自分が授業をするなかで子どもたちが何ができるようになるのかを意識した，児童生徒が没頭できる授業づくりが求められる。

第7章
記憶の仕組みと知識の獲得

西山めぐみ

1．記憶とは何か

記憶とは，過去の経験に関する情報を保持し，必要に応じて後にそれらの情報を再現して利用する認知機能である。記憶は日々の学習だけでなく，「自分とは何者か」といった自己概念の形成や自身が経験したことのない出来事などを想像すること，さらには，経験や知識に基づいて新たな事物を創造することなど，日常生活におけるあらゆる認知的活動と深く関わっている。教育現場では，教師はたびたび「記憶はすぐに忘れてしまうから復習が大事だ」と言い，一方で，「どんな経験も無駄にはならないからいろいろな経験をすべきだ」と言う。両者は矛盾するように思われるが，記憶研究に基づけばどちらも正しい。もしも教師がその理由を説明することができないならば，それは指導ではなく，単に生徒に矛盾を押しつけているだけである。このように，記憶の性質やその仕組みに関する理解は，学習指導だけでなく，教師が生徒にまっすぐ向き合い信頼関係を築くためにも不可欠なものであり，まさに学校教育を支える基盤ということができる。

[1-1] 記憶の過程

記憶の過程は3段階に分けられる。目や耳などの感覚器官から入力された刺激を有意味な情報に変換し，記憶として保存するまでの段階を符号化（記銘），符号化された情報を記憶として維持する段階を貯蔵（保持），貯蔵されている情報を思い出す段階を検索（想起）という。これらを学習場面に当てはめると，符号化はテスト範囲の内容を覚える段階，貯蔵はテストまでの間，学習した内容を覚えておく段階，検索は学習した内容をテスト時に思い出す段階ということができる。

[1-2] 保持時間による記憶の区分

保持時間の違いによって記憶を区分したアトキンソンとシフリン（Atkinson & Shiffrin, 1971）の多重貯蔵モデルでは，記憶は感覚記憶（感覚登録器），短期記憶，

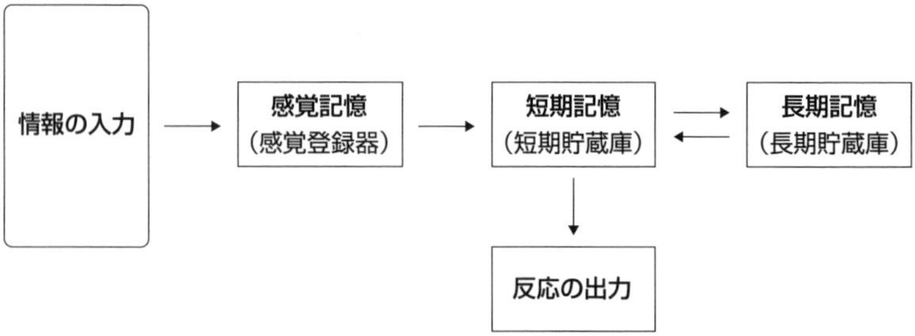

図 7-1　記憶の多重貯蔵モデル（Atkinson & Shiffrin, 1971 を改変）

長期記憶に分類されている（図 7-1）。

感覚器官から入力された情報は，一時的にほぼそのままの形で感覚記憶として保持される。たとえば，知らない英単語を耳にしたとき，その単語の意味はわからずとも数秒以内であれば復唱することができる。これは，「英単語の音声情報」が感覚記憶として一時的に保持されているためである。

感覚記憶に入った情報のうち，注意を向けられた一部の情報は短期記憶に転送される。短期記憶に保持できる情報量には限りがあり，保持時間も限られることが知られている。短期記憶に保持されている情報のうち，何度も繰り返し覚えようとするなどリハーサルを行った情報は長期記憶に転送される。長期記憶の容量は非常に大きく，保持時間も永続的であると考えられている。記憶の区分に基づいて考えると，日々の学習は「新しく学んだ内容を長期記憶として定着させるためのプロセス」ということができる。

2．短期記憶とワーキングメモリ

[2-1] 短期記憶の性質

短期記憶に保持できる情報量は限られており，その容量はおよそ 7 項目前後であることが知られている。これはマジカルナンバー 7±2 と呼ばれるが（Miller, 1956），近年の研究によると短期記憶の容量はさらに少なく，4±1 程度に過ぎないという報告もある（Cowan, 2001）。たとえば，「T，B，S，J，A，L，K，F，C，A，N，A」という文字列を記憶するとき，一文字ずつ順に覚えるのは難しく，これは，覚えるべき情報が短期記憶の容量を超えているためと考えられる。一方で，「TBS，JAL，KFC，ANA」というように情報のまとまりであるチャンクを作ると，覚えるべき情報が短期記憶の容量におさまるため容易に記憶することができる。

短期記憶は保持時間も限られており，これについては系列位置効果に関する研究に

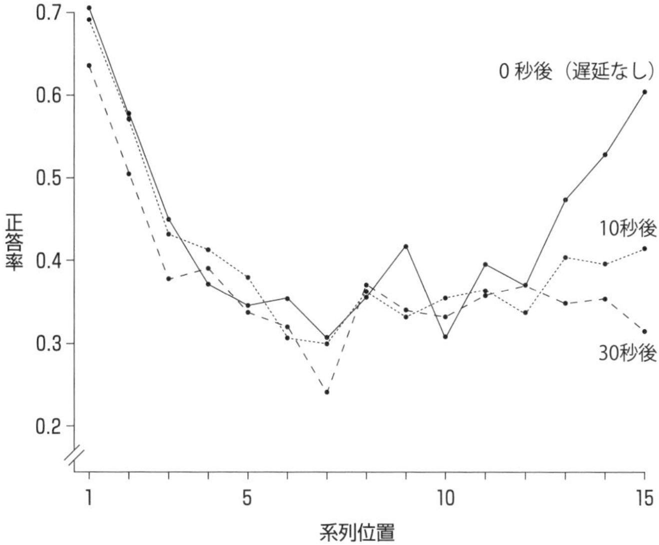

図 7-2　系列位置効果（Glanzer & Cunitz, 1966 をもとに一部改変）

おいて確認されている。「ペンギン，ネコ，クジラ，…」のようにリスト形式で提示される項目を記憶する場合，リスト内の項目の出現位置によって記憶成績が異なることが知られており，これを系列位置効果という。図 7-2 のように，一般的にはリストの冒頭部分と終盤部分の項目に対する記憶成績が高くなる。このように，リストの冒頭部分の記憶成績が優れることを初頭効果，リストの終盤部分の記憶成績が優れることを新近性効果という。ここで重要であるのは，リストの提示から記憶のテストを実施するまでの間に妨害課題（計算など）をおこない 10～30 秒程度の遅延時間を挿入すると，初頭効果には変化がみられないが，新近性効果は消失するということである。この現象は短期記憶の性質を反映しているものと考えられ，リストの終盤部分で提示された項目の情報は短期記憶として保持されているため，リストの提示直後であればそれらの項目を思い出すことができる。しかし，遅延時間を挿入すると短期記憶から情報が失われてしまうために，新近性効果がみられなくなると考えられるのである。一方，初頭効果は長期記憶の性質を反映していると考えられている。すなわち，リストの冒頭部において提示された項目については，何度も繰り返し覚えようとするなどリハーサルが行われ，これらの情報はすでに長期記憶として保持されているために遅延時間の影響を受けないと考えられる。

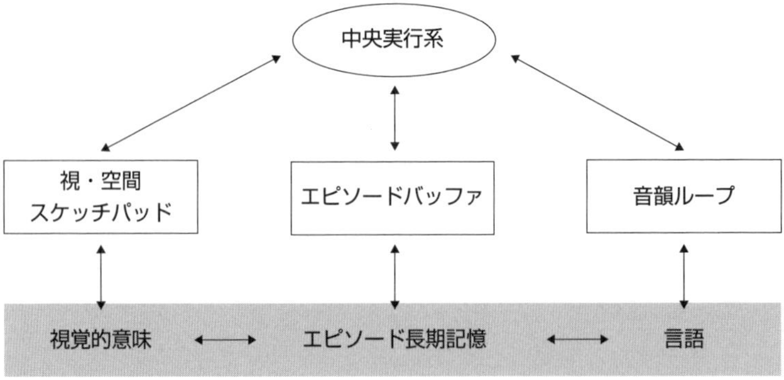

図 7-3　ワーキングメモリのモデル（Baddeley, 2000 をもとに作成）

[2-2] ワーキングメモリ

ワーキングメモリ（作動記憶）は短期記憶を発展させたモデルである。ワーキングメモリ（作動記憶）はさまざまな認知課題をおこなう際に必要となる情報を実際に操作したり，注意をコントロールしたりするなどの情報処理機能を重視しており，文章理解や計算などの学習に関する作業だけでなく，日常生活におけるあらゆる認知的活動と密接に関わっている。

図 7-3 はバドリー（Baddeley, 2000）のワーキングメモリのモデルである。音韻ループは，言語的，音韻的情報の一時的保持と処理に関わっており，たとえば，繰り上がりのある計算をするときには，覚えておくべき数字を心の中で繰り返し唱えることによって情報を維持することができる。一方，視・空間スケッチパッドは，視・空間情報の一時的保持と処理に関わっており，たとえば，数学の図形問題を解くときには，図の状況を視覚的にイメージしたり，心の中で図を回転させたりすることができる。エピソードバッファは，長期記憶に保持されている情報と音韻ループや視・空間スケッチパッドに保持されている情報を統合した多次元的な情報の保持と処理に関わっていると考えられている。中央実行系は高次認知処理において中心的な役割を担っており，課題を遂行するため目的に応じて適切に注意を維持・配分したり，課題と関連の無い情報を抑制したりすることに関わっている。

[2-3] ワーキングメモリと学習

ワーキングメモリにおける情報の保持や処理にも限界があり，これをワーキングメモリ容量という。ワーキングメモリ容量には個人差があることが知られており，さらに，ワーキングメモリ容量が低い者よりも高い者の方が，現在取り組んでいる課題に関連の無い情報をより効率的に抑制（無視）することができることや（Conway et al., 2001)，ワーキングメモリ課題の成績と知能に相関があるということも報告されている（Engle et al., 1999)。

授業では，学習者は教師の話を聞き，板書を見ながらノートをとり，そのうえで授業内容を理解することが求められる。このように学習者に複数の課題を同時に課すことは，授業の本質的な目的である内容の理解を妨げることにつながる可能性も考えられる。ワーキングメモリ容量は有限であり，さらに，その容量には個人差があることを考慮すると，授業では理解に集中するための時間とノートを取るための時間を明確に分けるなど，まずは教師が学習者に与える情報量や認知処理の負荷を適切にコントロールすることが重要であると考えられる。

3．長期記憶

[3-1] 宣言的記憶と非宣言的記憶

長期記憶は，言語的に記述することができる宣言的記憶（陳述記憶）と言語的に記述することが困難である非宣言的記憶（非陳述記憶）に分類される。さらに，宣言的記憶はエピソード記憶と意味記憶，非宣言的記憶は手続き記憶とプライミング，古典的条件づけや非連合学習などに分けられる（図 7-4)。

エピソード記憶は特定の出来事，すなわち個人的な体験に関する記憶である。時間や場所に関する情報とともに，感情などが付随して保持されている。たとえば，「夏休みに友人と旅行に行った」という出来事の記憶はエピソード記憶であり，友人との楽しい時間を思い出すことができる。意味記憶は事物の意味や定義などに関する記憶である。たとえば，「りんごは赤くて丸い果物である」といった事物に関する辞書的な情報は意味記憶に分類される。

手続き記憶は技能（スキル）に関する記憶である。例として，「箸の持ち方」や「自転車の乗り方」などが挙げられるが，これらは繰り返し練習することによって上達していくという特徴がある。また，プライミングは過去の経験がその後の認知や行動に無意識のうちに影響を及ぼすことである。例として，テレビの CM で見た商品を，CM で見たという出来事を意識することなく，なんとなく買ってしまうことなどが挙げられる。古典的条件づけに関しては（第 5 章参照)，代表的な例としてパヴロフの犬の実験が挙げられる。具体的には，犬にメトロノームの音と餌を繰り返し対提示すると，やがてメトロノームの音を提示するだけで唾液が分泌されるようになるというものである。最後に，非連合学習は，同じ刺激を反復することによって応答や反応が徐々に弱くなったり（慣れ)，反対に増強したり（感作）するというものである。

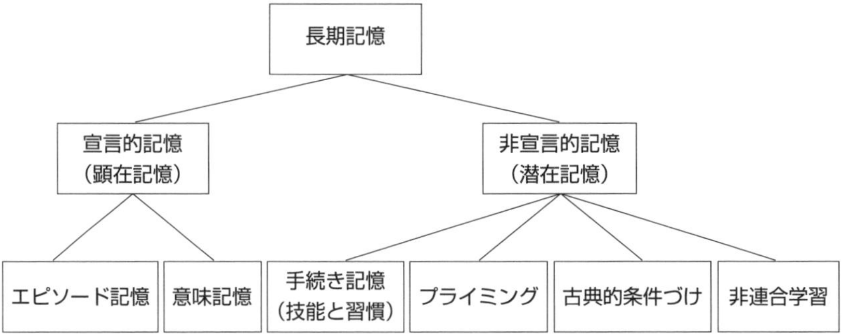

図 7-4　長期記憶の分類（Squire & Zola-Morgan, 1991 をもとに一部改変）

[3-2] 顕在記憶と潜在記憶

「昨日のお昼に何を食べたか」について思い出すときには，過去の記憶を「思い出そう」という想起意識が伴っている。このように，想起意識を伴う記憶を顕在記憶という。一方で，想起意識を伴わず自動的に働く記憶を潜在記憶という。たとえば，歩くことや箸を使うことは記憶に基づく行為であるが，実際に歩いたり箸を使うときには，その方法を意識的に思い出そうとすることはないだろう。図 7-4 のモデルでは，宣言的記憶は顕在記憶，非宣言的記憶は潜在記憶として分類されている。しかしながら，意味記憶を顕在記憶と潜在記憶のどちらに分類するかについては議論もある。たとえば，小説を読むときに，文章中のすべての単語の意味を 1 つひとつ思い出しながら読むということはなく，意味記憶に保持されている情報は想起意識を伴わず自動的に利用されている。このような観点から，意味記憶を潜在記憶に分類する研究者もいる（たとえば，Tulving, 1995）。

興味深いことに，潜在記憶については，学習時に「覚えよう」という記銘意図がなくても，提示された刺激の情報が自動的に符号化され，長期に保持されることが知られている（たとえば，Sloman et al., 1988）。英単語や漢字などの暗記学習には苦痛が伴うが，潜在記憶の特性を踏まえると，「覚えようとせずに単語帳をただ眺める」というような，学習者の心理的負荷の低い学習を繰り返すことも 1 つの効果的な学習法であると考えられる。

[3-3] 自伝的記憶と展望的記憶

「修学旅行」や「成人式」の記憶は「昨日の晩御飯」の記憶とは質的に異なり，強い感情や個人的な意味を含んでいる。このように，これまでの人生を振り返って想起される個人的経験に関する記憶を自伝的記憶という。自伝的記憶は自己において重要な意味をもっており，アイデンティティや価値観などと密接に関わっている。自伝的記憶については，より最近の出来事ほど想起が容易であり，過去に遡るにつれて思い出される出来事の数は減少する。また，一般的に0～5歳頃までの自己に関する出来事を想起することは困難であり，これを幼児期健忘という。一方で，10～30歳頃の自己に関する出来事の記憶はとくによく思い出されることが知られており，この現象はレミニセンス・バンプ（reminiscence bump）と呼ばれている。

ここまで経験や知識，技能などの過去の記憶に焦点を当ててきたが，「今日の夜に宿題をする」「来週の水曜日に友人と会う」など，日常生活においては未来についての記憶も重要である。このように，将来の行為に関する記憶を展望的記憶という。友人と会う約束を忘れたり，頼まれていたことを忘れたりするといったエラーを繰り返すことは，他者からの信頼を失うことにもつながりかねない。しかしながら，自身に関するすべての予定を記憶に留めておくことは難しく，日常生活においてし忘れなどのエラーを防ぐためには，メモやカレンダー，アラームなどの外的記憶補助を利用することが有効であるといわれている。ただし，メモを書いてもメモを確認することを忘れたりすることがあるように，外的記憶補助にも限界があることを理解する必要がある。

4．記憶の忘却

[4-1] 忘却曲線

記憶を思い出すことができなくなることを忘却という。一般的に記憶は時間経過とともに忘却されると考えられているが，時間経過と記憶の忘却の関係を示す代表的なものとして，エビングハウス（Ebbinghaus, 1885）の忘却曲線が挙げられる。エビングハウスは，無意味綴り（たとえば，jup，nif など）のリストを完全に記憶するまでに要する時間を学習から31日後までの間に繰り返し測定し，記憶の保持率（節約率）を算出した。その結果，とくに学習の直後に急速に忘却が生じ，1時間後には約56%，1週間後には約79%と，時間経過とともに大部分の記憶が忘却されてしまうことが示された（図7-5）。

[4-2] 忘却の理論

忘却の主な理論として，減衰説，干渉説，検索失敗説がある。減衰説は，時間経過に伴って脳内に形成された記憶痕跡が減衰していく（失われていく）と考える。一方，干渉説は記憶同士が互いに干渉することによって忘却が生じると考える。記憶同士の類似性が高いほど干渉が生じやすく，学習場面においても，すでに学習したことと類

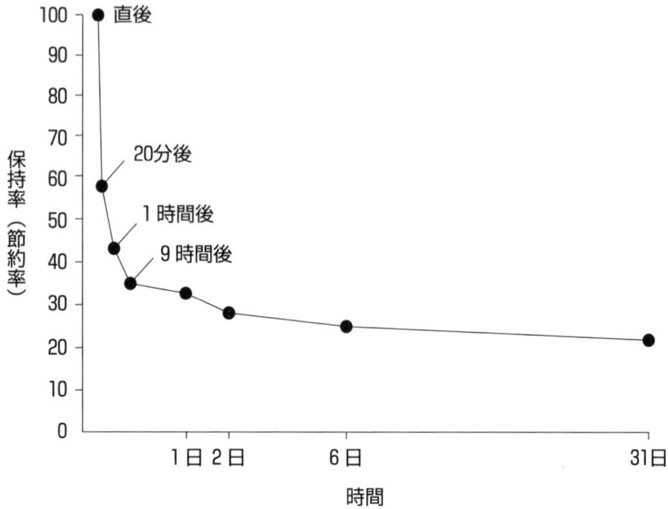

図7-5　エビングハウスの忘却曲線（Ebbinghaus, 1885をもとに作成）

似した内容について新たに学習したときには，混乱して以前に学習したことを思い出せなくなることがある。

検索失敗説は，インターネットの検索システムを例に考えるとわかりやすい。インターネット上には膨大な情報が蓄えられているが，不適切なキーワードを用いて検索していては，いつまでたっても自分が求めている情報を得ることはできない。このように，検索失敗説では，記憶は保持されているものの，検索に失敗することによって忘却が生じると考える。テレビを見ている時に，よく知っている人物であるにもかかわらず名前がどうしても出てこないといったもどかしい経験をしたことはないだろうか。これはTOT現象（のどまで出かかる現象; Tip of the Tongue phenomenon）と呼ばれ，検索失敗説の代表的な例といえる。

[4-3] 忘却の裏側で残り続ける記憶

もしも忘却という機能がなければ，楽しい記憶は別として，辛い記憶や恥ずかしい記憶を忘れることができず日常生活に支障をきたすだろう。このように考えると，記憶の忘却は心身の健康を維持するという意味で適応的に重要な機能といえる。忘却という言葉は，頭の中から記憶がなくなってしまうというイメージが強いように思われる。もしも記憶を思い出せないことがまったく記憶に残っていないということを意味するならば，日々の学習の効果は一向に積み重なっていかないということにならないだろうか。重要なことは，記憶を思い出せないことは，必ずしも頭の中から記憶がすっかり消えてしまったことを意味するわけではないということである。たとえば，長期記憶に関する近年の研究では，覚えようとせずにただ数秒見ただけの顔や無意味な視覚刺激の情報が数週間後にも記憶として保持されていることが確認されている(たとえば，西山・寺澤，2013；寺澤ら，1997)。ここから示唆されるのは，どのようなわずかな学習の効果も確実に積み重なり，記憶として残るということである。

学習場面では，漢字や英単語などを覚えようと「一生懸命勉強しても，なかなか覚えられない」ということがよくある。さらに，このような経験を繰り返すことによって，学習者は「勉強してもすぐに忘れてしまうから無駄だ」などと感じ，学習に対する動機づけが低下してしまうこともある。「なかなか覚えられない」のは学習の効果がないためではなく，日々の学習の効果は確実に積み重なっていくのだが，学習者にも教師にも，学習の効果が「見えない」ということが問題なのである。この問題を直接的に解決する学習法として，マイクロステップ測定法がある（寺澤ら，2008)。マイクロステップ測定法は記憶研究の手法を応用して開発された技術であり，これにより日々のわずかな学習の効果を目に見える形で学習者や教師に提供することが可能になっている。なお，マイクロステップ測定法のスケジューリング技術については紙幅の都合で割愛するが，詳細は寺澤ら（2007）を参照されたい。

マイクロステップ測定法を用いた研究では，2秒に満たないごくわずかな学習であってもその効果が確実に積み重なっていくことや（西山ら，2018)，日々の学習効果を可視化し，それを学習者にフィードバックすることは，とくに動機づけが低い学習者にとって有効であることが報告されている（上田ら，2016)。「勉強することは無駄にはならない」ということを教師が説明しても，実際のところ，学習者にはなかなか伝わらない。努力した分の学習効果が積み重なっていく様子が形となって目に見えることは，学習者の自信につながるとともに，日々の学習の大きな励みになると思われる。

5．記憶方略

[5-1] 処理水準効果

符号化時の処理の深さが記憶成績に影響を及ぼすことを処理水準効果という。クレイクとタルビング（Craik & Tulving, 1975）は単語の形態的な処理，音韻的な処理，意味的な処理の3種類の方略を用いて参加者に単語を覚えてもらい，それらの記憶成績を比較した。その結果，意味的な処理をおこなった単語の記憶成績がもっとも高く，次いで音韻的な処理，そして形態的な処理をおこなった単語の順に記憶成績が低くなることが示された。つまり，形態的な処理は入力情報の感覚的，物理的な分析を行う浅い処理であり，音韻的な処理，意味的な処理と進むにつれてより深い処理がなされ，この処理の深さが記憶の成績と関連すると考えられている。

また，符号化時に自己に関連した処理をおこなうと，意味的な処理や他者に関連した処理を行うよりも記憶保持が優れることを自己関連づけ効果という。他にも，覚えるべき項目を単に覚えようとするよりも，その項目に関する情報を自分で生成した方が記憶成績が高くなることが知られており，これは生成効果と呼ばれている。したがって，学習場面においても，覚えるべき内容を「自分ごと」として捉えるように工夫することによって記憶の定着を促すことができると考えられる。

[5-2] 体制化と精緻化

覚えるべき項目を相互に関連をもつように整理して覚える方略を体制化という。これにより多くの情報を効率的に符号化できるだけでなく，ある項目を思い出すと，それと関連づけた他の情報も同時に思い出すことができる。具体的な例としては，仲間分けをしたり，図表にまとめたりすることなどが挙げられる。また，覚えるべき項目にすでに知っている知識などを付加して覚える方略を精緻化という。たとえば，無意味な数列を覚えることは難しいが，２の平方根を覚えるときには「一夜一夜に人見ごろ」などと語呂合わせを用いて意味的な情報を付加することによって記憶が容易になる。

[5-3] 符号化－検索時の文脈と認知処理

符号化時と検索時の文脈（たとえば，環境や感情など）が記憶に影響を及ぼす現象を文脈依存という。ゴドンとバドリー（Godden & Baddeley, 1975）は，参加者に水中または陸上で単語のリストを記憶（符号化）してもらい，その後，符号化をおこなった場所と同じ環境（符号化－検索：水中－水中，陸上－陸上）あるいは異なる環境（符号化－検索：水中－陸上，陸上－水中）で記憶のテスト（検索）をおこなった。その結果，水中で符号化をおこなった場合には水中で検索する方が記憶成績が良いというように，符号化時と検索時の環境的文脈が一致している場合に記憶成績が高くなることが示された（図 7-6）。このように，記憶成績は符号化だけで決まるわけではなく，検索時に利用できる手がかりや文脈によって影響を受けるという考え方を符号化特定性原理という。また，符号化特定性原理と類似したものとして，符号化時と検索時の認知処理の類似度が記憶成績に影響を及ぼすという考え方がある。これは転移適切性と呼ばれ，符号化時と検索時の認知処理の類似度が高いほど記憶成績も高くなることが知られている。

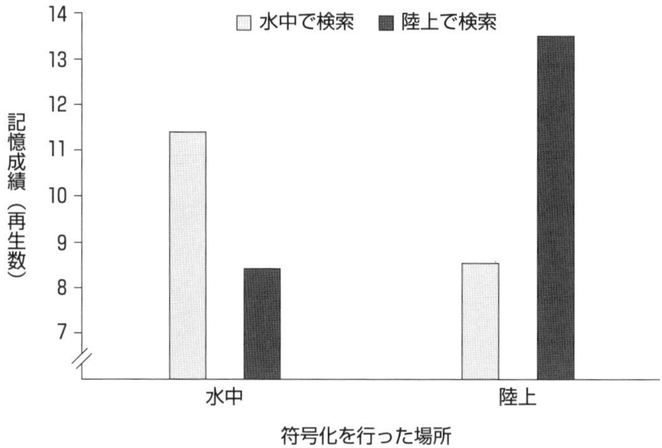

図 7-6　文脈依存（Godden & Baddeley, 1975 をもとに作成）

[5-4] テスト効果

テストというと，学習内容に関する理解や到達度を測定するためのツールというイメージが強い。しかしながら，テストをすること，すなわち，覚えた内容を思い出そうとする「検索」には記憶の保持を促進するという機能があることが知られている。これはテスト効果と呼ばれ，先行研究では，覚えるべき項目を繰り返し学習することよりも，学習に加えて検索を行う方が学習項目の保持を促進するという結果が報告されている（たとえば，Roediger III & Karpicke, 2006）。学習した項目が記憶として保持されていても，検索することができなければそれらの記憶を利用することはできない。学習場面では，学習者はとくに「覚えようとする」ことに重点を置く傾向があるが，このような記憶の性質を踏まえると，学習者が自身にテストを課すなど，学習した項目の検索を意識した学習法を取り入れることは有効であると考えられる。学校教育においては，学習内容をしっかりと身につけさせることが重要である。しかし，それと同時に，学習者自身が「どのように学べばよいか」を理解すること，すなわち，さまざまな記憶方略を日々の学習に生かせるようにすることも 1 つの大きな教育課題であると考えられる。

6．知　　識

[6-1] 知識の構造

過去の経験を通して，私たちの頭の中には膨大な知識が蓄えられている。これらの

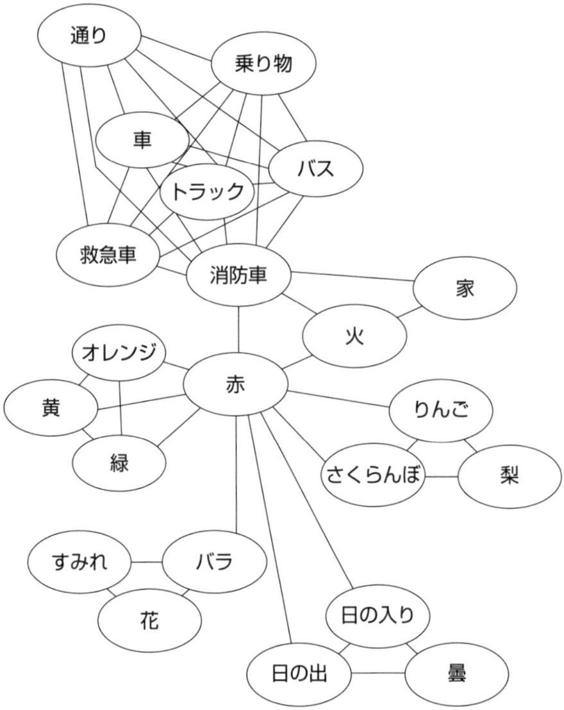

図7-7　活性化拡散モデル（Collins & Loftus, 1975をもとに作成）

知識は，どのように頭の中に整理され，保存されているのだろうか。意味記憶の代表的なモデルとして，コリンズとロフタス（Collins & Loftus, 1975）が提唱した活性化拡散モデルが挙げられる（図7-7）。このモデルでは，概念はノードとリンクから成るネットワークによって表現され，それぞれの概念は概念同士の意味的類似性や関連性に基づいて体制化されている。つまり，意味的に近いものはネットワーク上でも近くにというように，意味的な近さがリンクの距離によって表現されているのである。さらにこのモデルでは活性化拡散という考え方が採用され，ある概念（ノード）が活性化すると，その活性化はリンクを通じて周りの概念に波及していくと仮定している。この活性化拡散により，たとえば「パンといえばバター，バターといえば牛乳」のように，ある概念について思い浮かべると次々に意味的に近い概念が連想されるというわけである。

[6-2] スキーマとスクリプト

私たちは，過去に経験したり学習した内容を単に寄せ集めたものを知識として蓄えているだけでなく，複数の事物に共通する情報を抽出することによって一般化した知識も形成している。このような知識をスキーマという。たとえば「顔」についてのスキーマには「目が2つあって，鼻と口があって，…」というように，顔に関する一般的な知識が含まれている。顔スキーマに含まれる知識は特定の人物の顔に関する知識に比べて抽象的であるが，だからこそ，顔ではない「顔文字（^－^）」も顔として認識することができる。

また，特定の出来事における一連の行為に関する知識をスクリプトという。たとえば，「レストランでの食事の仕方」についてのスクリプトには，「店に入り，案内に従って席に着き，メニューを見て料理を注文し，…」などの一連の行為に関する知識が含まれており，このような知識があることによって，私たちは初めて訪れる店でも安心して食事を楽しむことができる。スクリプトは日常的な文章の理解や推測にも関わっており，たとえば，「彼女はカフェラテを注文し，満足げに店を出た」という一文からは，その女性はカフェラテを飲んで満足したのだろうと推測することができる。このように推測することができるのは，その女性がカフェラテの代金を支払ったことや，カフェラテを飲んだことなど，明示的に書かれていない内容がスクリプトによって補われているためである。

[6-3] 学校教育における知識の獲得

学校教育における知識の獲得とは，学んだことを覚えればよい，頭の中にただ知識を詰め込めばよいというものではない。知識は思考や判断，表現の基盤となるものであり，知識を日常生活において実際に活用できるようになること，さらには，社会や環境の急速な変化に柔軟に対応することのできる「生きた知識」を身につけさせることこそが，学校教育に求められる真の知識の獲得である。生きた知識を身につけさせるためには，知識を得ることを目的とした「覚えるための授業」だけでなく，「知識をどのように使うかについて学ぶための授業」が不可欠である。自転車の乗り方を知っていても，実際に自転車に乗るためには何度も繰り返し練習することが必要であるのと同じように，新しく得た知識を実際に使えるようになるためには能動的な学習が必要であり，ディスカッションを通して考え，教え，学び合うことや，実際の日常場面における事例を題材に問題解決を行うことは，まさに学習者が自身の知識を用いて主体的に思考，判断，表現を行うためのトレーニングということができる。

〈補講 5　さまざまな学習法〉

心理学の理論に基づく学習法には，第 5 章で取り上げた ATI や CAI の他に以下のようなものもある。それぞれの学習法について，提唱者と適切な説明はどれだろうか。

[学習法]

発見学習　有意味受容学習　プログラム学習　観察学習　完全習得学習

[提唱者]

ブルーム　バンデューラ　オーズベル　ブルーナー　スキナー

[説明]

A　学習内容を既有知識と関連づけて意味のあるものとし，それを受容することで学ぶ学習法。新しい学習内容について，先行オーガナイザーによって学習者の認知構造内の関連のある知識を活性化させることにより，学習者は新しい学習内容を有意味材料として自分の知識体系にとりこみやすくなる。

B　学習目標，指導，評価を一体として考える学習法。学習に先立って，学習者の現状を把握するための診断的評価をすることで，指導者は学習者の目標達成に適切な教材や教え方を選ぶ。学習途中にも達成度を評価することで（形成的評価）絶えず指導法を調整し，最終的に学習が終了した時点で総括的評価をおこなう。これらのプロセスによって，どのような学習者も完全に学習内容を習得できる。

C　オペラント条件づけを応用した学習法。学習内容をいくつかのスモールステップに分け，そのステップごとに学習課題への反応を求め，反応には即時の正誤フィードバックを与える。これにより各学習者のレベルやペースに合わせた学習が可能となり，着実に達成感を得つつ学習課題を達成することができる。

D　科学者が研究を進めていく過程のように，学習者が主体的に知識を使い，仮説を立て，検証し，新たな概念や法則を見出していく学習法。学習者が自ら問題を「発見」し，自律的に解決することで，深い理解が可能になる。

E　他者の行動をモデルとして観察することで，自分もその行動を学習する学習法。自分に賞罰が与えられなくても，モデルの行動に賞罰が与えられたのを観察すると，代理強化によって学習者の行動が変容する。

第8章
教育の実践と評価

奥村太一

1．学力とは何か

教育に関するさまざまな議論は，多くの場合学力に関する議論でもある。現代社会が能力による選抜や人材登用を基本としており，学校教育において社会で必要となるさまざまな能力の基礎となるものを学力として育成している以上，これは自然なことでもある。しかし，学力とはそもそも一体何だろうか。辞書によると，学力には①学習によって得られた能力，②学業成績として表される能力，の2つの定義を見ることができる（新村，2008)。まず定義①に関して，心理学では「学習」という言葉は「勉強」と同義ではない。経験を通じて知識や技能，ものの考え方，人との接し方や振る舞い方などさまざまな事柄を身につけることを総称して学習と呼ぶ。つまり，この定義に従えば，学力とは勉強の成果として得られるようなテストの得点や成績のことだけを指すわけではない。一方で，定義②は学力テストや課題の成績を端的に学力としている。

学力がこのように多義的であるのは，それが脳の大きさや重さといった物理的な量ではなく，心理的な機能を説明するために考え出された一種の概念だからである[1)]。こうした概念のことを，心理学では構成概念（construct）と呼ぶ。学力に限らず，学習意欲や自尊感情といった心理的な特性はいずれも構成概念である。構成概念を作り上げるのは人間自身であるから，それをどのように定義するかには時代背景や文化的な規範，個人の思想信条が色濃く反映されることになる[2)]。したがって，学力について生産的な議論が成立するには，まず何をもって学力と呼ぶかについて認識が共有

1）かつて骨相学や頭蓋計測学として人間の能力を脳の容量を反映したものだとする学問があったが，今日では根拠のないものとして否定されている。

2）平成29，30年に改訂された学習指導要領では，学校教育を通じて育成すべき特性を「資質・能力」と名づけ，それを「何を知っているか，何ができるか（個別の知識・技能)」，「知っていること・できることをどう使うか（思考力・判断力・表現力等)」，「どのように社会・世界と関わり，よりよい人生を送るか（学びに向かう力，人間性)」という「三つの柱」によって整理している（文部科学省，2017)。

され，互いに支持されていることが大前提となる。テスト得点に表れるような基本的な知識や技能を学力の構成要素として重視する立場と，他者と協働して現実的な問題解決にあたる能力を重視する立場とでは，そもそも学力が上がっているのか下がっているのかといった基本的な認識を共有することすら難しい。実際，いわゆる学力低下論争は「何を学力と呼ぶべきか論争」とでもいうべき状態にしばしば陥ってしまう(中内，1983)。

2．質の高い評価とは

[2-1] テストと信頼性

学力を評価するためのツールといえば誰しもテストを思い浮かべるだろう。現在私たちが目にするようなテストが社会に広く普及したのは1920年代のこととされる。もともと，能力評価は長らく口述試験によっていた。1800年代中頃にアメリカの政治家ホレース・マン（Horace Mann）が公正性や効率性に欠けるとして口述試験を批判したことや，中国の科挙をヒントにした官吏登用制度が英米で整えられたことが，筆記試験が普及するきっかけとなった（Chapman, 1988／邦訳，1995)。当初の筆記試験は，口述試験で問うていたことをそのまま筆記によって論述させるようなものであった。しかし，採点者が異なると得点が一致しないとか，同じ採点者でも評価基準が変動するといった問題が早々に指摘されることとなった（たとえば，Ashbaugh, 1924; Starch & Elliott, 1912, 1913)。この対策として考え出されたのが択一式をはじめとするいわゆる客観式の採点方法である。もともとはアメリカ陸軍向けの集団式知能検査において採用されたものであるが，それが大学進学適性試験に取り入れられたことやマークシート読み取り装置が発明されたことで，学力テストの代表的な形式として広く採用されるようになった（Lemann, 1999／邦訳，2001)。

こうした技術的発展とあわせてテストの質を評価することに関心が集まるようになり，信頼性（reliability）という概念が提案された。信頼性とは，同じ条件下で受験者が繰り返し同じテストを受けたとしたらどれくらい一貫した得点が得られるかをいう。今，答案を採点して得られる観測得点をXとしよう。観測得点は，その受験者が本来取るはずであった真の得点Tと測定誤差Eによって構成されると考える。すなわち，

$$X = T + E$$

である。測定誤差は，動機づけや注意のゆらぎといった受験者内の要因と，テスト環境の変動や採点基準の変動など受験者外の要因が組み合わさることでランダムに定まるものとする。ここで，測定誤差Eが真の得点Tと無相関であると仮定すると，

$$\sigma_X^2=\sigma_T^2+\sigma_E^2$$

が導かれる[3]。このとき，観測得点の分散 σ_X^2 に占める真の得点の分散 σ_T^2 の割合を信頼性係数（reliability coefficient）という。すなわち，

$$\text{信頼性係数}=\frac{\sigma_T^2}{\sigma_X^2}$$

$$=1-\frac{\sigma_E^2}{\sigma_X^2}$$

である。定義より，信頼性係数は 0 から 1 までの値を取り，観測得点の個人差がすべて測定誤差に由来する場合（$\sigma_X^2=\sigma_E^2$）に最小値 0 を，観測得点の個人差がすべて真の得点に由来する場合（$\sigma_X^2=\sigma_T^2$）に最大値 1 を取る。つまり，信頼性係数が 1 に近いほど信頼性は高いということになる。

古典的テスト理論（classical test theory）と呼ばれる枠組みでは，テストの信頼性をいかに高めるか，そしてどのようにして信頼性係数を推定するかが研究されてきた（Allen & Yen, 1979; McDonald, 1999）。現在でもよく用いられる信頼性係数の推定方法として，再検査法（test-retest method）がある。これは，同じ受験者集団に一定期間を空けてテストを二度実施し得られた観測得点間の相関係数を算出するというものである。ある仮定の下でこの相関係数は信頼性係数と等しいことが知られており，この方法で確認された信頼性は再検査信頼性と呼ばれる。また，テストが複数の設問（項目）から構成されている場合は，それぞれの項目得点を擬似的な繰り返しによるものと見なすことができる。このような考えに基づいて一度の測定データから信頼性係数を推定しようとするものが，クロンバック（Cronbach）の α 係数やマクドナルド（McDonald）の ω 係数などの指標である[4]。再検査法と異なり測定を二度おこなうという手間が省けることから，いずれの指標もテストを含む心理尺度一般の信頼性を検証するために広く用いられている。

[2-1] 評価の妥当性

客観式のテストは多数の項目から成るテストを大規模に実施し効率的に採点することを可能にした一方で，その得点が本当に評価しようとしている能力を反映しているのかということがつねに議論となってきた。たとえば，英単語の発音を評価しようとするときに，発音記号が同じ単語の組み合わせを正しく選ぶことができた受験生は，

3）σ^2 は分散を表す。

4）クロンバックの α 係数は以下で定義される。

$$\alpha=\frac{L}{L-1}\left(1-\frac{\sum_{l=1}^{L}\sigma_l^2}{\sigma_X^2}\right)$$

ただし，L は項目数，σ_l^2 と σ_X^2 はそれぞれ項目 l の得点と合計得点 X の分散である。

実際にスピーキングをさせても流暢な発音ができるのだろうか。ここで問題となるのは，そもそも真の得点が一体何を表しているのかということである。一般に，評価したいと思っている構成概念をどれだけきちんと評価できているかを評価の妥当性（validity）という。たとえば，体重計が示す数値には高い信頼性があるだろうが，それはあくまで体の重さを反映したものであり，これを学力の高さと見なすようなことは明らかに妥当性が低く到底受け入れられないだろう。このように，いくら信頼性が高くとも妥当性が低ければ適切な評価とはいえない。

信頼性と異なり，妥当性は単一の指標によって高いかどうかが確認できるものではない。関連学会のまとめた心理・教育テストのためのスタンダード（American Educational Research Association et al., 2014）では，妥当性の根拠を①内容（テストを構成する項目が構成概念を過不足なく網羅したものになっているか），②反応プロセス（回答や採点において構成概念が求めている認知的なプロセスを経ているか），③内的構造（項目間の関係性は構成概念の次元に対応したものとなっているか），④他の変数との関係（異なる構成概念や似た構成概念を測定する尺度の得点との関係性が理論どおりのものになっているか）など6つの観点で確認することを提案している。学力テストであれば，設問を作成する段階で教科の専門家等による十分な検討がなされることはもちろん，何度か試行的に実施してみて必要な改良を加え完成版とすることが望ましい。このように，妥当性の検証は「もし妥当性が高いのであればこのような性質が成り立つはずだ」という理論的な予想を裏づけるような多種多様な根拠を積み重ねる必要があるため非常に多岐にわたり，また手間のかかる作業である。

3．評価の方法

[3-1] 相対評価

教師による評価はもちろんテストのみによっておこなわれるわけではない。授業中の発問に対する反応やワークシートへの書き込み，宿題の提出状況やその中身，学級活動や学校行事への取り組みなどあらゆる場面が評価の材料となりうる。こうした日々の評価の積み重ねは，学年末に指導要録としてまとめられることになる。指導要録とは「児童生徒の学籍並びに指導の過程及び結果の要約を記録しその後の指導及び外部に対する証明等に役立たせるための原簿」（中央教育審議会，2011）であり，学校教育法施行規則によって作成と保存が義務づけられている[5)]。指導要録のひな形となる参考様式は，学習指導要領と合わせておよそ十年ごとに改訂される[6)]。こうした

5）通知表は学校と家庭との連絡用に作成されるものであり，法律上の規定はない。家庭連絡票といった呼び方をする学校もあれば，通知表自体を廃止した学校もある（朝日新聞，1997）。

参考様式や文部科学省からの通知を参考に各自治体で指定された様式に則り，また各学校で設定された目標や規準をもとに指導要録が作成されることになる。

第二次世界大戦の終結以降しばらくの間，日本の学校教育では相対評価が主流となっていた。相対評価とは集団におけるテスト得点等の相対的順位を規準としておこなわれる評価のことである。学級の上位７％を５，次の24％を４，…などと機械的に割り当てる方法がこれに相当する。相対評価は戦前・戦中に見られた教師による恣意的・主観的な評価に対する反省から取り入れられたが，平成13年の指導要録改訂で評価の基本方針から外された。この背景には，相対評価が過度の競争をあおっているという根強い批判や，異なる集団間で評価を比較できないこと，評価から学習内容の習得度合いがわからず結果を指導に生かしにくいといった事情があったとされる(田中，2010)。一方，入学試験のように限られた定員を巡って選抜がおこなわれるような状況では，一定の習熟度を満たすかどうかではなく受験者の中で上位にいるかどうかによって合否が決まることになる。そのため，出願先など進路を決定するうえで相対評価の情報がないことに不安を感じる保護者も多い（中央教育審議会，2011）。

相対評価の象徴としてしばしば取り上げられるのが偏差値である。偏差値はマコールの T 得点（McCall's T score）とも呼ばれ，観測得点 X をその平均 M と標準偏差 S を用いて以下のように換算したものである。

$$偏差値=\frac{X-M}{S}\times 10+50$$

このうち，$\frac{X-M}{S}$ は観測得点が受験者集団の平均から標準偏差にして何個分上（もしくは下）にあるかを示す標準得点（z 得点: z score）であり，平均０，標準偏差１を取る相対評価の指標である。偏差値は，この z 得点を平均が50，標準偏差が10となるように変換したものである。同じ教科であっても難易度の異なるテストの得点をそのまま比較することはできないが，これらを偏差値に換算することで受験者集団における大まかな順位の変化として参考にすることはできる。このため，現在でも偏差値は大学入試等の進路指導場面で広く用いられている。

[3-2] 目標に準拠した評価

相対評価に代わって学校教育における評価の基本方針となったのが目標に準拠した評価と呼ばれるものである[7]。目標に準拠した評価とは，身につけるべき知識や技能

6）平成31年の改訂では，「資質・能力」を評価するための観点が「知識・技能」，「思考・判断・表現」，「主体的に学習に取り組む態度」の３つに整理されたほか，「外国語」や「特別の教科　道徳」の評価欄が追加された（文部科学省，2019）。

7）絶対評価や到達度評価と呼ばれることもある。

を具体的な目標として設定し，それに対する到達状況を規準としておこなわれる評価のことである。「○○ができる」といった目標に対して，十分到達しているのであれば5，おおむね到達しているのであれば4，…などと評価するものがこれに相当する。資格認定や免許試験においては，従来からこうした評価がおこなわれてきた。目標への到達度合いがそのまま評価に反映されることから，良い評価を得るには他者を追い抜くことではなくより高い習熟度を目指して努力する必要がある。また，評価結果から個々の児童生徒に必要な学習課題が示唆されることから，指導の個別最適化や指導と評価の一体化に資する評価方法でもある（田中，2010）。指導と評価の一体化とは，評価を見据えて一貫した指導をおこなうことと評価結果を次の指導計画に活かすこととの両立を図ることをいう。つまり，目標に準拠した評価によって，教師は児童生徒を評価すると同時に自身がおこなった実践についても振り返りをおこなうことを求められるということになる。

ところで，指導要録は児童生徒の学習状況を外部に対して証明するという公的な性格も持ち合わせているから，そこに記載される評価には当然高い信頼性と妥当性が求められる（文部科学省，2019）。指導要録に記載されるのは日々の評価の積み重ねであるから，教師は普段から信頼性と妥当性の高い評価を心がける必要がある。一方，学習目標や評価基準をどう設定しどう運用するかは教師の裁量によるところが大きいため，目標に準拠した評価は主観的・場当たり的なものに陥る危険もある。こうしたことを避けるために，目標と基準を明確かつ具体的に設定することや，児童生徒の学習成果を可視化することが重要である。このために利用されるツールとして，ルーブリック（rubric）が知られている。ルーブリックとは，目標に対する到達度合いを具体的な行動や典型的な事例の記述として整理した表のことである。表8-1は，連立方程式を用いて文章題を解く授業のために用意されたルーブリックの例である（鈴木，

表8-1　ルーブリックの例（鈴木，2011を改変）

評価	基準
5点	正しい式を書き，計算方法も正しく，正しい答えを導くことができている。
4点	適切な2つめの式が書かれているが，計算ミスがある，あるいは，時間内に答えを導いていない。
3点	・適切な式が1つ書かれ，2つめの式が部分的に正しい。 ・適切な式が1つ書かれ，適切な図表の書き込みがある。
2点	・適切な式が1つ書かれている。 ・式はないが，適切な図表の書き込みがある。
1点	不完全であるが，部分的に正しい式や図表の書き込みがみられる。
0点	・無答 ・図表や式などの書き込みがあるが，解釈ができない。

2011)。ルーブリックを用いることで，各学習者がどの段階の到達度に相当するかがより把握しやすくなる。また，複数の教師で指導にあたる場合は，ルーブリックを共有することで評価の方針を一貫させることにもつながる[8]。

市販されている教師用の手引書や指導書には，カリキュラムや教科書に準拠したルーブリックが多数用意されている。ルーブリックは，既製のものをそのまま利用するのではなく，児童生徒の実態に即して手を加えたり新たに作成したりすることに意義があると言われることもある。そうした作業を通じて教師自身が指導や評価の力量を高めるきっかけになるからである（松下，2008)。しかし，自前のルーブリックをその都度用意することは教師にとって大きな負担でもあり，日々のあらゆる教育活動においてこれを実現することは現実的ではない。むしろ，教師が評価を工夫することばかりに時間を取られるあまり結果を指導に活かす余裕がなくなると，指導と評価の一体化がかえって阻害される恐れもある。文部科学省（2019）は，観点別に学習状況を基準と照らし合わせるような評価に関しては単元や題材などのまとまりごとに精選しておこなうことが重要であるとしている。

4．理想の評価を巡って

[4-1] 標準テスト

20世紀の初頭，心理学者たちはまだ学問として黎明期にあった心理学の存在価値を世間に浸透させるため，心について科学的にアプローチすることの有用性をさまざまな機会を通じてアピールしていた。集団式知能検査が徴兵制度に組み入れられたのも，当時アメリカ心理学会（American Psychological Association）の会長であったヤーキス（R. M. Yerkes）の熱心なロビー活動があったからである。知能検査は学校にも取り入れられ，能力別学級編成の材料として利用された。この時代，都市への人口集中により児童生徒の数が増えたことから，等質性の高い学級集団を構成することで一斉指導をより効率よくおこなえるようになると考えられたためである(Chapman, 1988)。客観式の学力テストの普及も成績処理の効率化を後押しした。また，学力テストの普及の背景には，ソーンダイク（E. L. Thorndike）を中心としたいわゆる教育測定（educational measurement）運動があった。教育測定運動とは，教師の経験や勘に頼るのではなく測定という客観的で厳密な数値化を通じて教育に関する実態を把握しようとする活動のことである。そのため，誰が実施・採点しても同じ結果が得られるように一連の手続きが決められた標準テスト（standardized

8）こうした評価基準のすり合わせをモデレーション（moderation）という。

test）が多く開発された。アメリカでは1965年に初等中等教育法が制定されて以降，すべての州で統一の標準テストが整備されている（志水・鈴木，2012）。こうした標準テストは，学力格差の是正，学級規模の適正化，就学前教育の充実などさまざまな政策の検証に利用されてきた。

一方で，標準テストを中心とした教育評価は，大きな批判をも巻き起こした。ひとつには，評価の手段であるものが学習の目的になってしまうという批判である。テストで良い結果を得ることが目的化すると児童生徒が暗記や単純なスキルの習得ばかりを勉強と考えるようになるばかりでなく，教師もテスト対策に偏った授業（teaching to the test）をしたり，テスト結果に直結しないような活動やテストに含まれない科目の指導をおろそかにしたりする恐れがあるというものである（Amrein-Beardsley, 2014）。もうひとつには，テストで良い点数を取れることと社会において成功することは別なのではないかという批判である。私たちが日常生活で直面するさまざまな問題は，選択肢を選ぶのとは違って唯一の正解があるわけではなく，解決への手続きも明確ではない。また，さまざまな知識や技能を組み合わせ，他者と協働して取り組むことが求められるものも多い。テストが問うているのが学校の中でしか通用しないような能力なのであれば，テストの得点をもとに下される評価が児童生徒の有能さを保証するものなのか疑われかねない。

[4-2] 真正の評価

こうした論争の中で生まれたのが，ウィギンズ（G. Wiggins）による真正の評価（authentic assessment）という考え方である。評価が真正であるというのは，それが仕事場や市民生活，個人的な生活の場で試されるような現実的な文脈を模倣するようにおこなわれることを意味する（田中，2010）。たとえば，美術館の学芸員になったつもりで展示を企画するという課題が与えられたとしよう。これに取り組もうとすれば，新規で魅力的なテーマを発案し，展示する作品を選び，展示順序や配置を考え，会期を設定し，効果的な宣伝戦略を立て，適正な料金を設定する，といったさまざまな作業を並行して進めなければならない。読み書き計算のようなスキルを別々に使うのではなく，これらを教科横断的に組み合わせることが求められる。このようにさまざまな知識や技能を総動員して取り組むことが求められるリアルな課題のことをパフォーマンス課題（performance task）といい，パフォーマンス課題を通じた評価をパフォーマンス評価（performance assessment）という。真正の評価の立場に立てば，学校では紙と鉛筆で答えるテストではなくこうしたリアルな課題への取り組みを通じて現実社会で通用するような有能さを評価するのが本来あるべき姿だということになる。良い評価を得ることが学習の目的になってしまう運命にあるのであれば，むしろ目的化することで望ましい学習活動につながるような評価をおこなえばいいのではないかと発想を転換したものとも言える。

一方で，真正の評価を追い求めることは，高い信頼性を効率的に実現するという標準テストが追求してきた測定の要件を犠牲にすることも意味する。実際，パフォーマンス評価は，課題の作成・実施に多くの時間と手間を必要とし，また明確な正解がない分，評価に主観が入り込むため，ルーブリックを用いても信頼性はどうしても低くなってしまう（松下，2007）。アメリカではテスト中心の評価に対する反省から高校卒業資格の認定にパフォーマンス評価を盛り込んだ州もあるが，人生を左右するようなハイ・ステイクスな評価において信頼性に劣る評価方法が採られることには疑問の声もある（北野，2009）。かつて論述式の試験が信頼性不足のそしりを受けた教訓に学び，評価の質を向上させる努力に加え，評価の影響を受ける人々（ステイクホルダー）にその意図や基準を公開・説明して十分な合意が形成される必要がある。

5．評価と社会

[5-1] 国際学力調査

1983年，レーガン政権下のアメリカで『危機に立つ国家（A Nation at Risk)』という報告書が公表された。国際学力調査によってアメリカの子どもたちの学力が工業化諸国のうち最下位レベルであることや人種間で大きな格差が存在することなどが明らかになったとして，学力向上と格差是正の必要性を強く訴える内容となっている。この学力調査はその後TIMSS（Trends in Mathematics and Science Study）と名を変えて現在に引き継がれている。TIMSSは国際教育到達度評価学会（International Association for the Evaluation of Educational Achievement: IEA）が1995年から4年ごとに実施している算数・数学と理科の国際学力調査である。対象は小学校4年生と中学校2年生で，学校カリキュラムで習得すべき知識や技能の達成度（achievement）を国際的に共通の尺度で測定することを目的にしている（国立教育政策研究所，2017)。そのため，TIMSSでは文字式の計算をしたり物質の性質を確かめたりといったように教科書の内容に沿った設問が出題されることが多い。

TIMSSと並んで影響力の大きい国際学力調査として，経済協力開発機構（OECD）によるPISA（Programme for International Student Assessment）が知られている。PISAは2000年から3年ごとに実施され，義務教育修了段階（日本では高校1年生）の読解力・数学的リテラシー・科学的リテラシーを測定することが主な目的である[9)]。リテラシー（literacy）はもともと読み書き計算の基本的な能力を指す言葉であるが，PISAでは知識や技能を実生活で活用する能力のことを意味する

（国立教育政策研究所，2019）。そのため，PISAでは自分の意見を論理的に述べたり統計資料をもとに推論を行ったりといったように，熟考・評価に基づいて回答を構築させるような設問が多い[10]。PISAは2015年から全面的にコンピュータ使用型調査（computer-based assessment: CBA）に移行しており，生徒は専用ブラウザで資料を閲覧しキーボードやマウス操作で回答することが求められるようになった[11]。このように，PISAは社会経済活動の変化に合わせて真正の評価を実現しようとする姿勢が強くにじみ出たものになっている。こうした両者の違いは結果にも表れており，たとえば数学に関して日本はいずれの調査でも国際平均を上回っているが，TIMSSの得点はPISAに比べてつねに30～50点程度高くなっている[12]。日本の生徒は基礎学力が高い一方で知識や技能を活用する力に課題があるといった指摘はこうした比較に基づくものである。

[5-2] 非認知的能力

人間の心理的特性のうち，テストで要求されるような知的な課題を知識や思考などによって解決する能力を認知的能力（cognitive ability）と呼ぶ。これに対して，自己の捉え方や社会との関わり方を含む情緒的な側面をまとめて非認知的能力（non-cognitive ability）などと呼ぶ。児童生徒の認知的能力が将来の学歴や収入を予測することは以前から指摘されていたが，近年の研究では非認知的能力が将来の心理的・身体的健康や主観的幸福感の高さを予測するだけでなく，認知的能力を左右する役割ももつことが明らかになってきた（遠藤，2017）。たとえば，就学前教育の効果を実験的に検証したペリー就学前計画（Perry Preschool Study）やアベセダリアン計画（Abecedarian Early Intervention Project）では，幼少期に適切な介入を受けることで非認知的能力が継続的に向上し，成人後の心理・社会経済的成功につながったという（Heckman, 2013／邦訳，2015）。また，魅力的な報酬を我慢する課題

9）読解力（reading literacy）については読解リテラシーと訳すべきだという指摘もある（川口，2020）。

10）平成19年度からわが国で実施されている全国学力・学習状況調査でもPISAに触発された応用的な問題が多数出題されている。日本の生徒はこうした設問を無回答にする傾向が顕著に見られることが当初から指摘されており，平成23年の学習指導要領改訂では「言語活動の充実」が盛り込まれた。

11）TIMSSも2019年からコンピュータ使用型調査を部分的に実施している。試行段階で筆記型調査と同じ設問を用いて比較したところ，コンピュータで回答させた方が正答率が下がったという（Fishbein et al., 2018）。このように，同じ項目でも回答方法によって解きやすさや求める能力の中身自体が変わることをモード効果（mode effect）という。

12）いずれの調査も国際平均が500点，標準偏差が100点に標準化されているので，これは偏差値にして3-5程度の違いに相当する。

に成功した幼児ほど成人後の学業成績が高いという研究結果（Mischel, 2014／邦訳, 2015）や，自制心（self-discipline）や粘り強く目標達成に取り組む態度（グリット: grit）がIQよりも強く学業成績と相関していることを示した研究もある（Duckworth et al., 2007; Duckworth & Seligman, 2005）。アメリカでは学力格差に関する研究を通じてアジア系の子どもたちが高い学業成績を示すことが知られているが，これについても成功や失敗を能力ではなく努力に帰属するマインドセット（mindset）がアジア的な規範のもとで形成されているからだとする指摘もある（Dweck, 2006／邦訳, 2016）。こうした一連の結果は，学校や家庭を通じて幼少期から非認知的能力を育成することの重要性を示している。

ただし，非認知的能力を測定・評価することは認知的能力に比べてはるかに難しい。学力テストのように持てる能力を最大限発揮することが求められるのではなく，質問紙等を通じて普段の行動や考え方を回答することが多いため，社会的望ましさなどさまざまなバイアスが得点に混入するためである。また，第三者が評価する場合であっても，定義が認知的能力以上に多様であるため，具体的な行動と評価を対応させる基準を作成することは容易ではない。日本をはじめ東アジア諸国が国際学力調査で高い成績をおさめるのは努力することが尊ばれる文化によるものだという指摘がある一方で，授業中の取り組み状況を観察した国際比較研究では日本や中国の生徒が見せる粘り強さはむしろ相対的に低い方であったという報告もある（国立教育政策研究所, 2020）。また，これらの国では学力が高いわりに学習に対する自己評価が低いことが知られているが，これについても要求される到達度が高いために自信を喪失しているのだとする意見がある一方，謙遜を美徳とする文化的規範が働くため自己報告式の質問紙では自己評価の高さを正確に測ることはできないという指摘もある（Yamaguchi et al., 2008）。

[5-3] 教員評価と学校評価

学校教育において評価の対象となるのは児童生徒ばかりではない。学力調査が教育政策における課題を浮き彫りにするように，教師や学校も評価の対象となることがある。標準テストはもともと児童生徒の学力を評価するためのものであるが，教師や学校を評価する材料としても用いられてきた。結果を公表することで教育の質に関する説明責任を果たそうとするだけでなく，評価を教員給与や学校予算といった財政的な措置と結びつけることで学力向上が期待できると考えられたためである。こうした考えは20世紀初頭にはすでにあり（Muller, 2018／邦訳, 2019），イギリスでは学校ごとの学力水準がリーグ・テーブルとして公表され学校選択に利用されているほか，アメリカでは児童生徒のテスト得点を上げることにどれだけ寄与したかを教師や学校の付加価値（value-added）と定義し，給与や契約更改に反映させる仕組みが取り入れられている（Ravitch, 2013／邦訳，2015）。

テスト得点を教師や学校の評価と結びつけることには批判もある。授業のテスト対策化がこれまで以上に進むという懸念に加えて，アメリカでは，教師が良い評価を得るためにテスト得点を改ざんしたり成績の振るわない児童生徒がテストを受けられないようにしたりといった不正が相次いで報告されている（Amrein-Beardsley, 2014）。2015年の改正初等中等教育法（Every Student Succeeds Act）では，標準テストの得点だけでなく児童生徒の非認知的能力も成績に含めることが求められるようになった。これが教員評価において考慮されれば，非認知的能力を伸ばせる教師が正当に評価されるようになると期待する声もある（Tough, 2016／邦訳，2017）。

日本でも2000年代から教員の能力開発を目的とした教員評価制度の導入が進んでいる。学力テストの結果を教員評価に反映させようとする自治体も出てきているが（朝日新聞，2018），教育の責任を教師個人に求めることがどのような波及効果をもたらすのかについては不明な点が多い。教師を対象にした調査では，教師としての能力は可視化できるものではなく，勤務校や担当する児童生徒が変わっても変化するものではないと考える層が多数派を占めており，こうした教師ほど教員評価制度を否定的に捉える傾向にあるという（苅谷ら，2009）。なお，日本では学校評価は校長を中心とした自己評価と保護者や地域住民など学校関係者による評価を組み合わせて実施されており，教員評価制度と直接結びついているわけではないことにも注意が必要である。

第9章
学級集団づくりと学級経営

弓削洋子

1．学級づくりの２つの側面

学級集団づくりには２つの意味がある。１つは，フォーマル集団としての学級のリーダーである教師が，学級をつくりあげていく学級経営の意味である。もう１つは，児童生徒が学級集団をつくっていくという意味である。なぜならば，学級はフォーマル集団であると同時に，児童生徒が自分たちの心理的欲求に基づいて形成する友人関係や仲間集団というインフォーマル集団を内包しているからである。インフォーマルな友人関係や仲間集団は，単にともに遊び学ぶ関係であるだけではなく，児童生徒にとって自発的に好き嫌いを表現できる創造的な場であり（Moreno, 1953），フォーマル集団としての学級のあり方に影響する。したがって，教師は学級経営するうえで，児童生徒の対人関係や集団構造の背景にある児童生徒の心理的欲求を理解していくことが必要になる。

2．リーダーとしての教師の影響力

教師の学級経営について考えるうえで，教師は児童生徒に多大な影響を及ぼすことが明らかになっている。

[2-1] 教師の自己成就予言

教師の児童生徒に対する期待や思い込みが時として現実となる。人は，物事がこうなるのではとの期待を抱くと知らないうちに期待に沿う行動を取って，結果として期待が現実になる。これを自己成就予言という。ローゼンタールとジェイコブソン（Rosenthal & Jacobson, 1968）は，教師の自己成就予言のうちポジティブな方向への期待効果をピグマリオン効果と名づけて，小学校である実験をおこなった。全学年の児童に知能検査を実施した後，検査の結果を担任教師にフィードバックした。その際に，本当の検査結果とは関係なくランダムに児童を選び出し，担任教師に「この子たちは知能検査の結果成績上位者であり，今後知能が上がるでしょう」と嘘の報告をした。この1年後，再び知能検査を実施して結果を比較したところ，低学年では知能が上がると教師が期待した児童の方が他の児童よりも知能が上昇していた。また，教師は期待した児童に対してたくさんほめたり助言を与えたりしていた（Brophy & Good, 1974）。逆に，ネガティブな期待の効果をゴーレム効果という。中学校で，成績が悪いと教師からバイアスをもたれた生徒に対して教師は独断的態度を取り，その結果，生徒の成績が下がった（Babad et al., 1982）。教師の児童生徒理解が児童生徒に及ぼす影響力が強いことがわかる。

[2-2] 教師のリーダーシップ

教師のこのような影響力は，教師のリーダーシップとして表れる。リーダーシップとは，集団が活動する際のリーダーの働きであり，具体的には対人行動や相互作用といった指導行動のかたちをとる。教師のリーダーシップ研究の先駆けとして，ホワイトとリピット（White & Lippitt, 1960）の社会的風土の実験が挙げられる。社会的風土とは，集団の関係性や作業成績や意欲などでつくられる集団雰囲気のことである。この実験では，学級場面ではないが，表9-1にある3つの指導法を演じられるよう訓練を受けた指導者役の大人が10歳の子ども集団にさまざまな作業をさせ，作業中の子どもの行動と作業成果を実験者が観察し記録した。実験の結果，民主的指導法の指導者のもとでは子どもは作業を進める相談や話し合いを指導者やメンバーと活発におこない，協力して作業を積極的に進めた。一方，専制的指導法では，子どもたちは指導者に指示を求めるなど依存的であるとともに攻撃的であり，子ども同士のけんかも多かった。また，作業成果は良かったが積極的ではなかった。自由放任的指導法では，子どもは集団としてまとまりたい様子だったが具体的に協力する行動はなく，遊び中心の話ばかりしていた。また，失敗が多く積極的に作業に取り込むことが少なかった。このように，ホワイトとリピット（White & Lippitt, 1960）の結果は，指導者役の大人のリーダーシップの形式によって子ども集団の社会的風土が変わることを示している。

また，学級場面における教師と児童の行動観察により，教師はさまざまな指導行動を実施し児童の諸側面に効果を及ぼすことが明らかになっている。アンダーソンら（Anderson et al., 1946）やフランダース（Flanders, 1970）は，小学校の学級観察によって教師の指導行動と児童の反応を収集してカテゴリーに分類した。その結果，指導行動は，考えを述べる，講義をする，指示を与える，批判するなど，学習課題に向かわせるため直接的に教師が児童生徒を統制する働きかけと，意見を受け入れる，ほめる，励ますなど，児童生徒個人の気持ちに配慮する働きかけとに大きく分類でき

表 9-1　各社会的風土のリーダーの指導法（White & Lippitt, 1960 をもとに作成）

専制的指導法	民主的指導法	自由放任的指導法
1．すべての方針はリーダーが決定した。	1．すべての方針は，集団で討議して決定した。その際リーダーは励ましたり支援した。	1．集団や個人での決定は，すべて児童生徒に任せられ，リーダーは最小限しか関わらなかった。
2．リーダーは，作業のやり方や手順を権威的にその都度命令した。そのために，手順の見通しは，いつもはっきりしなかった。	2．作業の見通しは，討議中に明確にし，集団目標達成に向けた手順の全体像が描かれた。技術上の助言が必要なときは，リーダーが複数の選択肢を提示し，その中から児童生徒が選べるようにした。	2．さまざまな材料をリーダーが提供した。聞かれれば作業に関する情報を与えるとメンバーに伝えられた。ただし，討議ではリーダーはこれ以外何もしなかった。
3．リーダーは，個々の作業課題を命令し，作業メンバーの組み合わせも指定した。	3．作業メンバーの組み合わせは自由であり，作業の分担も児童生徒に任された。	3．リーダーは，作業課題や作業メンバーの組み合わせにまったく関与しなかった。
4．リーダーは，メンバーの仕事をほめたり，批判したりする際，主観的だった。しかし，実演してみせる以外，集団での作業には参加しなかった。	4．リーダーは，客観的に事実に基づいて，メンバーをほめたり，批判したりした。でしゃばらないように気をつけ，一メンバーであるように努めた。	4．リーダーは，質問されない限り，メンバーの作業に関してほとんど自発的にコメントしなかった。作業過程を評価したり，調整したりすることはまったくしなかった。

ることが示された。指導行動の効果に関しては，ほめることや励ましが児童の積極的発言や協力を促すことを示しているが，学習成績向上の効果については一貫した結果は見られなかった。

一方，指導行動を組み合わせた指導型の児童生徒への効果も検討されている。リーダーシップのオハイオ研究の1つである三隅ら（1977）の PM 研究では，小学校教師の指導行動を，指示や注意を与えるなど目標達成や課題解決に向けた圧力のＰ（Performance: 目標達成）機能と，話を聞く，冗談をいって笑わせる，ひいきしないなど集団内の人間関係で生じる緊張を緩和して集団を維持するＭ（Maintenance: 集団維持）機能に分けている。そのうえで，児童に質問紙調査を実施し，各機能の指導行動を担任教師がどの程度おこなっているかと，自分の学習意欲や連帯感など学級生活への適応感を意味するスクールモラールについて評定させた。そして，各機能の指導行動に関する評定値をもとに担任教師を4つの指導型のいずれかに分類した。4つの指導型とは，担任教師が2機能の指導行動を多く実施している PM 型，一方のみ多いＰ型，M型，いずれも少ない pm 型である。その結果，PM 型の担任学級の児童のスクールモラールがもっとも高かった。中学校の調査でも同様の結果となっている（三隅・矢守，1989）。

さらに，教師のリーダーシップのうちP機能の指導行動のみ教師がおこなうと，児童集団に上下関係が生まれることも指摘されている。吉崎（1978）は小学5，6年生に担任教師のリーダーシップと学級の児童間の勢力関係について質問紙調査をおこなった。勢力関係についてはゲス・フー・テストを使った。これは，特定の性格特性に当てはまる同級生の名前を書かせて学級の集団構造を測る手法である。ここでは，「みんなから，たよりにされている同級生」の名前を書かせたところ，P機能の指導行動を多くおこなう担任教師の学級では特定の児童に集中した。一部の児童に勢力が集中する集団構造といえる。P機能の指導行動は，教師がルールや学習到達度など望ましい行動様式を児童生徒に伝え，その基準に合うよう統制する意味をもつ。このような指導行動は学級生活でどのような行動を取ればよいか基準を教師が示す行動であり，児童生徒を安心させる働きがある。半面，この基準に合う児童生徒に勢力が集中して基準に合わない児童生徒との差が明確になって上下関係が生まれることを吉崎（1978）の結果は示している。三隅ら（1977）の結果と併せて考えると，教師のPM型リーダーシップのM機能の指導行動は，個々の児童生徒に平等に接することでP機能の指導行動で階層化した児童生徒のあいだに対等な関係をつくる働きがあるといえよう。

3．児童生徒の対人関係と集団構造

教師のリーダーシップによって学級内の児童生徒の対人関係や集団構造が規定される面がある一方，児童生徒には，同級生とどのような対人関係や集団を築きたいかという社会的欲求がある。とくに，小中学校の時期は年齢発達とともに，児童生徒が求める友人関係の様相や仲間集団の特徴が変化していく。

[3-1] 友人関係の年齢発達的変化

友人関係は，親や教師との関係とは異なり，自発的に選択して形成される関係である。また，考え方や能力などの対等性と，相互に影響し合う関係性が特徴的な関係である（遠矢，1996）。このような友人関係を測定する方法の1つとしてソシオメトリック・テストがある（Moreno, 1953）。たとえば，小学生に学級内で隣の席になりたい人（選択）となりたくない人（排斥）の名前をそれぞれ最大5名まで書かせ，結果を図示するソシオグラムにまとめることができる（図9-1）。図示することで，相互選択の友人関係，グループや人気者（スター）を把握できる。相互選択に基づく友

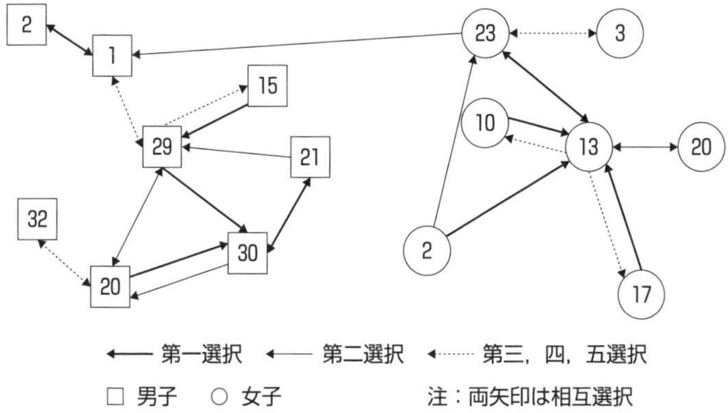

図 9-1　小学 4 年学級の 9 月のソシオグラムの一部（田中，1975 より抜粋して作成）

人関係は年齢発達的には小学校中学年ごろから形成されはじめる（Buhrmester & Furman, 1986）。また，小学 5 年ごろから友人選択の基準として自分の考えや価値観を尊敬したり同じであると共鳴したりする尊敬共鳴や相互選択が増え始めている（田中，1975）。とくに，自分と類似した考えや価値観をもっている相手の存在は自分を受け入れ支持する存在であり，互いに価値観を共有し妥当性を確認し合う親友（チャム）として重要な意味をもち始める時期である（Sullivan, 1953／邦訳，1990）。

このようにソシオメトリック・テストや先述のゲス・フー・テストは，学級内の対人関係を把握しやすい方法である。しかし近年は，これらのテスト実施の倫理的問題が指摘されている。児童生徒の対人関係や心情に悪影響を及ぼすからである。したがって実施する場合は，全児童生徒および保護者の同意と学校の管理職の許可および所定の倫理審査委員会からの許可を得る必要がある。

[3-2] 仲間集団の年齢発達的変化

仲間集団は，自分を同一視でき意思決定や価値判断の拠りどころになる準拠集団（Sherif & Sherif, 1948）である。小学校高学年ごろから発生し，自発的な友人関係を基盤とした 3 ～ 9 名の同性からなる（Rubin et al., 2006）。また，保坂・岡村（1986）は年齢発達に伴い仲間集団の特徴が変化すると指摘している。児童期後期はギャング・グループである。この時期はギャング・エイジと呼ばれているが，保護者からの自立のために必要な徒党集団で力の上下関係がある。遊びを共有することで一体感を得るので，同じ行動をしないと仲間はずれにされる。思春期前半はチャム・グループである。その集団でしか通じない言葉をつくりだして互いに似ていることを確認し合い，集団維持そのものを重視する。思春期後期はピア・グループである。互いの同質性だけでなく互いに価値観や理想を語り合って互いの違いを認め合い，自立した個人として尊重し合うのが特徴である。

[3-3] 小中学校の学級における児童生徒集団の構造

このような小学校高学年以降に顕著な友人や仲間の形成は，友人や仲間と同じであるように意識したり行動する同質化と，友人や仲間以外の同級生と自分（たち）との違いを意識したり強調する差異化によって成り立つ。これは，学級集団に限らず，また面識がないもので構成された集団であっても生じる。一例として，タジフェルら（Tajfel et al., 1971）の最小条件集団パラダイムの実験を紹介する。まず，実験参加者の大学生たちを面識のないまま，優劣のない基準で2つの集団に分けて各自に自分が配属された集団名を知らせる。そのあと，これからおこなう作業に支払われる報酬の分配について，自分以外の実験参加の学生たちへの分配法を一覧表から各自匿名で選ばせた。一覧表には，自分が配属された集団（内集団）の学生と他の集団（外集団）の学生への配分に差がある案が複数記載されている。分配法の選択の結果，実験参加者は内集団の学生の方に報酬を多く分配する案を選択する傾向にあった。つまり，報酬分配によって内集団をひいきする（内集団びいき）ことで，外集団との差異化を図ったといえる。

学級内の例を見てみよう。池田（2013）は中等教育学校の中学生と高校生の学級で参与観察や生徒へのインタビューをおこない，学級内に3つのグループがあり，生徒たちは自分のグループと他のグループとの考え方や価値観の違いを認識していることを明らかにしている。また，行動様式や趣味，外見などの違いも集団間で意識している一方，仲間集団内で浮くことを恐れるグループもあった。さらに，このような仲間集団間の差異化は，集団間の地位格差あるいは階層性として表れることがある。中学生は仲間集団間の地位格差（ヒエラルキー）を把握していること（有倉，2017），ヒエラルキー上位のグループは能力主義に基づいた集団間格差を肯定する考え方が強いことが明らかになっている（水野・太田，2017）。加えて，中学生の仲間集団の性差として，女子は男子に比べて排他性と閉鎖性が高く，男子は仲間集団内の階層性が特徴的である（楠見，1986）。女子は他の集団との差異化によって仲間集団の同質化を保ち，男子は集団全体で力の強い者に従うことで，同質化を図るのではないか。

[3-4] 同質化と差異化を求める心理的メカニズム

10代はじめの時期に，なぜ仲間集団に同質化を求めて他集団との差異化を図るのだろうか。メカニズムの1つには，10代の心理的，身体的，社会的変化が挙げられる。この時期，認知的能力の質的変化，社会的役割の変化，および第二次性徴の始まりによって，自分の能力や価値観に対する劣等感や性役割認識に基づく社会的不安が高まる。自己評価を高めたり不安を低減したりするために，私たちは自分と同じ能力や考えの人に魅力を感じる（Festinger, 1954）。とくに，10代の女子は性役割の受容が低くなっている（たとえば，久芳ら，2009）。その背景には，社会的に期待される性役割への違和感があるのだろう。この時期に，性役割にかかわる社会的不平等や抑圧に女子が気づき自尊感情が低下し，自己承認を得ようとして同じ考えや能力の仲間集団を求めると考えられる（古久保，2003）。ただし，最近，#KuToo[1]運動など女性を中心した社会運動が，看過されてきたジェンダーの問題を社会問題化して変化を起こすきっかけをつくっている。性役割および性の概念の社会的変化から，仲間集団構造の性差を理解していくことが必要である。

メカニズムの2つめは，社会的自己の2側面の充足である。ブリューワー（Brewer, 1991）は，私たちは集団メンバーと同じでいたい欲求と集団メンバーとは違っていたい欲求をもち，双方を満たす集団に自己同一視するという最適弁別性理論（Optimal Distinctiveness Theory）を提唱している。学級内で自分の仲間集団の同質性と他の集団の差異を意識しているのは，学級集団に自己同一視しようとする試みといえる。この試みは，仲間集団の結束を高め準拠集団としての意義を高めることになる。その一方で，差異化が学級内の地位格差につながると下に位置づけた他集団や同級生を見下したり，同質化が過度の閉鎖性になると集団内部でいじめが発生して問題が外部からわかりにくいなどの問題が生じる。

学級内のいずれの児童生徒にとっても，納得できる同質化と差異化が成立する学級づくりが求められる。たとえば，算数の解き方の学び合いなど，学級内で能力差のある者同士が同じ目標に取り組む授業づくりが挙げられる。この場面では，算数の解き方について話し合うなかで，算数が苦手な児童は自分よりも優れた同級生から解き方を説明してもらい理解が深まる。同時に，算数が得意な児童は自分よりも算数ができない同級生から質問されて答えることで自分の理解不足に気づき，算数理解がより深まる。この過程が十分に機能するなかでは，学級の児童らは，算数理解という課題のもとでは「同じ」仲間として，能力差の「違い」を上下関係ではなく必要とし合う対等な関係として受け入れることができるだろう。

1）#KuTooとは，日本の職場において女性にハイヒールやパンプスを強制する性役割の問題を提起した社会運動を表す言葉であり，靴と苦痛を，女性の性被害を訴える活動の#MeTooと合わせた造語である。発起人の女優のTwitter上の訴え（2019年1月24日）を契機に女性の服装強制禁止に向けた1.8万人の署名が集まり，同年6月に厚労省に提出された。この運動はBBCなど多数の海外メディアに取り上げられた。

[3-5] 学年発達に伴う学級集団構造の変化

教師は，このような児童生徒のインフォーマルな集団構造を内包する学級をどのように経営していくのだろうか。この点を考えるうえで，児童生徒の集団にとって教師はどのような存在であるかを，教師も含めた学級集団全体の構造から見ていこう。

学級集団構造は年齢発達に伴い変化する。園原・広田（1960）は，小学校の学級集団構造が学年進行に伴い変化する過程を5段階に分けて説明している。1年生前半の孤立探索期では，未知の学級の中に自分を位置づけようとして親に代わる新しい権威としての教師に依存する。2年生の水平的分化期になると，児童の一対一の横のつながりが形成されはじめるが，まだ教師に強く依存している。2年から3年生の垂直的分化期には，児童の交友関係に上下関係が発生して，服従的な児童にとっては依存対象が教師と同級生に分かれて，どちらの言うことに従えばいいか矛盾を感じる。4，5年生の部分集団形成期になると，教師に依存しなくなり，価値観や考え方あるいは能力の類似した者同士での交友関係や仲間集団が依存対象となる。加えて，集団間の階層性や対立が生じる。6年生の集団統合期では，仲間集団が学級全体の部分をなすものとして統合され，学級全体のリーダー役の児童が出現して，学級で決められたフォーマルなルールと児童らで暗黙裡に作り出したインフォーマルなルールにしたがって，協働的または組織的行動を取るようになる。このように，小学校6年間の学級集団構造の変化は，教師への依存や同一視から始まり，複数の仲間集団の分化と仲間への依存を経由して，最後には，教師から自立し，個々の異なる役割の児童が同じ目標に向けて学級全体で協力する，同質化と差異化が両立した集団に変化するといえる。

ただし，6年間で最後の段階までいくのは難しい。とくに，5年生以降の特徴として，児童生徒集団の教師批判や反発がある。たとえば，ソシオメトリック・テストで好ましい同級生と人気のある同級生を選択させると，いずれも運動能力や学力，社会性が高い同じ人物が選ばれるが，11，12歳以降は同じ人物が選択される傾向は弱くなり，人気者として，向社会的行動と攻撃性を兼ね備えた人物が選択されるようになる（LaFontana & Cillessen, 2002）。向社会的行動だけでなく攻撃性が強い児童生徒が人気者になるのは，教師の影響力から独立したい自立心の表れと同時に，教師への批判や反発の表れといえよう。教師にとっては児童生徒集団が自分の権威を脅かす扱いにくい存在になると考えられる。このように年齢発達とともに変化する児童生徒の集団をどのように経営するかが教師の課題となる。

4．学級の児童生徒集団の変化と教師の学級経営の変化

児童生徒のいずれの年齢においても，先述のPM型リーダーシップがスクールモラールを高めるわけではない。児童の年齢または学年によってスクールモラールを高める教師の指導行動に違いが見られる。根本（1983）は，小学4年と6年生を対象に学級集団構造と学級雰囲気や学級モラールとの関連について質問紙調査を実施した。その結果，4年生では，P機能に相当の，教師が児童を注意する「統制」行動が多いほど学級雰囲気得点は高いが，6年生ではこの効果は見られなかった。

また，弓削（2012）は，小学校教師を対象に自分の指導行動と担任学級の様子について質問紙調査を実施した。その結果，担任学年によって児童の学習意欲や連帯感を高めている教師の指導行動が異なっていた。低学年は，注意や指示を出す行動と話し合ったり様子を見たりして児童を理解する行動，中学年は児童を理解する行動と励ますなど受容的行動，高学年では理解する行動と児童に自分で課題をやるよう突きつける行動であった。この結果は，低学年では三隅ら（1977）のPM型が効果的であるが，中学年ではM型が効果的であることを示している。さらに高学年では，M機能の行動の効果だけでなく，ホワイトとリピット（White & Lippitt, 1960）の自由放任型の指導行動が児童生徒を課題に方向づけるP機能の働きとして効果をもたらすことを示している。学年にかかわらず，受容や理解する教師の指導行動はスクールモラールに効果的であるが，根本（1983）と同様，学年が上がるにつれて教師が児童生徒に注意を与える指導行動の効果がなくなる。かわりに，高学年では従来は効果がないように言われてきた「突きつけ」の指導行動がスクールモラールに効果があることがわかる。

以上の結果と，先述の小学校の年齢発達に伴う学級集団構造の変化（園原・広田，1960）とを併せて見ていくと，担任教師は児童に身につけてほしい行動様式や知識・スキルなどの力を習得させるために，学級や教師に対する児童の心情や欲求を活かして指導行動を変えている。教師に依存する低学年では，身につけてほしい力に関する教師からの注意やこまかな指示が，児童の拠り所となる。仲間集団内の階層や集団間対立が生じる中学年では，身につけてほしい力について教師が児童らと話し合ったり意見を聞くことで互いに納得し合い，児童間の階層や対立も緩和する。仲間への依存および教師から自立したい高学年では，身につけたい力の習得にむけた手段などを児童に考えさせる「突きつけ」によって，児童が「反発」ではないかたちで自分の考えを教師や同級生に発言する自立のきっかけとなり，自立的な児童集団形成につながる。このように，教師の学級経営は，児童生徒が学級にインフォーマルに形成する対人関

係や集団構造と教師の指導行動とが統合するかたちで進められるとき，児童生徒のスクールモラールが高まるのではないだろうか。

5．学級集団のアセスメントと学級経営の省察

学級内の個々の児童生徒や児童生徒集団の状態について，日々接している教師であっても把握しにくい面がある。とくに，児童生徒集団が抱える問題については，明らかな問題行動を起こさない限りわかりにくい。このようなとき，学級アセスメントを活用して学級全体の様子を把握することが可能である。学級アセスメントとは，質問紙や心理検査その他さまざまな資料を使って，学級の児童生徒の問題を把握して支援につなげる一連の過程である。たとえば，日本の小中学校の学級アセスメントとして児童生徒対象の質問紙が用いられる。Q-U（河村，2006）は，学級満足度尺度と学校生活意欲尺度から構成された質問紙である。このうち，学級満足度尺度については，児童生徒の得点を児童が同級生や教師から承認されている度合いの承認得点と児童の不適応感やいじめを受けている度合いの被侵害得点の2軸でマッピングすることで（図9-2），学級内の児童生徒個々の位置づけや児童生徒集団の構造を把握できる。また，学級風土質問紙（伊藤・宇佐美，2017）は，学級全体がもつ個性を測る尺度である。学級活動への関与，生徒間の親しさや学級内の不和および満足感，自己開示，学習への志向性，規律正しさ，学級内のリーダーの存在，それぞれに関して生徒に回

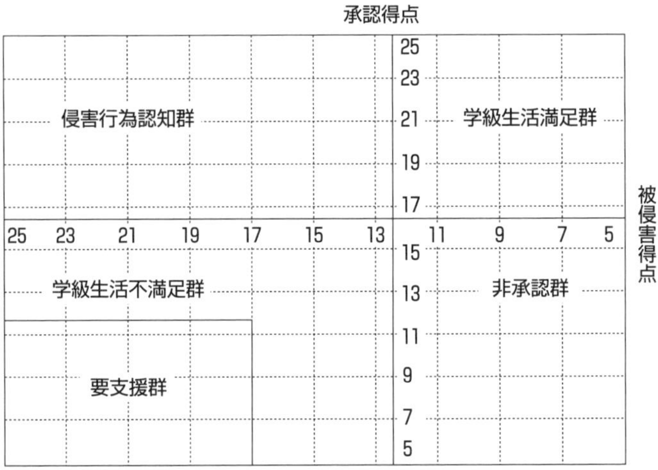

図9-2　Q-Uの学級満足尺度の各児童の得点マッピング用の図（河村，2006をもとに作成）

答を求めて各得点を図示することで，学級内の対人関係や集団構造および学習意欲について学級全体の傾向と問題点を把握できる。これらのアセスメントの分析結果のフィードバックを教師が受けることで，担任学級の理解の深化や変化が起きて，学級経営を省察し立て直すきっかけになる。

6．児童生徒とともに築きあげる学級

教師は児童生徒にまつわるさまざまな仕事を担っており，多忙な職務といわれている。そのなかで教師は学級の多くの児童生徒やさまざまな対人関係を理解し，そのなかで生じる問題に対応しながら学級経営をおこなっていく。このように聞くと，かなり難しいように感じるかもしれない。しかし，学級経営は児童生徒とともに探り探り1年かけておこなう協働である。互いに助け合いながら時にはぶつかり合いながら相互作用するなかで理解し合うことで，課題をやりとげる力を児童生徒に身につけさせる教師の役割と，学級生活への児童生徒の心理的欲求との双方が充足できる学級が築きあげられると思われる。このとき，児童生徒の成長だけでなく教師自身の成長も実感できるだろう。

第 10 章
学校行事を活用した学級づくり

久保田（河本）愛子

学校行事は学校生活を彩るハレの日であり，日常の授業とは異なる教育的意味をもつ。学校行事を通して子どもたちが大きく成長するならば，そして子どもと共に感動を分かち合い，学級としても変容できるならば，担任教師として，それ以上に嬉しいことはないだろう。しかし，学習指導要領，あるいは研究において，学校行事はいかなる具体的な教育的な意味をもつと示されているのだろうか。また，教師という立場に立った時に，どのような点に留意して学校行事の運営をおこなえば，円滑な学級づくりにつながるのだろうか。本章では，学習指導要領ならびに心理学の知見に基づき，学校行事をいかに学級づくりに活用できるかを論じていく。

1．学校行事に関する基礎事項

学校行事は，「特別活動」を構成する教育活動の一つである。特別活動とは，様々な集団活動を通して，/（小）課題の発見や解決を行い，/（中・高）自己や学校生活を捉え，課題を見いだし，その改善・解消に向け，/よりよい集団や学校生活を目指して行われる様々な活動の総体と定義されている（文部科学省，2017a，2017b，2018）。具体的には，学校行事，学級活動，児童会・生徒会活動，そして小学校においてはクラブ活動が，特別活動に含まれている。これらの中で学校行事は，学年や学校全体という大きな集団において，一つの目的のもとにおこなわれるさまざまな活動の総体といわれ，学年や学校といった大きな集団が関与している点に特徴がある。

学校行事の目標としては，特別活動の全体目標に掲げられた資質・能力を育成することが掲げられている。平成 29・30 年改訂の新学習指導要領において，特別活動の目標は，1）人間関係形成，2）社会参画，3）自己実現という視点を手掛かりとしながら，「知識・技能」「思考力・判断力・表現力等」「学びに向かう力・人間性等」という 3 つの柱に沿って目指す資質・能力が整理されている（文部科学省，2017a，2017b，2018）。その中で学校行事の目標では，とくに集団への所属感や連帯感，公共の精神を養うことが重視されており，目標の文言の中にも「全校又は学年の生徒で協力し，よりよい学校生活を築くための体験的な活動を通して，集団への所属感や連帯感を深め，公共の精神を養いながら」資質・能力を育成するよう記載されている。図10-1に，学習指導要領の文言を筆者が整理したものを示す。

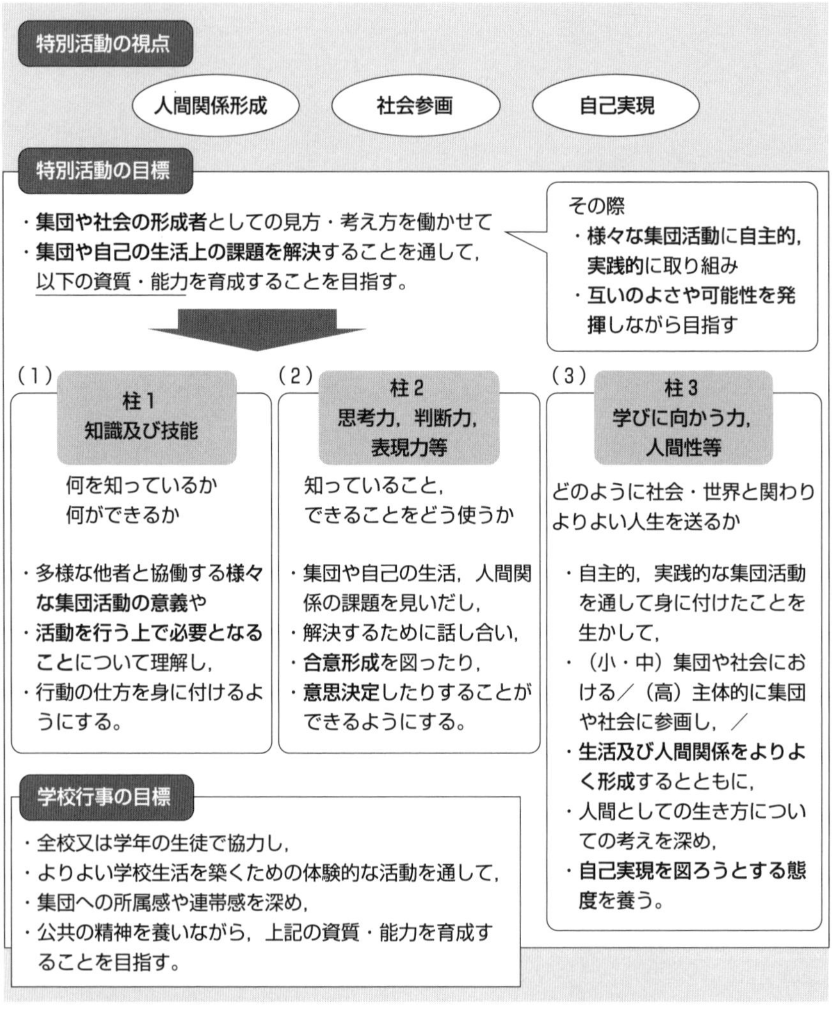

図10-1　特別活動と学校行事の目標（文部科学省，2017a，2017b，2018の文言をもとに筆者が作成したもの）

注：文言は学習指導要領と同一とは限らない。太字や文言の区切りも理解を深めるため，筆者が独自に行ったものである。

学習指導要領上の学校行事の種類も確認しておこう。学校行事は，表 10-1 のように5つ（儀式的行事，文化的行事，健康安全・体育的行事，旅行・集団宿泊的行事，

表 10-1　学校行事の種類とねらい（文部科学省，2017a，2017b，2018 の文言をもとに筆者が整理・作成したもの）

種類	ねらい	具体例
儀式的行事	・学校生活に有意義な変化や折り目を付けるようにする ・厳粛で清新な気分を味わうようにする ・新しい生活の展開への動機付けとなるようにする	・入学式・卒業式 ・始業式・終業式 ・朝会
文化的行事	・平素の学習活動の成果を発表するようにする ・自己の向上の意欲を一層高めるようにする ・文化や芸術に親しむようにする	・学芸会・文化祭 ・学習発表会 ・音楽会・芸術鑑賞会
健康安全・体育的行事	・心身の健全な発達や健康の保持増進 ・事件や事故，災害等から身を守る安全な行動や規律ある集団行動を体得するようにする ・運動に親しむ態度の育成 ・責任感や連帯感の涵養 ・体力の向上などに資するようにする	・運動会・球技大会 ・大掃除・交通安全・防犯指導 ・健康診断・避難訓練
旅行・集団宿泊的行事	・平素と異なる生活環境にあって，見聞を広め，自然や文化などに親しむようにする ・よりよい人間関係を築くなどの集団生活のあり方や公衆道徳などについての体験を積むことができるようにする	・遠足 ・修学旅行・移動教室 ・野外活動
勤労生産・奉仕的行事	・勤労の尊さや生産の喜びを体得するようにする ・（小）ボランティア活動などの社会奉仕の精神を養う体験が得られるようにする ・（中）職場体験活動などの勤労観・職業観に関わる啓発的な体験が得られるようにする ・（高）勤労の尊さや創造することの喜びを体得するようにする ・（中・高）共に助け合って生きることの喜びを体得し，ボランティア活動などの社会奉仕の精神を養う体験が得られるようにする	・校内美化活動 ・地域や公共施設の清掃・ボランティア ・就業体験活動

勤労生産・奉仕的行事）に分類されている。儀式的行事や文化的行事などと聞くと固いイメージをもつかもしれないが，儀式的行事は入学式や卒業式，文化的行事は学芸会や文化祭，芸術鑑賞会を指しており，実際に指している内容は学校で毎年当然のようにおこなわれている活動といえる。ただし，避難訓練や健康診断なども学校行事に含まれており，初めて聞く人にとっては，意外な活動も学校行事として位置づけられていると感じられるかもしれない。

行事は高校を卒業すればなくなるものではない。大学生になれば大学の入学式や成人式を経験し，会社に入れば，入社式や懇親会などさまざまな行事を経験する。地域でおこなわれる祭りや季節の催し物も社会における行事といえよう。そのため，学校行事を体験することは，子どもたちが学校を卒業した後に「地域や社会の行事や催し物など，様々な集団で所属感や連帯感を高めながら，一つの目標などに向かって取り組む活動」につながっていくことが学習指導要領で想定されている（文部科学省，2017a，2017b，2018）。学校生活の中で充実した学校行事を体験することは，上記のような高校卒業後あるいは社会での行事が成功するよう，他の人たちと楽しみながら目標達成に向かって取り組む資質・能力につながると考えられているのである。また，集団で一つの目標に向かう活動という意味では，会社や家庭，サークル・部活や同好会，地域の自治会といった集団で，ある目標に向かって何かに取り組む際にも，学校行事での体験が役立ってくると考えられる。

2．集団活動に関わる心理メカニズム

学校行事の特徴として，集団活動を重視して活動をおこなう点を看過することはできない。運動会・体育祭，合唱祭といった学校行事においては，クラスや学年といった集団対抗の形式がとられることが多い。このことを考えると，学級づくりに対する学校行事の影響を知るため，学校行事の活動集団を形成することに伴う心理的メカニズムを理解することは重要である。そこで本節では，心理学の集団間葛藤に関わる古典的な研究の一つであるシェリフ（M. Sherif）のサマーキャンプ実験を紹介し，学校行事実施上の留意点や活動のあり方を考えていきたい。

[2-1] 泥棒洞窟実験

集団間葛藤（intergroup conflict）とは，集団と集団とが対立し合うことを指す心理学の学術用語である。本節で紹介するサマーキャンプ実験は，集団間葛藤の生起とその解消プロセスを検討した研究で，実験室ではなく，実際のフィールドでおこなわれた実験である点に特徴がある。ここでは，サマーキャンプ実験の一つである泥棒洞

窟実験（the Robbers Cave Experiment）（Sherif et al., 1988）を紹介する。

1）第一段階：仲間意識の涵養　この実験では，11-12 歳の少年 24 名が集められ，3 週間にわたるサマーキャンプがおこなわれた。最初の 1 週間は，仲間意識を高めるための介入がおこなわれた。具体的には，少年が 12 人で構成される 2 グループに分けられ，互いの存在を知らされないまま別々に活動をおこなった。各グループは寝食を共にするとともに，ハイキングやカヌー，宝探しといった相互作用を必要とし，目標を共有する活動をさまざまにおこなった。この段階では，各グループ内で野球のような競争的な活動はおこなわないよう配慮されていた。

これらの活動を通して各グループの仲間意識は強まり，グループ内でリーダーシップを取る少年が出てきた。そのため，テントを張る際や食事を作る際にも仕事を分担して協同作業がおこなわれるようになった。また，集団規範（group norm）も形成された。集団規範とは，法による強制力はないものの，集団の構成員に理解されているルールや基準のことをいう（Cialdini & Trost, 1998）。より平易な言葉でいえば，集団規範とは集団内のルールや暗黙の了解といえる。たとえばこの実験では，一方のグループで「ホームシックにならないこと」が集団規範となった。このグループでは，途中 2 名がホームシックになり，キャンプを棄権することとなったが，この 2 名はグループの逸脱者だと他の子どもに認識されていた。そのため，この規範が形成された後，もともと家に帰りたいとホームシックを訴えていた少年も，その後，家に帰りたいと言わなくなった。

2）第二段階：集団間葛藤の生起　2 週目に入ると，キャンプ地にもう一つのグループが生活していることが知らされた。そして相手グループを競争相手とする活動が 5 日間にわたりおこなわれた。そこでは，たとえば野球，綱引き，テント張り競争，宝探し競争などがおこなわれた。これらの活動には，宝探し競争のように，研究者が主観的に評価できる競争が随所に計画されており，接戦になるよう点数が調整されていた。そのため，2 グループ間の競争は激化した。

第二段階を通じて，各グループの結束はますます強まり，相手グループに勝つために戦略を立てたり，試合中，熱心に自身のチームの応援をおこなったりする様子が見られるようになった。ただし，同時に相手グループに対する敵対的な攻撃性も高まった。たとえば，最初の数日は両グループともにスポーツマンシップを発揮していたが，徐々に，試合で勝利を収めたグループが負けたグループをからかい，あざ笑うようになっていった。その結果，最終的には試合以外の場面でも，試合に負けたグループが相手グループの団旗を破り燃やしたり，それに対する報復がおこなわれたりするようになった。このようにして，第二段階では集団間葛藤を生起させたのである。

3）第三段階：集団間葛藤の解消　3 週目には，2 つのグループの対立を修復させる介入をおこなった。もしあなたが実験者であったとしたら，この惨事にどのように介入し，集団間葛藤を低減するだろうか。

まず，最初におこなわれたのは，一緒に映画を見る，食事をするといった接触機会を設けることであった。しかし，両グループの関係はまったく改善せず，むしろ食事会では食べ物の投げ合いが発生するといった事態に終わった。

集団葛藤を低減するため効果的であったのは，２つの集団が協力しないと達成できない上位の目標を導入した課題を設定することであった。具体的には，生活に必要な水の供給装置が故障し，その修理箇所を２グループで協力して探すといった課題や，食料運搬車が動かなくなり，２グループが一体となって運搬車をぬかるみから動かすといった課題であった。これらの課題を通して，徐々に互いのグループに向けた罵り合いは減っていき，所属グループにかかわらず談笑したり，共に並んで食事を作ったりする様子が見られるようになっていった。最終的には，帰りのバスに両グループで一緒に乗りたいという声もあがるようになったほどであった。結果的に帰りのバスでは，両グループが共に乗車したが，その際にも両グループがまざり合って席に座り，帰ることを惜しんだ。さらに帰る途中には，一方のグループが試合で得た報酬で買った飲み物を，他方のグループにも分け合う場面までもが見られた。

[2-2] 学校行事の実践への示唆

この研究から，学校行事を活用した学級づくりに関して示唆されることがいくつかある。まず，学校行事を通して子どもたち同士で相互作用があり，目標を共有した活動をおこなうこと，また，集団間での競争的な活動をおこなうことは集団の結束を高めることにつながるということである。その過程で形成される集団規範が教師にとって望ましいものであれば，その後の学級づくりはスムーズに進むだろう。ただし，集団規範はつねに良い影響を及ぼすわけではない。集団規範を通して，そこから逸脱してしまった子どもに対する偏見や，自身の率直な想いを学級で表現できないことにつながる危険性もある。その意味で，教師は，現在学級にどのような集団規範が形成されつつあるのかを敏感に察知し，必要に応じて，その規範を調整していく必要があるだろう。

また，集団間で競争的な活動をおこなう場合には，他集団への攻撃性も高まる可能性があるため注意が必要である。学校行事で集団対抗の形式を採用する場合には，注意しなければ，学校行事が他クラスの子どもとの仲を引き裂いてしまう可能性もある。とくに競争が激化している場合，敗北した集団の他集団への攻撃性が高まることが予想されるため，敗北した場合のケアの仕方は重要と考えられる。たとえば学校行事の観察研究では，競争的な活動終了後に，教師が子どもたちに「順位よりも大切なこと」「クラスの人間関係がまとまること」を強調し，活動に参加したことの意義を価値づけることで最下位や敗者に配慮をおこなう様子が記述されている（山田，2000）。教師がこのような工夫をおこなうことで，集団間葛藤の負の側面を予防できるのだと考えられる。

もう一つ重要な示唆は，集団間葛藤が生じている場合にも，双方の集団が協力しなければ達成できず，また，達成したいと思える魅力的な上位の目標を導入することで，関係が緩和する可能性がある点である。これは，学級づくりにあてはめて考えれば，学級内で対立するグループが見られたとしても，学校行事がそのグループの葛藤解消につながる可能性を秘めているということでもある。無論，そのためには，学校行事が普段から学校の子どもたちにとって魅力的なものであるような仕掛けを設け，学校行事においても，それらの集団が協力しなければ成功しないという状況を創り出す必要がある。子どもたちが楽しみにし，魅力的な学校行事の機会をどのように設定するか，そして，そこで協力しなければ成功しない状況をどのように創り出すかについては，教師の創造性が発揮される腕の見せどころともいえよう。

3．学校行事をとおした学級内の個の育成

学校行事を活用した学級づくりを考える際，もう一つの視点として重要なのは，学級内の個を育てることを通して学級の雰囲気を良好にしていくという視点である。学級の雰囲気は，学級を構成する子どもたちによって形成される。そのため，学級を構成する子どもたち一人ひとりの力を伸ばしたり，居場所をつくったりすることによっても，学級の雰囲気は良好になると予想される。そこで本節では学校行事を通して，具体的に，子どものどのような社会情緒面が育成されるのか，そこに教師がどのように援助できるかを論じる。

[3-1] 学校行事の社会情緒面育成に対する効果

これまでの研究では，体育的行事，文化的行事，宿泊的行事の効果を検討した研究がおこなわれている。たとえばある中学校の合唱祭（河本，2016）では，その合唱祭前後の自己に関わる心理面を測定し，合唱祭を通して中学校３年生の自己受容，そして自己実現的態度が高くなったことが報告されている。さらに，対人認知は学年を問わず効果が示され，自己閉鎖性・人間不信が改善したことも報告されている。このことから，合唱祭を通して，学級における自他に対する受容的な雰囲気や自己実現に向けた意欲的な風土が形成される可能性があることがわかる。

また文化祭に関しては，中学校の学級劇を対象とした研究が複数なされている。た

とえば，ある中学校では，学級劇の活動を通して，活動を肯定的に認識した生徒は自信，自主性，前向きな取り組みの上昇が見られたことが示されている（樽木，1999）。また，公立中学校 4 校を対象とした研究では，係活動集団がまとまったと強く感じた生徒は，そうでない生徒よりも，自主性，協力，運営に対する自己評価が高まり，他者との相互理解も高まったことが示されている（樽木・石隈，2006）。このことから，学級劇において肯定的に活動を捉える生徒が多くなるよう配慮できると，積極的に物事に取り組む雰囲気や他者と理解し合い，協力する風土が学級に形成されるといえる。

集団宿泊的行事を対象とした研究では不登校予防に向け，小中連携による小学校から中学校への接続を図った実践の効果検証もある（千島・茂呂，2019）。この研究では，異なる小学校に通っているが，同じ中学校に入学予定の小学 6 年生児童を対象に合同の野外教育をおこなった。そこでは，自然体験を通して，中学校で同級生になる者同士が事前に交流を深めるとともに，中学校教師による出前授業を体験し，中学校生活への意識を向上させる活動をおこなった。その結果，「学校に行っても保健室や相談室ですごしたい」といった別室登校を希望する不登校傾向の高い児童において，友人関係への期待が集団宿泊的行事前後で上昇し，その効果は 3 か月後も持続することがわかった。友人関係への期待という概念は，「中学校では，新しい友だちができそうで，楽しみだ」「中学校では，仲の良い友だちができると思う」などの項目に対する回答から測定することができ，進学する中学校での友人関係への期待が読み取れる。このことから，このような集団宿泊的行事の実践は，中学生になった際の不登校予防や良好な学級づくりにつながることが示唆される。

体育的行事を対象にした研究においても，中学校の体育大会を対象とした研究では，自己肯定感が中程度であったとしても，体育大会で「うれしい」「楽しい」といったポジティブな感情を感じた生徒は，体育大会を通して「この学校の友達と一緒にいると楽しい」「この学校の授業を受けるのは楽しい」といった項目から測定できる学級適応感に上昇が見られることが示されている（横山・吉田，2012）。このことから体育的行事は子どもたちが学校を魅力的に感じ，適応するうえで重要な機能を果たすことがわかる。

学校行事が及ぼす長期的な成長感に対する効果に関心を寄せた研究も見られる（河本，2014）。この研究では大学生を対象にして，中学・高校時代に経験した学校行事を振り返り，その行事を通して，自身がどのように変化したと意味づけるかを検討した。その結果，学校行事を通して①集団への肯定的感情，②他者意識の高まり，③問題解決への積極性，④他者統率の熟達，⑤学校活動へのさらなる傾倒，そして⑥集団活動に対する消耗感という 6 つの意味づけがなされることが示された（表 10-2）。そして，当時の学校行事での目標の達成のために，他の人の意欲があがるよう意識して

表 10-2　中学・高校の学校行事に対する大学生の意味づけ（河本，2014 をもとに筆者が整理）

意味づけ	定義	項目
集団への肯定的感情	集団への親近感や集団で協力することの効力感が得られ，集団に対する好意的な感情を抱くようになること	「協力すると良い成果が生まれると学んだ」 「団結心が高まった」等の 7 項目
他者意識の高まり	他者を意識した上で行動することが重要だと感じるようになること	「周囲に配慮して行動するようになった」 「人の気持ちが想像できるようになった」等の 5 項目
問題解決への積極性	自身が関与しない問題に対しても積極的に取り組む姿勢が養成されること	「考えたことを実現しようとするようになった」 「進んで意見を出すようになった」等の 5 項目
他者統率の熟達	集団の先頭にたって他者を率いることに熟達すること	「人をまとめるのに慣れた」 「人をまとめる役を引き受ける抵抗感がなくなった」等の 4 項目
学校活動への更なる傾倒	進路や授業などを含めた学校に関する活動全般に積極的に関与していくこと	「進路選びの参考になった」 「行事の後，勉強に打ち込めるようになった」 「その後，行事にますます関わるようになった」等の 4 項目
集団活動に対する消耗感	集団活動に力を入れることに嫌悪感や消耗感を感じるようになること	「集団活動が嫌いになった」 「人と距離をとるようになった」等の 6 項目

行動したり，あるいは目標が達成できたと認識している人ほど，①から⑤の肯定的な意味づけを強く認識していた。また，当時の学校行事での活動集団の親密性が高いと認識していた人ほど，その行事を通した①集団への肯定的感情が強く，⑥集団活動に対する消耗感が弱いことも報告されている。ここから，普段の学級づくりで，親密性を高めることや目標に向かって努力することを認めあえる環境を構築することもまた，学校行事の意味を高めるために重要であることが示唆される。

これらの知見から，学校行事が確かに，その学級に所属する子どもたちの発達を支え，学級づくりに深く関わる可能性を秘めた活動であること，そして，さらにその学校行事の効果として得られた学級の人間関係や環境が，また学校行事の成否やさらなる効果に影響するといえるのではないだろうか。

[3-2] 学校行事での小集団に着目した援助

それでは教師は，学校行事において子どもたちに，どのような援助をおこなっていけばよいのだろうか。ここでは，研究の蓄積のみられる文化祭の学級劇の小集団を例に取り上げ（樽木，2013），子どもの発達を促す援助に関する研究知見を概観する。

まず，学級劇においては，出演者，大道具係，衣装係などの役割を分担して活動しながら，それらの役割を組み合わせた状態を想定し，遅れている他の係の活動も手伝えるような協力をする「分業的協力」が活動の中心となることが指摘されている（樽木・石隈，2005）。学級劇で形成される係集団は，生徒が日常的に行動をともにする2，3人の仲間集団よりも多い10人ほどの小集団となることが多く，通常，接する集団では生じにくい意見の違いの理解やトラブルや葛藤の解決が求められる（樽木，2005）。

そのため，教師は小集団がどのような状態にあるかを見極め，援助をおこなう必要がある。学級劇において集団に所属する個人の認知は，①導入水準，②不満足・葛藤水準，③解決・生産水準，④終結・意味づけ水準の4水準に分かれるといわれている（樽木，2013；樽木・石隈，2005）。それぞれの水準の特徴を図に示す（図10-2）。その研究では学級劇の準備・練習中において，担任教師が，係活動が②不満足・葛藤水準から③解決・生産水準に移行するよう援助する様子が報告されている（樽木，2013；樽木・石隈，2005）。

ただし，援助の際の援助対象（個人に対する援助か集団に対する援助か），援助方法（助言か直接的指示か），援助のタイミング（即時的か待つか）はさまざまであり，その援助はそれまでの経験の中で収集した生徒に関する情報をもとに決める必要がある（樽木・石隈，2005）。たとえば，樽木（2005）によれば，中学生の場合には，教師との関係よりも仲間関係を重視する特徴をもつため，直接的な作業や分担を指示するよりも，生徒が関係づくりや活動をしやすいような機会の設定に努め，生徒の環境や自己に対する解釈を与える枠組み（内部モデル）を変更することが重要であるという。

このような担任教師の葛藤解決への援助の効果は，複数の研究で繰り返し実証されている。中学校の学級劇を対象とした研究では，担任教師の葛藤解決への援助が，係活動などがまとまって活動できていたという小集団の発展の認知につながり，生徒の自主性や協力，運営の自己評価，他者との相互理解の高さにつながることが示されている（樽木ら，2008；樽木・石隈，2006）。また，なぜ担任教師の葛藤解決への援助が小集団の発展の認知につながるのかを検討した研究もみられ，担任教師の葛藤解決への援助が高いほど，子どもの困難な場面でも頑張る姿勢も強まり，集団のまとまりにつながりやすいことが報告されている（樽木ら，2008）。担任教師は，子どもたち

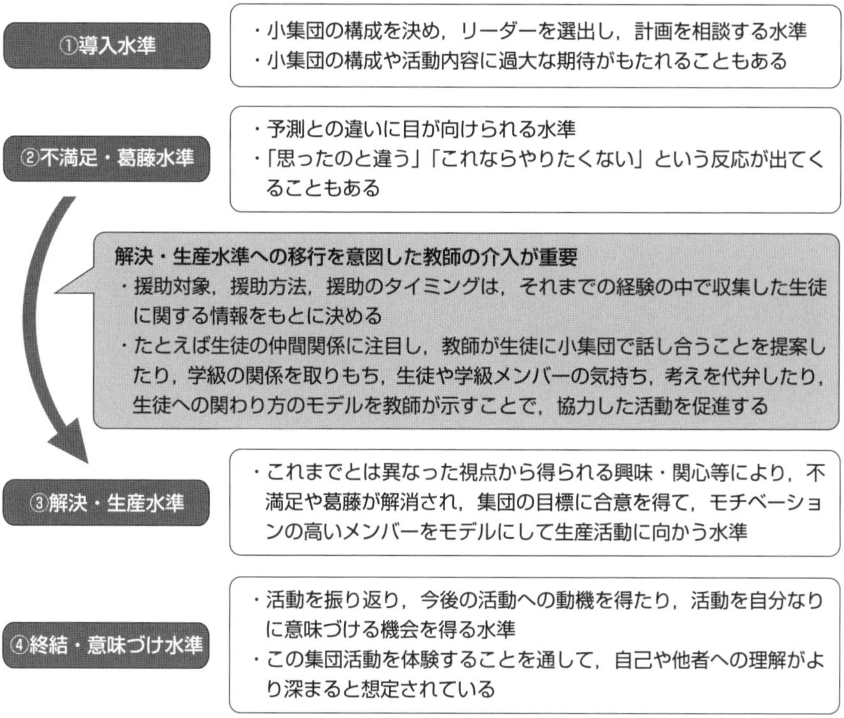
①導入水準
・小集団の構成を決め，リーダーを選出し，計画を相談する水準
・小集団の構成や活動内容に過大な期待がもたれることもある
②不満足・葛藤水準
・予測との違いに目が向けられる水準
・「思ったのと違う」「これならやりたくない」という反応が出てくることもある
解決・生産水準への移行を意図した教師の介入が重要
・援助対象，援助方法，援助のタイミングは，それまでの経験の中で収集した生徒に関する情報をもとに決める
・たとえば生徒の仲間関係に注目し，教師が生徒に小集団で話し合うことを提案したり，学級の関係を取りもち，生徒や学級メンバーの気持ち，考えを代弁したり，生徒への関わり方のモデルを教師が示すことで，協力した活動を促進する
③解決・生産水準
・これまでとは異なった視点から得られる興味・関心等により，不満足や葛藤が解消され，集団の目標に合意を得て，モチベーションの高いメンバーをモデルにして生産活動に向かう水準
④終結・意味づけ水準
・活動を振り返り，今後の活動への動機を得たり，活動を自分なりに意味づける機会を得る水準
・この集団活動を体験することを通して，自己や他者への理解がより深まると想定されている

図 10-2　学級劇での係活動における集団体験の個人プロセスモデル（樽木，2013；樽木・石隈，2005 の記述をもとに作成）

の自主性を重視しながらも，その子が困難な場面を乗り越えられるよう支えることが重要なのだといえよう。

4．学校行事を活用した学級づくり

学級づくりの観点で考えると，学校行事は，学級という「共同体」を形成するうえで重要な役割を果たす活動と位置づけることができる。共同体の集団とは，メンバー間の相互依存性が強く，メンバーの生活の安定や満足感の追求を目的とした集団のことである（河村，2012）。日本の学級は，世界的に見て，知識や技能の獲得を目指す機能体としての役割と給食や掃除といった普段の生活を共にする共同体としての役割の双方を有していると指摘されている（河村，2010）。そしてこの日本の学校に特徴的な共同体の側面は，子どもを全人的に育てる教育として国際的に高く評価され，それが日本の学校が世界的に高い成績をおさめ，成功を収めている要因ともいわれる(OECD, 2018)。

このように日本の学級は共同体の機能も有しているため，単に授業を静かに受け，子ども同士のトラブルが少ないだけの集団は，理想の学級とは捉えられない。日本型の理想的な学級とは，子どもたち同士の活発な交流をもとに，自主的，能動的，そして組織的に活動している集団であるという（河村，2010)。このような学級を成立させる基底の要因として，河村（2010）は集団同一視を挙げている。集団同一視とは，学級内の子どもたちが，自分の所属する学級集団の利害と自己の利害が一致していると感じることとされる。たとえば「6年1組の一員として，積極的に行動をしよう」と教師がクラスに語りかけたとしても，学級に愛着をもてず，「6年1組がどうなろうと自分には関係ない」と自分と学級とを切り離して捉えている子ども，すなわち，学級に対する集団同一視が低い子どもには，その言葉は響かない可能性が高い。一方,「自分のクラスがほめられると，自分のことのように嬉しい」と感じる集団同一視の高い子どもであれば，教師の言葉を真摯に受け止め，能動的に学級のために行動する可能性が高い。研究では，学級に対する集団同一視が高い生徒は，友人との関係，学習意欲，学級の雰囲気が良好であることが示されている（河村・武蔵，2012)。集団同一視は教師が日本型の学級づくりをおこなううえで重要な要素なのである。

学校行事の研究では，学級に対する集団同一視に学校行事での体験が影響を及ぼすことが示されている。たとえば，ある中学校では，合唱祭の前後で中学1年生と3年生の学級に対する集団同一視が変動したことが報告されている（河本，2016)。合唱祭は，学級が一体となって声を合わせなければ，完成度の高い歌にならないため，集団同一視への影響が大きいのだと考えられる。もっとも合唱祭をおこないさえすれば，集団同一視があがるというわけではない。実際，上記研究の対象校では，中学3年生の集団同一視のみが上がり，中学1年生の集団同一視は下がっていた。集団同一視を高めるためには，学校行事において子どもの自主性を尊重しながらも，必要に応じて，その教育的効果が高まるよう教師が支援をおこなっていくことが重要と考えられる。

学級や学校は，入学した当初は，年齢によって区切られた子どもたちの集まる群れ，群集ともいえる。その「群集」が「共同体」として機能するためには，生活を共にし，互いに仲を深め，感情的な交流をおこなう機会が必要である。学校行事を通してクラスや学年といった制度上の集団は，ある種の運命共同体となり，同じ感情を共有する。学校行事は，活動を通して感じられる一体感や連帯感を通して子どもたちの集団同一視を強化する可能性を秘めている。学校行事は，学級が共同体になる一つの教育的仕掛けである。学校行事をどのように活用すれば学級や学校が共同体となっていくのか，本章の知見を改めて振り返り，考えてほしい。

〈補講 6　協同学習〉

協同学習とは，グループの児童生徒全員が協力して共通の課題に取り組み，全員の学びを最大限に高めようとする小集団学習である。また，協同（cooperation）とは，集団において個人の目標達成が他のメンバーの目標達成になるような状況である。したがって協同学習は単なるグループ学習ではなく，対等・相互依存の協同関係のもとでおこなわれる。では，対等で相互依存的な関係はどうしたらつくれるだろうか。それを可能にした協同学習のひとつにジグソー学習法（Aronson et al., 1975）がある。以下に蘭（1983）を参考に手続きを紹介する。

1．教材をいくつかの学習パートに分ける（例：教材「ピューリツアーの伝記」を「ピューリツアーの少年時代」，「受けた教育」などのA～Fの6パートに分ける）。
2．学級のメンバーを数人からなる小集団に分ける（ジグソーグループ：図補 2-1）。このとき，人数は学習パートの数と同じ6人とする。
3．各グループから1人ずつが集まり，新たに集団をつくる（カウンターパートグループ：図補 2-2）。
4．カウンターパートグループでは，割り当てられた学習パートA～Fの1つについて学習する。ここで，しっかり学習しておくことが重要である。
5．元のジグソーグループに戻り，各メンバーがカウンターグループで学んだ学習パートについて，その専門家として他のメンバーに教える。お互いに教え合うことで，教材の全パートを学習できる。

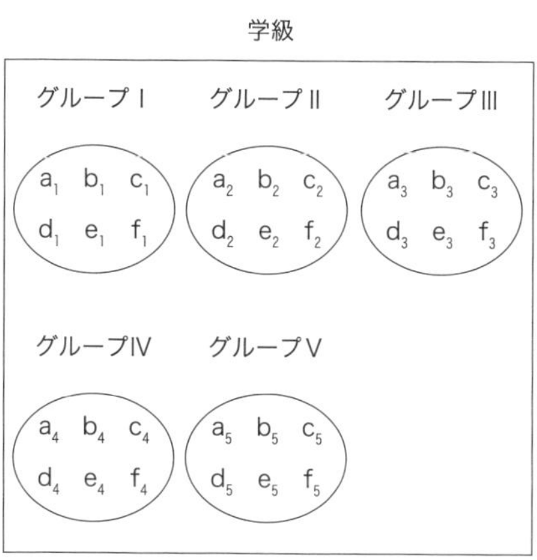

図補 2-1　ジグソーグループ

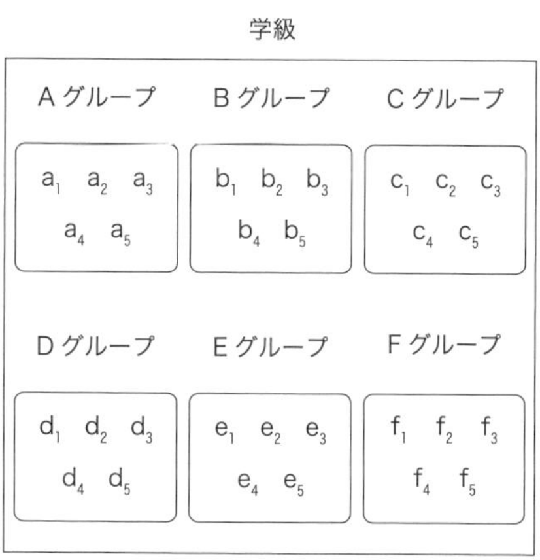

図補 2-2　カウンターパートグループ

なお，近年，東京大学 CoREF ユニットにより知識構成型ジグソー法が提案されている。これは，他者と協調して課題の解を見出すことを目標とする学習法である。

第 11 章
インクルージョンと学級経営

藤村　敦

1．インクルーシブな学級づくりの必要性

[1-1] 教育現場における特別な支援を必要とする児童・生徒

1）特別な支援を必要とする児童・生徒の実態　「じっと椅子に座っていることができない」。「周りの空気を読んで行動することができない」。子どもの様子について，こうした声を教育現場で耳にすることがある。このような子どもの支援に教師が翻弄され，本来大事であるはずの学習活動がうまく進まないといったこともあるかもしれない。このような子どものすべてではないが，その一因として発達障害などがあると言われている。発達障害とは，「自閉症，アスペルガー症候群その他の広汎性発達障害，学習障害，注意欠陥多動性障害その他のこれに類する脳機能の障害であってその症状が通常低年齢において発現するものとして政令で定めるもの（発達障害者支援法）」とされている[1)]。

小・中学校を対象とした「通常の学級に在籍する発達障害の可能性のある特別な教育的支援を必要とする児童生徒に関する調査」（文部科学省初等中等教育局特別支援教育課，2012）によると，学習面か行動面で著しい困難を示す子どもは全体の 6.5% 存在している（表 11-1）。学習面の困難とは，後述の学習障害（LD）に関する困難を想定しており，「聞く」「話す」「読む」「書く」「計算する」「推論する」ことに困難を抱える子どもを指している。また，行動面の困難とは，注意欠如・多動性障害（AD/HD）および自閉症スペクトラム障害に関する困難を想定しており，「不注意」「多動性 - 衝動性」「対人関係やこだわり等」がある子どもを指している。

この調査結果は，通常の学級に在籍する子どもの調査であり，学習面か行動面で著しい困難を示す子どもが全体の 6.5% ということは，35 名の学級の場合 2 ～ 3 名の子どもに発達障害がある可能性があるということになる。また，学年別の割合を見ると，

1）発達障害に関してはさまざまな分類の仕方が存在する。広義では知的能力障害なども含まれる。医学分野で使用されている DSM-5 では知的能力障害も含め，神経発達症群／神経発達障害群として分類されている。

表 11-1　知的発達に遅れはないものの学習面又は行動面で著しい困難を示すとされた児童生徒の割合（文部科学省初等中等教育局特別支援教育課，2012）

	推定値（%）
学習面又は行動面で著しい困難を示す	6.5
学習面で著しい困難を示す	4.5
行動面で著しい困難を示す	3.6
学習面と行動面ともに著しい困難を示す	1.6

表 11-2　知的発達に遅れはないものの学習面，各行動面で著しい困難を示すとされた児童生徒の学校種，学年別集計（文部科学省初等中等教育局特別支援教育課，2012）

	推定値（%）			
	学習又は行動面で著しい困難を示す	学習面で著しい困難を示す	「不注意」又は「多動性－衝動性」の問題を著しく示す	「対人関係やこだわり等」の問題を著しく示す
小学校 1 学年	9.8	7.3	4.5	1.5
小学校 2 学年	8.2	6.3	3.8	1.5
小学校 3 学年	7.5	5.5	3.3	1.0
小学校 4 学年	7.8	5.8	3.5	1.2
小学校 5 学年	6.7	4.9	3.1	1.1
小学校 6 学年	6.3	4.4	2.7	1.3
中学校 1 学年	4.8	2.7	2.9	0.8
中学校 2 学年	4.1	1.9	2.7	1.0
中学校 3 学年	3.2	1.4	1.8	0.9

小学校 1 年生では学習又は行動面で著しい困難を示すとされた子どもは全体の 9.8％であり，学年を経るごとにその割合は減少する傾向にある（表 11-2）。つまり，小学校低学年段階においては 1 学級に 3 ～ 4 名，幼稚園段階ではそれ以上の割合で発達障害がある子どもがいる可能性を示している。

2）さまざまな障害種の子どもたちの学びの場　先に述べた LD，AD/HD，自閉症スペクトラム障害を含め，それ以外にもさまざまな障害のある子どもが教育現場にはいる。たとえば，視覚障害，聴覚障害，知的障害，肢体不自由，病弱[2] などである。そして，その子どもの障害の種類や程度などによってさまざまな学びの場の選択肢が存在する。具体的には特別支援学校での指導や特別支援学級での指導，通常の学級に在籍しながらおこなう通級による指導，そして通常学級における指導という選択肢である。学びの場の選択は個の実態に応じ，「どのような環境がその子どもにとって学びやすい環境なのか」という視点に沿って検討される必要がある。障害者基本法の第16条には，「可能な限り障害者である児童及び生徒が障害者でない児童及び生徒と共に教育を受けられるよう配慮しつつ」とあることを考えると，どのように障害のある子どもとない子どもが一緒に学んでいくのかということが課題となる。

[1-2] インクルージョン

1）インクルーシブ教育（包括教育）　障害の有無にかかわらずすべての子どもたちを一緒に育てようとする理念をインクルージョン（inclusion）と呼ぶ。インクルージョンとは「包含」を意味する。そして，その理念に向かうための教育をインクルーシブ教育または包括教育と呼ぶ。しかし，ただ障害のある子どもとない子どもとを一緒にするだけではインクルーシブ教育とはいえない。両者を同じ場所で教育することは「統合教育」と呼ばれ，インクルージョンとは区別される。インクルーシブ教育では，障害のある子どもたちに配慮をしたうえで教育をおこなうことが大前提となる。では，このような教育を目指していくためには，障害のある子どもたちに対してどのような配慮をするとよいのだろうか。そのことを考えるためには各障害の特性および支援などを知る必要がある。

2）インクルーシブ教育を支える考え方　ICF（International Classification of Functioning, Disability and Health）とは国際生活機能分類と呼ばれ，2001年に世界保健機関が制定したものである（図11-1）。この分類によると，人間の健康状態は運動機能や視覚，聴覚といった「心身機能・身体構造」，歩行，家事といった「活動」，就労，趣味といった「参加」の3つの要素で構成されている。そして，それらの要素に支障がある状態を「障害」と捉えている。そしてその状態は，「個人因子」や「環境因子」と相互に影響し合うものとされている。この考え方をもとにすると，人が健康であるためには，障害のある個人の問題（個人因子）だけではなく，周囲の配慮や支援サービスなどといった環境（環境因子）が大きく影響しているということになる。子どもの学びにおいても，子ども個人が頑張るだけではなく，周囲の環境の調整も重要である。このような考え方はインクルーシブ教育を支える考え方と言える。

2）掲載した5種の障害名は学校教育法第72条による。72条に記載されているのは特別支援学校に関したものであり，特別支援学級等に関する障害名や医学的な分類とも異なる部分がある。

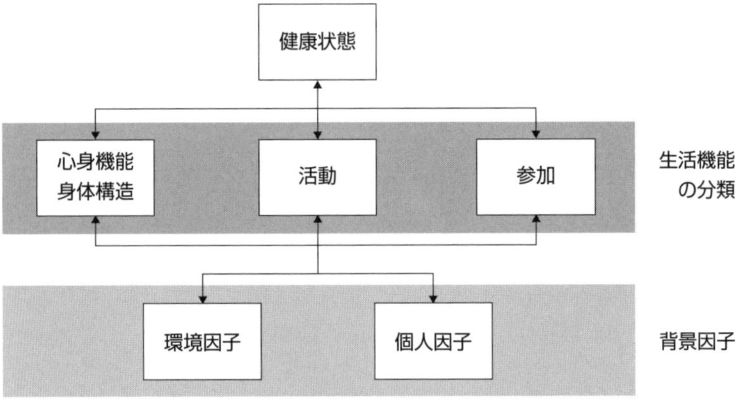

図 11-1　ICF の相互作用モデル（WHO, 2001）

2．さまざまな障害の特性および支援

[2-1] 教育現場で見られる障害とその特性

インクルーシブ教育を目指すには個々の子どもの障害特性について目を向け，その特性に留意した支援をおこなっていく必要がある。本節では通常学級などに在籍する子どもたちが障害に基づく種々の困難を抱えていることを想定し，困難に応じた個に応じた支援について触れる。個に応じた支援が充実することで，障害のある子どもとない子どもの関係が円滑になり，ひいては学級経営がスムーズにいくことが予想できる。まずは，学習障害などの発達障害を含む代表的な障害について触れる。障害の定義については，教育分野と医学分野では異なる部分がある。ここでは，医学分野で使用される DSM-5（American Psychiatric Association, 2013／邦訳，2014）をもとに紹介する。

1）学習障害（LD）[3]　読むこと，読んだものの意味を理解すること，書くこと，書いて表現すること，数を理解して計算すること，数学的に考えることにつまずくなどの状態を指す。この障害のある子どもたちは，全体的な知的な遅れがないため，周囲から理解されづらいなどの特徴がある。

2）注意欠如・多動性障害（AD/HD）　不注意，多動性および衝動性を主な症状とする障害である。不注意とは，不注意な間違いをする，集中することが難しい，人の話を聞いていないなどの状態を指す。多動性および衝動性とは，そわそわ動いて

3）DSM-5 では限局性学習症と呼ぶが，本章ではわかりやすくするために前述の文章と整合性をとり，学習障害（LD）と記載した。

しまう，離席してしまう，静かに活動できない，人の邪魔をしてしまうなどの状態を指す。不注意や多動性・衝動性が主な症状であるため，頻繁に叱られたり，注意を受けやすく，そのことによって，マイナス評価が蓄積され，劣等感をもったり，周囲から孤立したりするなどの二次障害が起こりやすいなどの特徴がある。

3）自閉症スペクトラム障害　社会的コミュニケーションに難しさを抱える障害である。具体的には目線が合わない，通常の会話のやりとりができない，感情を共有することが少ないなどの状態を指す。興味が限定的，こだわりが強い，ぐるぐる回るなどつねに同じ行動（常同運動）をするなどの状態を示すこともある。スペクトラムとは，連続体という意味で，知的に遅れのないものから遅れのあるものまでさまざまであり，症状の出方も多様である。社会的コミュニケーションの障害であるため，人とのかかわりにつまずき，ストレスをためやすいなどの特徴がある。

4）知的能力障害　読字，書字，算数的思考などをはじめとする概念的な領域，コミュニケーションといった社会的領域，食事や入浴といった実用的な領域からなる知的機能と，学校，地域社会への参加といった適応機能の両面に難しさを抱える障害である。知的機能については知能検査によって明らかになる。うまく記憶できなかったり，概念の獲得に時間がかかったり，動きがぎこちなかったりすることがあり，活動に対する苦手意識をもちやすいなどの特徴がある。

[2-2] 障害特性に配慮した個別の支援

1）個の特性に配慮した支援　障害の種類やその特性はさまざまである。障害種による主な特性というのは存在するものの，実際の場面においてはさまざまな子どもの実態があり，実態に合わせた支援が求められる。ゆえに，支援をおこなうにあたっては，一人一人の子どもの特性を把握する必要がある。このような実態把握をアセスメントと呼ぶ。子どもの支援方法を多面的・総合的に考えるため，家庭環境はどうか，学校の学習はどうか，運動はどうか，などといった情報を集める必要がある。認知面を調べることのできる知能検査もそのうちの1つである。知能検査では多様な認知能力の特性が明らかになる。目から入る情報と耳から入る情報ではどちらの方が上手に処理できるか（視覚優位・聴覚優位），問題を解決する際には情報を1つずつ処理する方が得意か，それとも同時に処理する方が得意か（継次処理・同時処理）といった具合である。このような特性を把握することができると，どのように情報を子どもに伝えた方がよいのかなど，支援を考える際の示唆を得ることができる。

2）個別の指導計画と個別の教育支援計画　個の特性を把握し，個に合った指導目標，指導内容および指導方法について記載された計画のことを「個別の指導計画」と呼ぶ。この計画は特別支援学級に在籍する子ども，通級による指導を受ける子

自閉症 中学校1年生（通常の学級）のケース	

作成日	年　月　日
評価日	年　月　日

個別の教育支援計画

【○○中学校】

本人氏名（ふりがな）		性　別		生年月日	
保護者氏名		学年・組	1年　○組		
住　所	（TEL　　　）				
生活の様子	得意なこと 好きなこと	・読書好きで，文章を読むことは得意である。 ・内容が分かり，少ない量であれば，課題や宿題に真面目に取り組むことができる。 ・自ら積極的にコミュニケーションを図ろうとすることは少ないものの，仲の良い友達とは，昼休みに卓球を楽しむなどの関わりがある。			
	苦手なこと	・文字の形を整えて書くことや文章を考えながら書くことが苦手である。 ・特に時間割の変更など予期しないことや新しいことへの不安感が強く，過度なストレスを感じやすい。 ・休日などは，外出することがなく，家にいることが多い。			
本人・保護者の願い	本　人	・気持ちを落ち着けて，学習活動に参加したい。 ・中学校卒業後の進路は具体的には未定であるが，公立高校へ進学したいと思っている。			
	保護者	・本人ができることを増やしてほしい。 ・友達と仲良く生活し，行事などの活動にも参加できるようになってほしい。 ・公立高校へ進学してほしい。			
合理的配慮	①-1-1 学習上又は生活上の困難を改善・克服するための配慮 ・活動内容を掲示物等で示したり，変更に関することは色分けしたりして視覚的に分かりやすく提示する。 ①-1-2 学習内容の変更・調整 ・活動量を調整したり，本人が活動を選択する場面を設定したりして，意欲的に活動に取り組めるようにする。 ・本人の負担にならない程度にワークシートを使って書く量を減らす等，作業の量を調整する。 ①-2-2 学習機会や体験の確保 ・定期考査等，集中できるように別室で受けられるようにする。 ①-2-3 心理面・健康面の配慮 ・気持ちを落ち着けるためのクールダウンスペースを準備しておく。				
長期目標 （期間：3年）	・気持ちを落ち着けて，学習活動に取り組む。 ・見通しをもって，体育大会や修学旅行等の行事に参加する。				
関係機関との連携	特別支援教育巡回相談（担当○○：年2回，進路指導の助言）				
作成者	学級担任：	特別支援教育コーディネーター：			

年　月　日　　保護者氏名　　　　　　　　㊞

図 11-2　通常学級に通う中学1年生自閉症生徒の個別の教育支援計画の記入例（青森県教育委員会，2018）

どもについては全員に作成することとなっている（文部科学省，2017a）。また，通常学級に在籍する（通級による指導を受けていない）子どもについては，作成と活用に努めることとなっている（文部科学省，2017b，c）。このような計画をもとにして，支援をおこない，定期的に評価をおこなっていくことが重要である。障害のある子どもたちの支援は，個に応じたものであるため，支援担当者が変わると支援が変わってしまい，子どもに混乱が生じる場合がある。ゆえに，こうした計画が次の担当者に引き継がれていく必要がある。また，他機関との連携も必要になる。障害のある子どもたちの支援は学校のみでおこなっているわけではない。家庭や医療，福祉などの機関とも同じような支援をおこなうことで学習の定着が早まる。そのためにも，子どもの課題や，希望，長期的な目標や，支援内容，役割分担などについて，複数の機関で共有するための計画が必要になる（図 11-2）。このような計画を「個別の教育支援計画」と呼んでいる。この計画の作成についても，個別の指導計画同様学習指導要領に明記されている（文部科学省，2017a，b，c）。

3）応用行動分析（Applied Behavior Analysis: ABA）　アセスメントをおこない，個に応じて支援をおこなっているつもりでも，「じっと席に座っていられず教室を出て行ってしまう」などの場面に出会う場合もある。そのような時は子どもの行動の意味について考えることで，有効な支援方法を見出せることがある。応用行動分析とは，人間の行動問題の分析と修正を目的として誕生したものである（杉山，1999）。たとえば教室を出ていってしまうＡ児の例を考える。観察をおこなった結果，教室を出ていくのは，難しい問題を解いている時が多いとしよう。ここで考えるのはＡ児にとってこのような状態で教室を出ていくことで，何か得になることはないかということだ。仮に教室を出ていくことで，問題を解くことから逃避できるのではないかと考えると，この一連の行動は図 11-3 のように整理できる。このような仮説をつくり，支援方法を考えるのである。たとえば先行条件に着目してみる。難しい問題を解いている時，教室を出て行ってしまうのであれば，問題をその子どもの能力に合ったものに変更し，教室から出ないようにするという対応が考えられる。また結果に着目し支援を考えることもできる。「教室を出て行ったら，問題を解かなくて済んだ」

図 11-3　応用行動分析によるＡ児の行動の理解

とならないよう，教室を出ていっても，その後の時間で教師と一緒に問題に挑戦する時間を設けるなどといった対応も考えられるかもしれない。

3．インクルーシブ教育を実現するための学級経営の視点

[3-1] インクルーシブ教育を実現させるための2つの視点

インクルーシブ教育をおこなっていくためには，以下の2つの視点が必要である。1つめは障害のある子どもにどのように個別の支援をおこない，障害のない子どもと一緒に学びを深めることができるかという視点である。2つめの視点は「共に学ぶためにふさわしい環境は何か」「周囲の子どもに対して，障害のある子どもについてどのように理解を促していくのか」という集団に対する支援の視点である。この2つの視点で学級に対する支援を考えていくことは，インクルーシブな教育を考えていくうえで重要になると考えられる。

1つめの視点でインクルーシブ教育を考える際，大切なのは，先に述べたように障害の特性を周りの大人が理解するとともに，個別の子どもに対して多面的なアセスメントをおこない，一人一人の子どもの特性を理解し，その特性に合った環境の準備や個別の支援をどのようにおこなっていくかを多面的・総合的に考えていくということである。しかし，この視点は障害のある子どもだけに対するアプローチであり，障害の有無にかかわらずすべての子どもたちを一緒に育てるという視点に欠けている。そこで必要になるのは2つめの視点，すなわち学級集団に対するアプローチである。「共に学ぶためにふさわしい環境」をつくるためには，障害のある子どもにとっても，障害のない子どもにとっても有益な環境および支援を考えていく必要性がある。この観点から，特別支援教育で広まり，通常学級に導入可能な2つのアプローチ（スモールステップの支援，TEACCHを活用した環境づくり）について述べる。また，「周囲の子どもに対して障害のある子どもについてどのように理解を促していくのか」に関しては，障害のある子どもとない子どもが共に学び，互いを理解し合う活動が必要になる。この観点からは，交流及び共同学習が有効だろう。

[3-2] 学級集団に対するアプローチ

1）スモールステップを活用した授業　スモールステップとは，目標を細分化し，簡単な目標から小刻みに達成していくことで，その都度達成感を味わい，最終目標に近づいていこうとする指導方法である。これは，道具的条件づけを学習に適用したものである（第5章参照）。障害のある子どもたちは，その障害特性からうまく学習に取り組むことができず，その結果劣等感をもち，ストレスを抱えやすいという特

表 11-3　鉄棒の技（逆上がり）のスモールステップ（小畑ら，2009 の表を一部抜粋）

ステップ 1	ステップ 2	ステップ 3	ステップ 4	ステップ 5
坂の上までのぼることができる	坂を使って逆上がりができる	手伝ってもらってできる	一人で逆上がりができる	連続逆上がりができる

徴などがある。ゆえに指導をする際には，まずは学ぶ目標を明確にし，その目標を意図的に細分化することで，1 つひとつの目標を達成しやすくすることが重要である。そうすることで子どもの劣等感を低減することができる。この方法は障害のある子どもだけに有効であるわけではなく，どのような子どもにも有効な方法である。授業やさまざまな活動をおこなう際に参考になる考え方の 1 つである。

小畑ら（2009）は，体育の鉄棒の技などの習得の際にこのスモールステップを利用している（表 11-3）。1 つの技の習得に関し，5 つのステップを用意することで，その都度達成感を味あわせようとするものである。また，八川・岡田（2018）は，理科の実験の際に用いるワークシートにこの考え方を利用している。その中では，書く力に課題がある子どもがワークシートへの記入をスムーズにおこなえるよう，記入欄にあらかじめ書き出しの言葉や，表などを記載しておくなどの支援をおこなっている。

2）TEACCH　TEACCH（Treatment and Education of Autistic and related Communication Handicapped Children）は，「自閉症とその周辺のコミュニケーション障害のある子どもを対象とした治療と療育」とも呼ばれ，アメリカのノースカロライナ大学のショプラー（E. Schopler）によって提唱された。このプログラムの教育方法として「構造化」があり，現在ではさまざまな場面にその手法が応用されている（図 11-4）。障害のある子どもたちだけでなく，すべての子どもたちにわかりやすい活動をおこなうための 1 つの視点であり，さまざまな活動に取り入れることが可能である。

小貫・桂（2016）は，授業のユニバーサルデザインと称し，この構造化を含めたさまざまな特別支援教育に関する考え方を通常学級の授業や学級環境に取り入れることを提案している。1 時間の授業でおこなう内容をあらかじめホワイトボードに書いておき，掲示しておく方法や，教室や特別教室の整理，そこで使用する道具を徹底的に整頓する方法などを紹介している。

3）交流及び共同学習　インクルーシブ教育を促進するものとして，交流及び共同学習がある。これは，障害のある子どもとない子どもが交流をすることで，相互の触れ合いなどを経験し，障害に関する理解などを促そうとするものである。このような学習は交流の側面だけではなく，各教科などのねらいの達成を目的とする共同学習の側面も有していることから，「交流及び共同学習」と呼ばれる。小学校学習指導要

空間の構造化	作業や学習に応じた場所を用意することで，活動の内容を理解しやすくする	 構造化された教室
時間の構造化	スケジュール表などを用い，目に見えづらい時間を把握しやすくする	 子どもに合わせたスケジュール
活動の構造化	活動内容や手順がわかりやすいよう視覚的に提示する	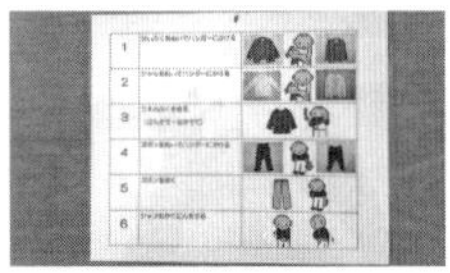 活動の手順が書かれた手順書

図 11-4　構造化の例（写真は北海道教育大学附属特別支援学校のご厚意による）

領（2017）の総則の中には「障害のある幼児児童生徒との交流及び共同学習の機会を設け，共に尊重し合いながら協働して生活していく態度を育むようにすること」という文言があり，障害のある子どもとない子どもの交流の実施について明記されている。交流及び共同学習の実施形態にはさまざまなものがあり，給食や休み時間などの日常生活の交流，行事に一緒に参加する行事交流，体育や音楽などの教科交流などがある。

細谷・木原（2013）は，小学校と特別支援学校の交流及び共同学習の具体的な実践を紹介し，この学習における学びについて考察している。ここで紹介されている実践は，小学校側は総合的な学習中のコミュニケーション能力の向上，交流活動の企画・運営能力の向上など，特別支援学校側は自立活動の人間関係の形成をねらいとしておこなわれた。小学校の子どもたちが特別支援学校側の子どもたちを招待する形で実践がおこなわれ，1クラスにつき計2回，少人数のグループでの交流がおこなわれた。小学校の子どもたちは特別支援学校側によってあらかじめ用意されていた情報交流シート（特別支援学校の児童の特性や好きな遊びなどが書かれたもの）を見て自分たちで活動を考え1回目の交流を実施，その後，交流を振り返る場が設けられ，2回目の交流を実施している。この交流の結果，小学校側の子どもは，障害のある子と接する際に気をつけることなどの「対人関係」に関する学びや，どのようにうまくかかわれるかという「対応方法」に関する学びがあったことが確認され，それらの学びの半数は交流の失敗経験や事前の情報，事前の経験に起因していることが明らかにされた。つまり，交流及び共同学習をおこなう際には，ただ交流活動をおこなうだけではなく，失敗経験を確認し，活動の振り返りを促す場を設けたり，事前の学びを保障したり，子どもの経験を想起させる場面などを意図的に計画していく必要がある。

このような交流学習のあり方については，さまざまな研究が見られる。関戸・岡島（2000）は，一方で，特別支援学級の障害のある子どもたちが必ずしも交流に喜んで行っていない現状を報告している。つまり，交流及び共同学習の実施にあたっては，何でもやればよいというわけではなく，その実施形態や支援方法を吟味する必要がある。古くはオルポート（Allport, 1958／邦訳，1968）が，集団間の葛藤や偏見を逓減させるには，親密な接触，相互依存的な接触，平等の立場での接触が必要であると述べている。このことに関連して，障害のある子どもが主体となって計画をおこない通常学級の子どもたちを招く交流が互いに対等な関係で活動しやすく，意欲が高まるという研究や（遠藤・佐藤，2012），教科交流では障害のある子ども自らが参加する教科の決定に関与することで意欲的に活動することができるという研究（細谷，2020）などがある。また，この学習においては，子ども同士の「温かい関係」を生み出すことが求められ，学級経営との関係も深く，特別支援学級の担任などといった他の教員との丁寧な連携も必要になるという指摘もある（青山，2020）。これらのことから，交流及び共同学習をおこなうにあたっては，活動のねらいを明確にするとともに，障害のある子どもとない子どもの双方が意欲的に活動に参加していけるための工夫も必要になると思われる。

〈補講7　インクルーシブ教育システム〉

平成24年（2012年）の中央教育審議会『共生社会の形成に向けたインクルーシブ教育システムの構築のための特別支援教育の推進（報告）』において，インクルーシブ教育システムについて，障害者の権利に関する条約に基づいて以下のように書かれている。

「インクルーシブ教育システム」（inclusive education system，署名時仮訳：包容する教育制度）とは，人間の多様性の尊重等の強化，障害者が精神的及び身体的な能力等を可能な最大限度まで発達させ，自由な社会に効果的に参加することを可能とするとの目的の下，障害のある者と障害のない者が共に学ぶ仕組みであり，障害のある者が「general education system」（署名時仮訳：教育制度一般）から排除されないこと，自己の生活する地域において初等中等教育の機会が与えられること，個人に必要な「合理的配慮」が提供される等が必要とされている。

インクルーシブ教育システム構築に向けては，この中教審報告以前から国内法などが整備されてきている。以下に年代順に挙げる。それぞれの内容を確認して欲しい。

表補1　インクルーシブ教育システムに関わる国内法の整備

年	出来事
昭和40年（1970年）	「障害者基本法」制定
平成16年（2004年）	「障害者基本法」一部改正
平成19年（2007年）	「障害者権利条約」に署名
平成19年（2007年）	「特別支援教育の推進について」文部科学省が通知 学校現場に対して，個別の教育支援計画，個別の指導計画の策定と活用や，交流教育の推進，特別支援教育支援員の活用の推奨などを要請
平成20年（2008年）	学習指導要領に「交流および共同学習」の機会を設けることの記載
平成23年（2011年）	「障害者基本法」一部改正
平成24年（2012年）	中央教育審議会「共生社会の形成に向けたインクルーシブ教育システム構築のための特別支援教育の推進（報告）」
平成25年（2013年）	「障害を理由とする差別の解消の推進に関する法律」（略称　障害者差別解消法）成立
平成26年（2014年）	「障害者権利条約」批准（国際公約）
平成28年（2016年）	「障害を理由とする差別の解消の推進に関する法律」施行（罰則発生）

第12章
「チームとしての学校」における教育相談

石井幸江

1．教育相談

[1-1] あらゆる教育活動のなかの教育相談

文部科学省（2020）の「児童生徒の問題行動・不登校等生徒指導上の諸課題に関する調査」によると，2019年度の全国小中学校（国立・公立・私立）における不登校児童生徒は181,272人である。また高等学校（国立・公立・私立）の不登校生徒は50,100人，そのうち中退者は11,210人であった。これらからも，学校での教育相談の果たすべき役割の重要性がわかる。

教育相談とは，生徒指導提要によれば，「一人一人の生徒の教育上の問題について，本人又はその親などに，その望ましい在り方を助言すること」（文部科学省，2010）である。学校において，教師の職務は大きく教科指導と生徒指導に分けられる。教育相談はその生徒指導に位置づけられる。生徒指導は生活全般において人格形成を助けるために集団または個別の指導・援助をおこなうものであり，一方，教育相談は日常場面でのかかわりのなかで，個の内面の変容を促し，望ましいあり方を援助するものである。その方法は，「1対1の相談活動に限定されることなく，すべての教師が生徒に接するあらゆる機会をとらえ，あらゆる教育活動の実践の中」（文部科学省，2010）でおこなわれる。

すなわち教育相談では，学校生活全般において日常的な声かけや助言や指導をおこない，時には1対1の面接もおこないながら学業，進路，人間関係などさまざまな課題を抱えた児童生徒に対して援助していく。援助の中心となるのは児童生徒の心に寄り添いながら問題解決を試みる教育的配慮であり，教師からの一方的な指導や助言ではない。これらの実践には，心理学の諸理論やカウンセリング技法などを身につける必要がある。しかし，教師がおこなう面接は，カウンセラーがおこなうような心理カウンセリングとも異なる。教育相談は，児童生徒自身とともにより適切な問題解決を目指す，教師による教育活動である。

1）教育相談の3側面　教育相談には3つの側面がある。1つめは適応上の問題や心理面の問題についての専門性を必要とした治療的側面であり，個別の援助を要する児童生徒が対象となる。2つめは，たとえば不登校や非行などの状態にはなっていないが登校しぶりや問題行動が見られるようになった児童生徒に対して，それが本格的な問題になるのを防ぐ予防的側面である。3つめは，すべての児童生徒が学校生活に主体的・意欲的に関わり健全な成長を達成できるよう支援する開発的側面である。これらはそれぞれ「治療的教育相談」「予防的教育相談」「開発的教育相談」と言われる。近年の児童生徒は情動を適切に表現する経験が十分ではなく，また感情コントロールが拙いため，自己抑制を獲得するという心理的発達や発達課題の達成を積極的に学校で支えることが求められ，この「開発的教育相談」の役割が重要視されている。また，児童生徒の抱える問題も多様化し，校内での教育相談だけでは対応が困難な場合がある。そのため心理学を専門とするスクールカウンセラーや外部の専門機関が「治療的教育相談」をおこなうなど，ケースによっては学校外部の専門機関に支援を求めることも必要になる。

2）教育相談における姿勢と心構え　児童生徒が悩みをもちながら生活していくなかで，困っていることや思い悩んでいることを他人に言葉で伝える力には個人差があり，粗暴な言葉や不適切な言語表現で訴えることも多い。そこで教師には，発せられた言葉の意味や背景を注意深く推察しながら話を丁寧に聴く姿勢が基本的に要請される。相談に来る児童生徒の心的世界をそのまま受容し，無条件な肯定的理解を示すことである。勇気をもって他人に心の悩みを打ち明けることを評価し，即座に指導的な助言やアドバイスをせず，最後まで話を否定せず聴く姿勢が重要になる。このことにより児童生徒は「個」として尊重されたという安心感をもつことができる。

心の問題の改善や解決には時間を要することが多く，問題を抱えたまま時間が経過していくと，悩み自体もいくつもの要因が重なって重篤になっていく場合もある。そのようななかで，一層精神的に不安定になり，登校しぶりから不登校になっていく児童生徒も多い。家庭でも対応に苦慮し，不安や心配が重なり，親子関係も悪化してしまう。

児童生徒が情緒的に不安定な過程では，精神的な「退行」を示すこともある。たとえば学校に行けない児童生徒が母親にスキンシップを求めるなど，言葉にできない不安や葛藤から幼児返りしたようなアンバランスな行動をとることがある。これは「幼児期再燃」（岡堂，1992）と言われ，幼児期に体験した甘えや安心感を無意識に求めるものである。これらは人格と自己効力感の形成においては重要な経験であり，それらを繰り返しながら心理的発達を得ることになる。特に反抗期の混乱した時期の児童生徒には，この心の葛藤や相反する行動を理解し受け入れる環境づくりが家庭や学校においても必要である。

3）教育相談の技法　児童生徒の悩みの打ち明け方はさまざまで，言葉づかいも態度にも個性がある。自ら「相談したい」と声をかけてくる場合は，時間をとり静かな場所で話を聴く。また，自ら相談にはこない場合でも，日頃の様子と違うと感じ，教師が話を聴いてみたい時は「少し話を聴いてみたいと思うのだけど」と声をかけ，その後に面接などを試みるとよい。いずれの場合でも傾聴技法を用いることが前提になる。傾聴技法とはロジャーズ（C. R. Rogers）の来談者中心療法における3つの基本的態度で，傾聴する側の「自己一致」「無条件の肯定的理解」「共感的理解」を実現するための技法である。主に以下の基本的技法がある。

①受容：聴いている側（教師）が相手（児童生徒）の話を受け止めていることを相手に伝える。頷くことや「そうなんだね」「そう考えたんだね」などと共感し，否定しない言葉で返答する。

②内容の繰り返し（オウム返し）：相手が話したことをそのまま繰り返して返答する。受け止めたことを伝えた後に繰り返す方法だが，注意すべきことは機械的にならないようにすることである。

（例）児童生徒：「友だちに嫌われているみたいで……話ができないんです」
　　　教師：「そうなんだ……嫌われている気がするんだね」

③感情の反射：相手が話した感情や気持ちをそのまま伝え返す。

（例）児童生徒：「クラスの人に話しかけようとしてもうまくいかないんです」
　　　教師：「うまくいかないと，自信がなくなってしまうわね」

④感情の明確化：相手の気持ちや葛藤に触れ，言葉にして伝え返す。

（例）児童生徒：「教室に入ろうと思うと気持ちが重くなるんです」
　　　教師：「教室には不安に思うことがあるのね」

⑤閉ざされた質問と開かれた質問：質問は話を聴きながら実体験や心の状態を探るために必要である。質問には開かれた質問と閉ざされた質問の2種類がある。

・閉ざされた質問：相手が「はい」「いいえ」または1～2語で答えられる質問である。閉ざされた質問を多く使用することは誘導的になるとされるが，話を聴く前に話しやすくするために用いる場合もある。

（例）教師：「今日は何時に起きたの？」「学校へは来れないの？」「ゆっくりでいいのでお話しできますか」

・開かれた質問：具体的な行動や考えを引き出したい時，感情に注意を向けたい時に使う。いつ（When）・どこで（Where）・誰が（Who）・何を（What）・どのように（How）などの質問。ただ，どうして（Why）は追い詰める質問になる場合がある。また，言語化することが苦手な相手や話の途中に沈黙する場合には積極的に質問せず，リラックスするような言葉かけをする。

（例）児童生徒：「……」

教師：「言葉にすることが難しいのかしら」

⑥コンプリメント[1]**（賞賛・誉めること）**：努力していることやできていることを賞賛し肯定する。「よくやってるね」「すごいね」「頑張ってるね」「できたじゃない」など，客観的に提示し自己理解させる。自己否定感のある児童生徒には有効である。

⑦リフレーミング[2]：ネガティブな思考パターンや思い込みなどをポジティブな思考へ修正していく。日常的に自分のなかで繰り返されている思考パターンやネガティブな言語などを探り，認知の変容を促す。たとえば，「あなたのお話の中には『不安』という言葉がよく出てくるような気がします……」と指摘し，「『不安』を抱えながら生活しているということは，いつも緊張しながらいろんなことに頑張っているという印象を受けました」など違う見方を提示しながら思考パターンの変容を目指していく。

[1-2]「チーム学校」としての教育相談

近年，社会や経済の変化に伴って児童生徒の抱える問題も多様化し，個々の教員や学校だけでは対応が難しくなっているのが実情である。2015年，中央教育審議会は「チームとしての学校の在り方と今後の改善方策について（答申）」の中で「チームとしての学校」を提案した。「チームとしての学校」とは，「校長のリーダシップのもと，カリキュラム，日々の教育活動，学校の資源が一体的にマネジメントされ，教職員や学校内の多様な人材がそれぞれの専門性を生かして能力を発揮し，子どもたちに必要な資源・能力を確実に身につけさせることができる学校」である。これによって，「教職員一人一人が，自らの専門性を発揮するとともに，専門スタッフ等の参画を得て，課題の解決に求められる専門性や経験を補い，子どもたちの教育活動を充実していくことが期待できる」（中央教育審議会，2015）とした。

1）スクールカウンセラーをはじめとする多職種との連携　学校現場において専門性をもつ職種として最初に配置されたのはスクールカウンセラーである。スクールカウンセラーの配置は，いじめや不登校などの問題により効果的に取り組む教育相談体制に関して「21世紀を展望した我が国の教育の在り方について」（中央教育審議会，1996）を受け，2001年度から始まった。その後，2008年度からは虐待などに対応するためにスクールソーシャルワーカーが配置され，さらに，2019年9月にス

1）コンプリメントはブリーフセラピーで用いられる。短期間で心理的問題を改善することを目的としている。原因探しではなく，過去に起きたことよりも将来に視野を広げた時間的展望を重視した考え方であるため，不登校児童生徒には有効とされている。

2）リフレーミングは家族療法に用いられる。話を引き出して思考変容を促す教育相談にも有効な技法である。

クールロイヤーを配置する方針が示され，いじめや学級崩壊，体罰，教職員と保護者間のトラブルに対応した弁護士の配置が始まっている。こうした多職種連携の有効性について石川（2017）は，担任教師が一人で抱え込むことなく児童生徒の置かれている環境や状況を多面的・多角的に理解し，多層的に援助することが可能になると指摘している。

2）スクールカウンセラーの役割を生かす教育相談体制　スクールカウンセラーは，臨床心理に関する高度な専門性と第三者的立場から外部性を発揮する専門家として有資格者が配置されている。主な職務内容は児童生徒へのカウンセリング，教職員や保護者に対する助言・援助などである。その他，カウンセリングに関する情報の収集や提供，学校が必要と認めるカウンセリングに関わる事柄の遂行が仕事内容である。

スクールカウンセラーは表面化している児童生徒の問題の背後にある葛藤や不安を面接によって把握し理解するとともに，親子関係や成育歴などの発達の視点からどのような経緯により問題が生じているのかを分析しアセスメントをすることができる。問題解決においては，行動の改善に焦点を当てるだけでなく，発達段階のうえで抱える心理的課題も重視した視点をもちながら教師に助言することが望まれる。

チーム学校としてスクールカウンセラーを活用したうえで教育相談をおこなうには，教育職ではないスクールカウンセラーを「チーム学校」のスタッフの一員として位置づけ，コラボレーション（協働）することとなる。スクールカウンセラーの役割は，担任と児童生徒・保護者との間をつなぐ第三者として担任の指導をバックアップすることにある（石井，2015）。教育相談ではスクールカウンセラーを事案や場面ごとに応じて，教師を助け支える役割をもたせることが大切である。

3）校内におけるコーディネーター役の重要性　学校でのスクールカウンセラーによる教育相談には，さらに，コーディネーターが必要となる。一般の相談機関での相談のようには支援関係が明確でなく，限定された場面だけで面接がおこなわれるわけでもない（小林，2017）からである。スクールカウンセラーは面接室以外での生徒への支援も個別的・集団的視点の双方から教師とともにおこなっていく必要があるが，さらに，教師とスクールカウンセラーが一体となった相談活動を推進するためにはコーディネーター役が必要になる（小林，2017）。学校現場では「教育相談担当係」「教育相談部長」と称する担当教師が校内で配置されている場合が多い。コーディネーターは，児童生徒や保護者，関係職員との「橋渡し役」を担うチームの中心として，問題解決に向けた関係者会議の企画やスクールカウンセラーへの情報提供などをおこなう。各学校の実態に応じた教育相談活動を積極的に推進するためには，コーディネーター役を担う人選が鍵になる。

4) 教師・スクールカウンセラーと家庭の連携　教師とスクールカウンセラーはそれぞれの役割を互いに尊重し，理解しながら協働することが重要である。たとえば児童生徒に精神疾患や発達障害などが疑われる場合，教師が疾患名や障害に関する用語を本人や保護者に対して発することは，信頼関係の面からも控えるべきである。保護者への説明や医療機関への受診を勧める際はスクールカウンセラーからおこなうことが望ましい。この際に基盤となるのは担任と児童生徒，保護者との信頼関係が良好に保たれていることである。信頼する担任から紹介されるスクールカウンセラーの助言やアドバイスは児童生徒や保護者にとって受け入れやすく，適切な情報交換とその後の支援をスムーズにする。また，学校と家庭の協力体制の中で支援されることが，児童生徒の安心感につながり，問題の改善を促す。

2．児童生徒が直面する学校での心理社会的課題とその支援

[2-1] 学校での課題の現れ方

1)「いつもと違う」サイン　児童生徒が直面する社会適応面での課題は，心理的または行動的課題として，具体的には学校恐怖，集団不適応，友人関係のトラブル，学業成績の困難や低迷などとして現れる。不安や葛藤を抱えると情緒不安や抑うつ状態に陥るため，不安障害やうつ病を発症してしまう場合もある。また，不安が強くなると焦燥感から反抗心や警戒心をもち，易怒的になり問題行動や非行として問題化することもある。これらの問題や行動の現れ方は学童期と思春期では異なり，発達段階での特有の反応と捉えることができる。たとえば思春期では，学業不振や成績の低迷は進路や将来に関わる深刻な問題となり時間的展望を失い，抑うつ傾向に陥りやすい。また集団生活の場面では，学校行事や部活動などにおける対人関係のトラブルや教師との関係のあり方などの問題は対人恐怖や視線恐怖を伴ってしまうこともある。さらに家庭においても親子関係の悪化などで緊張状態が続くと無気力症に陥る場合もある。

一般的にストレスの処理の仕方（ストレスコーピング）には個人差があり，ストレッサーが同じでも個々に現れるストレス反応は違う。ストレスに脆弱性をもつ児童生徒はより深刻な状態に陥りやすい。このストレスコーピングは家庭では見えにくく，学校だから，先生だから気づける「いつもとは違うサイン」として現れる（表12-1）。また，児童生徒は心が不調なときや抑うつ状態のときでも学校では無理をして普通に見せようとすることが多い。授業や集団行動，友人関係のなかで以前とは様子が異なるときには要注意とし，声掛けなどをしながら観察していくことが問題の早期発見につながる。

2) 気づいたときのポイント　児童生徒の心の不調に気づいたときは，指導や

表 12-1　児童生徒が学校で見せるサインの例

さまざまな場面	主なサイン
学習場面	・授業に集中できない　・居眠り，ぼんやりしている ・宿題や提出物を忘れる　・成績が急に下がった
対人関係場面	・一人で過ごすことが多く，仲間から孤立している ・対人関係のトラブルが増えた
生活場面	・落ち着かずイライラしている　・遅刻，早退，欠席が増えた ・保健室で過ごすことが多くなった ・夜間徘徊や昼夜逆転など生活習慣が崩れてきた ・ゲームや携帯電話，パソコンを使う時間が急に増えた
会話を伴う場面	・「死にたい」「消えたい」などを口にするようになった ・自殺に関する検索をするなど準備をしている

注意，叱責は避け，話を丁寧に聴き，一緒に問題を考えていこうという共感の姿勢で臨むことである。「なぜ，そのようなことを考えるのか」という質問や「頑張れ」「大丈夫」という励ましは，かえって追い詰めることとなり，「理解してもらえない」「どうせ話しても無駄」という気持ちにさせ，信頼関係を崩してしまう。聴くことから得た情報は教師間で共有し対策を検討し，深刻であるとの判断のもとではスクールカウンセラーを含むチームでの対応が必要である。

[2-2] さまざまな心理社会的課題とその支援

主な児童生徒の心理社会的課題を取り上げ，以下にその支援について述べる。精神疾患に分類されると思われる項目は，フランセス（Frances, 2013／邦訳，2014）を参考にする。

1）不登校　文部科学省（2020）の「児童生徒の問題行動・不登校等生徒指導上の諸課題に関する調査」によると，「年度間に連続又は断続して 30 日以上欠席した児童生徒」のうち，「何らかの心理的，情緒的，身体的あるいは社会的要因・背景により，登校しないあるいはしたくともできない状況にある者（ただし，病気や経済的理由によるものを除く）」を不登校としている。

〈症状〉　不登校になる前の段階として，身体症状として腹痛や頭痛などの不定愁訴や体調不良を訴え，それらを理由に遅刻や早退をする場合が多い。「人の視線が気になる」「教室が怖い」などの視線恐怖や対人不安をもっている。また，学校に行きたくない（または行けない）原因がわからず，「何が理由で登校できないかがわからない」と話す児童生徒も少なくない。このようにストレス状態が長く続いていることが一般的である。近年では連休明けや長期休暇の後に欠席が続くケースは，インターネットやゲームに費やす時間が影響して昼夜逆転生活になり，そのまま不登校になる場合も少なくない。

〈支援〉 支援の基本的な考え方は，文部科学省（2019）が通知した「不登校児童生徒への支援の在り方について」に基づく。すなわち，「不登校児童生徒への支援は，『学校に登校する』という結果のみを目標にするのではなく，児童生徒が自らの進路を主体的に捉えて，社会的に自立する必要があること。また，児童生徒によっては，不登校の時期が休養や自分を見つめ直す等の積極的な意味をもつことがある一方で，学業や進路選択上の不利益や社会的自立へのリスクが存在することに留意すること」とされている。大切なことは不登校状態が心理的な問題に取り組む成長過程でもあることを理解し，本人に寄り添いながら家庭と協力し支援していくことである。

2）発達障害　発達障害をもつ児童生徒に関する特性の理解については本書第11章に委ね，教育相談のかかわりから見た支援について述べる。

〈支援〉 発達障害のそれぞれの特性による「困難さ」は集団の中で生じることが多く，そのため，「どのような場面でどのようなことに困っているか」を的確に見極める必要がある。「みんなと一緒」を苦手としているため，つねに不安や緊張感をもちながら生活していることを教師は受容し，本人の意向や保護者との話し合いを重ねながら合理的配慮をする。また，周囲の児童生徒の理解も得るなど，学級経営においても工夫が必要である。辻（2019）は，発達障害の生徒にとって，教師をはじめとする周囲の大人の理解と支援は不可欠であるが，それと同等に周囲の生徒からの理解も重要であると指摘している。援助が必要な場面では「手伝って欲しい」という援助希求的態度などの対人関係のスキルを身につけていくことも課題の一つとして挙げられる。

3）いじめ問題　現代のいじめの大きな特徴は「周囲が発見しにくい」ということである。定義では「いじめ」とは，「児童生徒に対して，当該児童生徒が在籍する学校に在籍している等当該児童生徒と一定の人的関係のある他の児童生徒が行う心理的又は物理的な影響を与える行為（インターネットを通じて行われるものも含む）であって，当該行為の対象となった児童生徒が心身の苦痛を感じているもの」（文部科学省，2013）とされている。留意点としては，いじめられている児童生徒の被害意識には個人差があり，SOSの発信にも個人差がある。ゆえに，どの児童生徒にも起こりうることを認識し，早期発見に努めることが重要である。

〈症状〉 いじめのストレスによる心理的苦痛から腹痛や頭痛，倦怠感などの身体症状を来す場合が多い。また，遅刻や欠席など生活の乱れが現れることもある。その児童生徒らしくないと思われるような言動や振る舞い，対人関係に見られる普段と違う行動パターンなどに症状が現れることに注意を向ける必要がある。

〈支援〉

・いじめ被害を受けている児童生徒への支援：いじめが表明されにくいのは，被害児童生徒のいじめに対する認識の低さや，友人関係における自分の居場所がなくなることへの不安や恐怖心があるためである。いじめは，本人でなく周囲の児童生徒から報告を受けることがある。被害を自ら話してくれる場合は，話を丁寧に聴き，受け止め，解決に向けた支援をすることを伝える。精神的に落ち込み（抑うつ）が続いていたり，登校意欲が低下している場合はスクールカウンセラーの面接などによって心理状態を把握する。管理職やいじめ防止対策の担当教師へ報告し，対策を検討し当該児童生徒には「自分はひとりでない」「守られている」という安心感をもたせながら問題解決を進める。

・いじめをおこなった児童生徒と学級などへの指導：いじめをおこなった児童生徒への指導・支援の目指すところは，被害を受けた児童生徒の傷つきを深く理解させ，それに基づいて真摯に謝罪することにある。いじめをおこなった児童生徒には自分の怒りのコントロール（アンガーマネジメント）や感情との付き合い方が不得手な児童生徒も多く，これらを課題として行動の改善策をとる。また，いじめが発生した学級や集団においては，集団内の関係の構造を見直す必要がある。集団生活の中で個々のストレスや怒りをどのように処理（コーピング）していくことが望ましいのかを学ばせ，より良き集団になることを課題とし集団意識の向上につなげる。

・いじめの「解消」の判断：文部科学省（2017）は，いじめ解消の判断について改正案を公表した。「解消」が満たす条件を表 12-2 に示す。「解消している状態」に至った場合でも，いじめの未然防止対策を組織的におこなうとともに，教育相談の役割として，教師は被害児童生徒の心身の回復を支え，加害児童生徒の心理的発達を支援する必要がある。

4）自傷行為　不安などのつらい感情やイライラ，激しい怒りに襲われたときに，誰にも助けを求めず，ひとりで解決しようとする孤独な対処行動が自傷行為である。

〈症状〉　自傷することに慣れてしまうと，「痛くない」「切ると安心する」「血を見ると生きている気がする」などの耐性ができてしまい，行為がエスカレートする場合

表 12-2　いじめ解消を満たす 2 つの条件（文部科学省，2017）

1	いじめに関わる行為が止んでいる	被害者に対する心理的または物理的な影響を与える行為が止んでいる期間が相当の期間継続していること（少なくとも 3 か月）
2	被害児童生徒が心身の苦痛を感じていない	解消を判断する時点において，被害児童生徒がいじめの行為により心身の苦痛を感じていないと認められること（面談による確認）

が多い。

〈支援〉 自傷行為の対応に際し，一つの見方として武田（2018）は「満たされない家族の愛情や幼少期のトラウマ体験が現在に影響を与えることがあり，慎重に対応しなければならない」と指摘している。そのため，自傷行為をカミングアウトしてくれた際は「話してくれてありがとう」と伝え，援助希求態度を評価する。教師が信頼される大人のひとりであることが重要であり，「二度とやらない約束」を求めるよりも，「あなたのことをとても心配している」という気持ちを伝えることの方が大事である。命に関わるため，家庭への連絡や連携などを慎重におこないながら本人の抱えている問題やストレスの原因を模索し，専門医療機関への受診につなげ，行為の軽減や改善を目指す。

5）虐待　虐待の内容は身体的虐待・性的虐待・心理的虐待・ネグレクトの４つに分類され，虐待を受けている児童生徒の心理的症状や行動の異変の現われ方は多岐にわたる。

〈発見〉 サインが外傷や抑うつ傾向など表面化している場合と，普段とは違う様子や行動から虐待を疑われる場合がある。いずれにしても当該児童生徒との信頼関係を構築したうえで慎重に話を聴く必要がある。自らカミングアウトしてくることもあるが，親しい友人に打ち明けている場合もあるので校内での多方面での情報収集をおこなう。

〈支援〉 被虐待による児童生徒の心理や行動への影響は，虐待を受けた（または受けていた）年齢や状況によりさまざまである。たとえば対人関係においては，親子間で信頼関係が構築されていないことで他人を信頼できず友人関係にトラブルを生じやすい。そのような児童生徒に対して教師は，その児童生徒が十分に達成することができなかった発達課題を意識したうえで援助する必要がある（高岸ら，2019)。虐待リスクの高い家庭状況にある児童生徒の情報は教師間で共有し，小さな変化を見逃さず早期発見につなげていく。虐待がおこなわれている事実や疑われる場合は管理職へ報告し，児童相談所への通報も含め慎重に対応を検討する。なお，虐待は家庭環境についての問題でもあり，その対応にあたる教師にとって心理的負荷のかかるものといえる（笠井，2018)。多職種をメンバーとするチームで支援体制を組み，他機関とも連携しながら学校全体で取り組むことが重要である。

6）自殺願望　自殺や自殺未遂事案は学校全体に大きな影響を与える。一般的に成人の「死」への念慮は長い時間をかけて徐々に危険な心理状態に陥っていくとされるが，児童生徒には心理的未熟さや解決策が見出せない絶望感などから「何もかも終わりにしたい」という衝動性があり，リスクが高い。心のなかに「死にたい」気持ちを抱える児童生徒をいかに早期発見し，初期段階で適切に対応するかが防止につなが

表 12-3　TALK（Tell，Ask，Listen，Keep safe）（文部科学省，2009）

T	児童生徒に対して心配していることを言葉に出して伝える 「死にたくなるぐらい辛いことがあるのね。あなたのことが心配」など
A	真剣に聴く必要があるならば，自殺について質問しても構わない。これが自殺の危険を評価して，予防につなげる第一歩となる 「どんな時に死にたいと思うの」「辛い時にどんなことを考えてしまうの」など
L	傾聴。叱責や助言をせずに児童生徒の絶望的な訴えに耳を傾ける
K	危険を感じたら，児童生徒を一人にせず一緒にいて，他からの適切な援助を求める。自殺未遂に及んだ事実がある場合は保護者に知らせて医療機関につなげる

る。初期段階ではいつもよりイライラして易怒的であったり，抑うつ気分や不眠や体調不良などの身体症状もある。

〈危険因子〉　孤立感，無価値感，強い怒り，苦しみは永遠に続くという思い込み，罪悪感，自傷，高い所から飛び降りるなどの経験が主な因子である。うつ病，親の養育態度，虐待，いじめなどによる孤立感も原因として挙げられる。

〈支援〉　自殺願望を自ら話してくる児童生徒には，「死にたい」という言葉が発せられた時も助言や叱咤激励はせず，「あなたはひとりではない」という「孤立感」に対する働きかけを精一杯することである。その際に決して教師が一人で抱えてはならない。管理職への報告やスクールカウンセラーの介入，保護者との連携など学校全体で見守ることが重要であり，医療機関の受診は必須である。話を聴く際は表 12-3 に示す TALK（Tell，Ask，Listen，Keep safe）の原則がある（文部科学省，2009）。また，長期あるいは重篤な心理的問題を抱えているなど危険リスクの高い児童生徒には，言葉や顔の表情を綿密に観察し，声を掛け，話を丁寧に聴きながら信頼関係を維持していくことである。

3．外部機関との連携

[3-1] 外部専門機関との連携とスクールカウンセラーの役割

外部専門機関との連携とは，学校だけで対応しきれない児童生徒の心の問題や行動などに対し，学校内で「できること」「できないこと」を見極め，学校ではできないと判断した場合は外部の専門機関などに援助要請することである（文部科学省，2010）。学校で起きる児童生徒の問題の背景には，性格や成育歴，家庭環境などの複雑な問題が絡んでいるため，校内を中心とした援助の他に関係機関など多方面からの援助を取り入れた問題解決を図る必要がある。たとえば不登校の児童生徒にとって，登校し学校内でスクールカウンセラーのカウンセリングを受けることは容易ではない。

さらに児童生徒に学校への恐怖心がある場合は，学校ではない機関でカウンセリングや支援を受けることも選択肢の一つとすることが多い。このように学校だけに限定した問題解決の方法を試みることは児童生徒の心理的な負担にもなるため，外部機関の支援は有効性があると考えられる。

支援を依頼する専門機関は，教育，福祉，矯正，司法，医療・保健機関など多岐にわたる。学校がおこなう主な連携先としては，心の問題に関する精神科や心療内科などの医療機関のほか，非行や暴力などの問題には警察や少年センターなどの刑事司法関係機関，虐待などは児童相談所や児童福祉機関，さらにNPOやボランティア団体が挙げられる。それぞれの機関の特徴や支援内容，学校との連携の実際例などをリサーチし，連携がスムーズにいくように，学校はこれらの機関と日常的な関係づくりをしておくことが大切である。また，スクールカウンセラーが外部機関の特徴や特色を把握して伝えることで，学校以外の支援介入に対する本人や保護者の不安を軽減できる（山崎・飯田，2016）。学校と外部機関の「つなぎ役」としてスクールカウンセラーが外部性を発揮し，教師とともに外部専門機関と連携しながら問題解決を試みることが，教育相談の機能を高める（石井，2008）。

[3-2] 医療機関（児童精神科・精神科・心療内科）との連携と支援

精神科や心療内科を専門とする医療機関（以下，専門医療という）への受診は，長期化や重篤化を防ぐうえでも早期におこなうことが望ましい。その際，受診につなげるまでの過程や判断において，専門医療への受診は本人や保護者には負担が大きいということを最初に考慮すべきである。よって受診を勧める際は，医療援助の必要性を慎重に判断する必要がある。専門医療への受診の判断について，石井（2019）は判断基準には「身体・精神症状」「授業参加」の2要因があるとして，専門医療へ「つなぐモデル」（以下，「つなぐモデル」；図12-1）を提案した。ここでの「身体・精神症状」とは心身の健康状態であり，その強レベルは不定愁訴や抑うつ傾向のある場合を指し，弱レベルはそれらが顕著にでていない場合を指す。「授業参加」の「授業」とは集団での授業場面であり，参加できていれば良好，できていない場合は不良である。「つなぐモデル」では，第1象限以外は受診が必要と判断し，特に第3象限に該当する場合は緊急性を要する。受診は保護者と検討し，本人にも合意を得て，かつ管理職の許可を求めたうえで勧める。受診後は診断結果や報告を受け，主治医の助言や指導を受けながら合理的配慮や環境づくりを進める。本人の情報の扱いを慎重におこないながら注意深く見守り，治療がスムーズにおこなわれるよう学校生活を援助していくことが重要である。

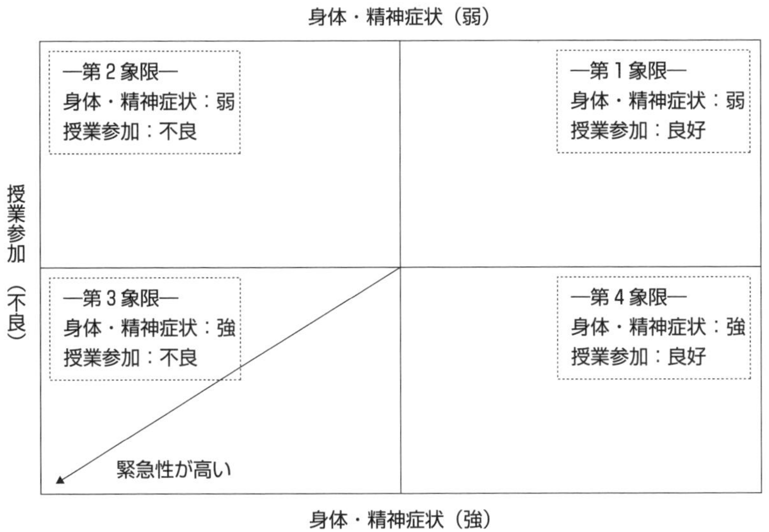

図 12-1　専門医療へ「つなぐモデル」（石井，2019）

4．教育相談をとおした児童生徒の問題の見方と教師の姿勢

教師は児童生徒に起こる問題をとおして，社会情勢を垣間見ることができる。経済状況や家族のあり方，いま流行しているゲームや遊び文化を知る大人集団であり，そうした広く社会を見渡す視点をもって児童生徒を理解しうる存在である。教師が児童生徒に寄り添う教育相談を目指すとき，対応は児童生徒の数だけあるだろう。渦中にある児童生徒たちは寂しがりやであることが多い。そのような児童生徒にとって周囲の人間の助けのないままひとりで問題解決することは難しく，経験不足や先の見えない絶望感，孤独感から安易な快楽的な行動をとってしまうこともある。教師がこのような児童生徒たちを「受け入れ，許しながら背中を押す」という許容と受容の姿勢をもち，厳しくも寄り添う指導に徹することで，児童生徒は改善や解決に向けて自ら一歩を踏み出すことができる。

〈補講8　開発的教育相談の方法〉

教育相談には，治療的・予防的・開発的教育相談がある。以下に開発的教育相談の方法を示した。開発的教育相談とは，すべての児童生徒が学校生活に主体的・意欲的に関わり健全な成長を達成できるよう支援する教育相談である。そのために，児童生徒がさまざまな課題に取り組むうえで必要な，対人関係スキルや学習スキルなどの開発を援助する。個人または学級を対象としたトレーニングなどをとおしておこなわれることが多い。

構成的グループエンカウンター

グループでのワークにより，他者とふれあい，感情交流や役割体験をおこなうことを通して，人間関係づくりや協力して活動する力を育成する。その活動のなかで，各自が自己発見すなわち自己と他者の独自性やかけがえのなさを発見し人間的成長をすることを援助する。

ソーシャル・スキル・トレーニング

ソーシャルスキルとは人間関係を円滑にする技術である。相手の考えや気持ちをしっかりと聞く，自分の考えや気持ちを伝える，自分の感情をコントロールする，計画を立てて行動するなど，社会性に関わるスキルをワークを通して育成する。

アサーション・トレーニング

アサーションとは，自分も相手も大切にして自分の伝えたいことを伝える自己表現のことである。相手を思いやらない攻撃的自己表現や，相手を尊重して自分の意見を言わない非主張的自己表現ではなく，アサーティブな自己表現の方法を身につける。

ストレス・マネジメント教育

自分のさまざまなストレスに向き合い，望ましい対処を学ぶ教育法である。自分の感じているストレスを知り，上手なコミュニケーションの仕方，ストレスフルな出来事についての考え方，自分のストレス反応の受け止め方と対処方法など，ロールプレイなどを通して理論的および経験的に学ぶ。

アンガー・マネジメント

怒りや攻撃的行動の自己制御能力を育成する。ロールプレイなどを通して自分や相手の感情を正しく理解し，自分が怒りを感じる理由を客観的に考え，怒り感情への対処スキルを学ぶ。

第 13 章 学校組織と教師の成長

越　良子

1．教師の仕事

[1-1] 学級担任になったら

3 月某日。堀川先生(仮名，小学校教師，４年生担任，31 歳）の 1 日は，７時 30 分に出勤し，今日の授業で使うプリントを印刷することから始まる。朝の会と 1 限の国語の授業をして，２限の図工は隣の学級担任がやってくれるので，その間に卒業式の練習のために体育館の音響設備の準備をする。卒業式練習の後，教室で子どもたちに，今日の練習でちゃんとできたことをほめ，できていなかった点も話す。昼休みには，子どもたちの連絡帳に書かせることを板書し，給食後は教室の教卓で連絡帳のチェックをしながら，周りにやってきた子どもたちとおしゃべりをする。午後の授業と帰りの会の後，教務室で社会科のテストのマルつけをする。事務仕事をし，今週のお便りを作る。来週は卒業式と終業式だ。４月からは再来年度の社会科研究会要員として，隣市の小学校に異動することになっている。

学級担任にはどのような仕事があるだろうか。学校種や学年を問わず，大抵の教師の毎日にそれほど大きな違いはないと思われる。教師は日々授業をおこない，学級での活動と学校行事を運営し，その中で児童生徒と遊び，話し，また同僚と情報交換をしつつ，児童生徒の学習の進み具合と健康や適応に気を配る。最近では，学校と地域との連携の企画・調整，学校情報発信のためのウェブサイトの作成・管理，教育委員会への報告文書，防災関係の仕事，保護者への日常的連絡といった業務もある（小川ら，2019)。

学級にはさまざまな特徴をもつ児童生徒が在籍する。従来，学級において 1 つの目標を目指して協力し協同する活動を組み込むことで，学級の人間関係形成を促し学級としての発達を目指すのが学級集団づくりであった（安藤，2013)。今日では，一人ひとりの児童生徒の差異性を生かし，個々の特性や興味関心・知識等に応じ，それを伸長する指導が求められている。教師は特別な支援を必要とする子どもや，外国につながる子どもなども含め，多様な児童生徒をTTなどと協力しながら指導する。そのなかで，児童生徒の多様性を取り込み，各自の特徴を生かせる活動を仕組み，協力し合える関係性を学級につくっていくのである。

[1-2] 学級経営と教科の指導

学級担任の諸業務は，大きく分けて教科の指導，生活指導，人的・物的環境整備である。当然のことながら，これらは相互に連関をもつ。教科指導の効果が生活指導の効果に影響し，環境整備が教科指導の効果に影響するといった具合である。

学級の状況や児童生徒の人間関係は，教師の指導の効果に大きく影響する。児童生徒の学習活動に心理学的プロセスが大きく関わることは本書でも見てきたとおりであり，それらの知見を理解した教師の指導技術が必要なのは言うまでもない。同時に，指導の効果を高めるためにも，児童生徒の人間関係や学級適応への配慮が欠かせない。

このような児童生徒の発達を促す教育指導とそのための環境整備は，担任教師が教育目標達成のためにおこなう学級全般における教育のマネジメントであり，すなわち学級経営である。生徒指導提要（文部科学省，2010）において，学級経営は以下のように述べられている。

「この学級・ホームルームという場において，一人一人の児童生徒の成長発達が円滑にかつ確実に進むように，学校経営の基本方針の下に，学級・ホームルームを単位として展開される様々な教育活動の成果が上がるように諸条件を整備し運営していくことが，学級経営・ホームルーム経営と言われるものである」

（文部科学省，2010，pp. 138-139）

教師は，学習指導要領で求められる教育目標に沿って計画的に指導をおこない，学級の児童生徒すべてを対象にさまざまな教育活動を仕組む。それは　学級での学習活動の促進のためであり円滑な人間関係の促進のためであり，ひいては社会適応に必要で有効な資源を児童生徒に促進・開発するためである。したがって，学級経営は本来的に不適応予防の機能をもっている（越，2013）。それに加えて近年では，学級崩壊，保護者，いじめ等への対応のためにも，学級経営は学校経営に包括された形でおこなわれることが必要とされている（石川，2016）。

2．学校組織の特徴と教師の学級経営

[2-1] 教職の個業性と協働性

学校という組織の特徴として，教職の個業性はしばしば指摘される。個業性とは組織成員の職務遂行が他の成員のそれとは相対的に独立してなされ，それぞれの成員の職務遂行が他の成員の行動に影響をもたらすことが少ない状態（佐古，1996）である。教師は学級経営や教科指導などを，学級という閉鎖された空間でおこなう。また，どのような学級経営をおこなうか，どのように教科指導をおこなうか，その方針と具体的な方法の選択は教師個人に委ねられる。

一方で，学校組織において，教師はたとえば教科指導のカリキュラムや用いる教材などについて，学校あるいは学年組織の一員として決定し，それに従うことも求められる（佐古，1996）。学校行事や生徒指導などでは協調して他の教師との間で行動調整をおこない，また，相互依存的に職務を遂行することも必要であり，それらは各教師のフォーマルおよびインフォーマルな地位や役割に基づいた協同（cooperation）と言える。こうした協働性（collaboration）の高さもまた教職の一側面である。

これら個業性と協働性が共存するところに学校組織の特徴があると言える。木岡・榊原（1990）によれば，授業に関することがらの決定に際し，小学校の場合，授業の計画・評価に関わる大枠や条件整備に関しては，授業の基準性の確保のために学年会などの教師間協働がおこなわれ，授業に直接関わる個別・具体的なことがらについては児童と対面する教師個人による決定傾向が強い。協働性は学年や学校としての統一性を高め，公教育としての基準を担保するうえで有効である。しかしその学級特有の状況においては，担任教師の即時の自律的な対応が必要なこともある。一方で，個業性が協働性と分断されていれば，それは「反省なき実践」を生み出しかねないとの指摘もある（木岡・榊原，1990）。

[2-2] 職務上の困難に対する協働の有効性

今日では，授業や学校行事などだけでなくさまざまな職務に関して，学校内外との連携も含めた教師間の協働の必要性が高まっている。

横山ら（2012）は，教員養成大学の卒業生対象のアンケート調査に基づき，教師が感じた職務上の困難を報告している。それによると，もっとも回答度数の多かったのが保護者対応であり，続けて，生徒指導上の問題，発達上の課題を抱えた生徒への対応，学級経営上の問題であった。その原因はどこにあると思うかという問いに対して，自身の力不足や経験不足などの他に，教師間での共通理解や目標に対する共通のビ

ジョンの欠如，教師間連携の不足，学校全体で応対する体制の不備，管理職や外部機関との連携の遅れなどが挙げられた。また，どのように解決したかという問いに対しては，自身が努力や工夫をした，自己研鑽や経験を積んだといった積極的な解決法や，時間が解決したといった解決法とともに，管理職や同僚，専門関連機関との連携を密にし，学校全体で取り組んだ，といった回答も見られた。

また，近年では不登校・暴力行為・少年非行・児童虐待や特別支援教育等への教育的対応としてチーム援助がおこなわれるようになってきている。チーム援助とは児童生徒の問題状況の解決や児童生徒の成長を目指して，教師やスクールカウンセラーなどがチームを組んでおこなう心理教育的援助サービスである（石隈，1999)。学校内外の複数の援助者が対等な立場で援助目標や援助計画を協議し，役割分担をおこないながら多くの援助資源を機能させることで，効果的な支援・指導をおこなうことができる。

チーム援助の実践事例も蓄積されてきている。たとえば，学級担任・スクールカウンセラー・教育相談担当教諭・養護教諭からなるチーム援助によって，不登校生徒が相談室登校をできるようになった事例（中村・田上，2005）が報告されている。また，学級担任・管理職・スクールカウンセラー・母親による，家庭の困難な状況により不登校になった生徒に対するチーム援助（瀬戸・石隈，2008)，学級担任を含む学年教師団・教頭・生徒指導主事・養護教諭・スクールカウンセラー・保護者による問題行動生徒に対するチーム援助（吉田・八並，2004）などの事例がある。

[2-3] 若手教師への援助的協働

児童生徒や保護者などへの対応に関して，若手教師が困難を感じることは多いだろう。このような場合，先輩教師によるメンタリングの有効性も多く報告されている。メンタリングとは，より経験を積んだ中堅・熟練教師が初任教師や経験の浅い若手教師に対して，信頼関係を基盤としながら教職に関わる専門的な技術・方法や教師としてのアイデンティティの構築を支援することを目的とした，比較的長期間にわたる継続的な職能成長支援関係（島田，2013）である。

先輩教師からの適切な助言や指摘，励ましなどは重要である。宮澤・田村（2016）は，採用2年目の小学校教師10人を対象に，児童や保護者への対応の悩みをどのように解決したか，その心理プロセスを検討した。新卒教師の彼らは，学級担任として多くの仕事をこなすなかで児童や保護者への対応に失敗し，当初は問題を自分だけで解決しようと試行錯誤を繰り返し，それがうまくいかないことに焦燥を感じ，自分を責めもする。そうした焦燥感や疲労は，帰宅後に自分なりのコーピングで癒やしたりもする。やがて自分だけでの解決が難しいときは，信頼できる先輩教師に相談し，情緒的および道具的サポートを受けて解決の方法を見出していく。一応の決着が得られると，この体験自体が教師としての責任と役割を学ぶ機会になったと捉えるようになっていた。

[2-4] チーム学校による個業と協働の補完性

このようにしてみると，教師が直面した多くの悩みは，学級担任としての個業ゆえの悩みと言える。文部科学省（2016b）は「チームとしての学校」の重要性を述べている。チームとしての学校とは，中央教育審議会答申（2015）には「校長のリーダーシップの下，カリキュラム，日々の教育活動，学校の資源が一体的にマネジメントされ，教職員や学校内の多様な人材が，それぞれの専門性を生かして能力を発揮し，子どもたちに必要な資質・能力を確実に身につけさせることができる学校（p. 12)」と定義されている（図 13-1)。

教室で生じるさまざまな教育課題は，もはや担任教師一人で抱え込む時代ではない。

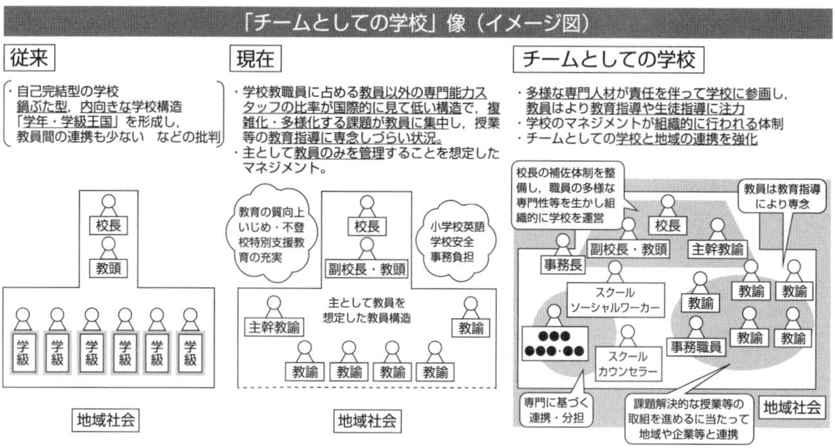

	従来	現在	チームとしての学校
授業	教員による一方的な授業への偏重	変化する社会の中で，新しい時代に必要な資質・能力を身に付ける必要。	アクティブ・ラーニングの視点からの不断の授業改善
教員の業務	学習指導，生活指導等が中心	学習指導，生活指導等に加え，複雑化・多様化する課題が教員に集中し，授業等の教員指導に専念しづらい状況。	専門能力スタッフ等との協働により複雑化・多様化する課題に対応しつつ，教員は教育指導により専念
学校組織運営体制	・鍋ぶた型の教職員構造 ・担任が「学年・学級王国」を形成	・主幹教諭の導入等の工夫 ・学校教職員に占める教員以外の専門能力スタッフの比率が国際的に見て低い構造	多様な専門能力スタッフが責任を持って学校組織に参画して校務を運営
管理職像	教員の延長線上としての校長	主として教員のみを管理することを想定したマネジメント	多様な専門能力スタッフを含めた学校組織全体を効果的に運営するためのマネジメントが必要
地域との連携	地域に対して閉鎖的な学校	地域に開かれた学校の推進	・学校運営協議会等の仕組みを活用 ・チームとしての学校と地域の連携体制を整備

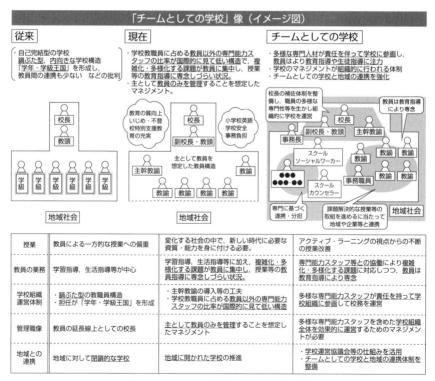

図 13-1　チームとしての学校（文部科学省，2016b）

「社会や経済の変化は，子どもや家庭，地域社会にも影響を与え，学校が抱える課題は生徒指導上の課題や特別支援教育の充実など，心理・福祉・教育面での高い専門性が求められることも多い」とは，「『チームとしての学校』が求められる背景」（文部科学省，2016a）における指摘である。そして，それらの課題への対応は，担任教師一人の学級経営の守備範囲や責任とせず，学年教師団や校長・教頭に連絡・相談し，その指示と協力のもとで，同僚教師や外部の専門家とともに学校経営に包括された形でおこなわれることが重要である。教室での教師の仕事は個業ではある。しかしながら，管理職，同僚教師，外部機関などとの連携・協働関係を十分に生かしてこそ，よりよい教育の実践が可能になり，また，教師自身の成長が促される。

3．教師の職能成長

[3-1] 教師の職能成長プロセス

では，教師の成長はどのようなプロセスを経るのだろうか。授業の上手な教師がいる。児童生徒が伸び伸びとした学級を導く教師がいる。彼らも初任時からそうであったわけではないだろう。どうしたらそのような教師になれるのだろうか。そもそも，どうなることが教師の「成長」なのだろうか。

教師は，経験年数を経ることによって，授業や学級の運営，児童生徒への働きかけといった職能において変容・成長するとされている。岸本ら（1982）によれば，学級経営能力，教授展開能力，生徒指導能力，生徒把握能力，人格性について，教師の自己評価は年齢とともに上昇している。また，熟練教師と初任教師では授業での思考様式に違いがある（佐藤ら，1990）。熟練教師は授業場面で，子どもの表情や学級の雰囲気を敏感に受け取って子どもの学習の状況や発言の意図を推論し，同時に自身の働きかけの意味を反省的に吟味するといった多元的な視点をもつ。授業の文脈に即して授業中のさまざまなことがらを関係づけて認識し，またたとえば子どもの表情や姿勢の固さから，子どもは授業中にこうあるべきだといった一般的基準での評価をするのでなくその授業固有の問題を発見し考察する（佐藤ら，1990）。

しかしこうした変容・成長は，単に年数を重ねることでもたらされるわけではないこともわかっている。退職した教師や現職教師は，自らの教育実践や教育に対する考え方に影響を及ぼしたものとして，校内での研究活動，先輩教師や指導者との出会い，教育実践上の生徒指導の経験や特定の子どもとの出会いを挙げている（山崎・紅林，1996；山崎・前田，1988）。

[3-2] 職能成長モデル

教師の成長の仕方は，そのプロセスや形はさまざまである。経験を積むことで熟達していく教師もいれば，経験を積むことでかえってものの見方が固定化したり，自由な発想が失われたり，マンネリ化したりする教師もいる。教師の職能に関する学びが個人的努力によって成立するという従来の学習論に対して，共同体の中で他者と相互作用することを通して成立するという学習論もある。今日の学校は，学校自体が組織として学ぶ共同体であることを求められている。姫野（2016）によれば，教師の生涯発達を捉えるモデルとして，成長・熟達モデル，獲得・喪失モデル，共同体参加モデル，キャリア移行モデル，ライフヒストリーモデルの５種類が挙げられる（図 13-2）。

教授技術であれ，児童生徒とのかかわり方であれ，教師がその職能において変容し

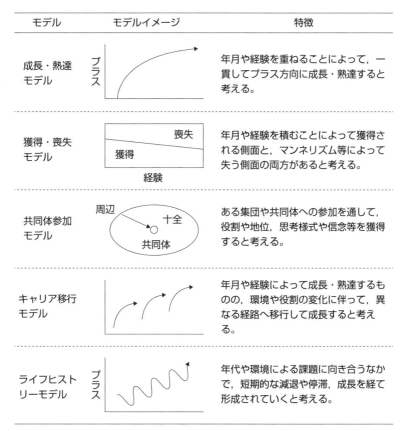

モデル	モデルイメージ	特徴
成長・熟達モデル	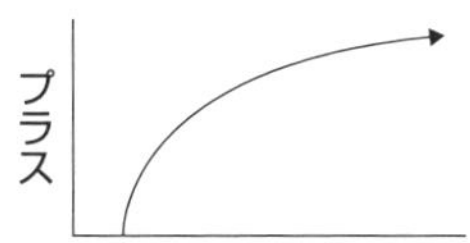	年月や経験を重ねることによって，一貫してプラス方向に成長・熟達すると考える。
獲得・喪失モデル	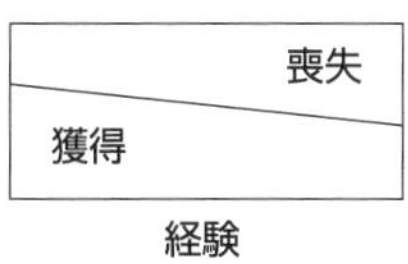	年月や経験を積むことによって獲得される側面と，マンネリズム等によって失う側面の両方があると考える。
共同体参加モデル	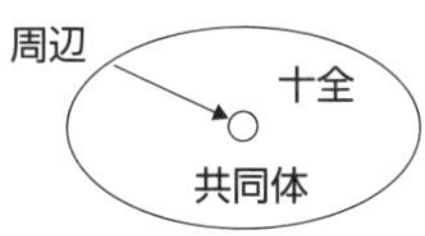	ある集団や共同体への参加を通して，役割や地位，思考様式や信念等を獲得すると考える。
キャリア移行モデル	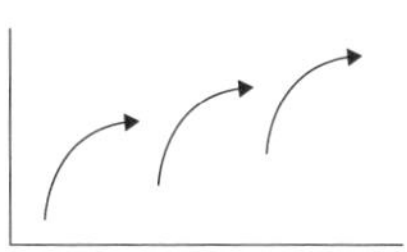	年月や経験によって成長・熟達するものの，環境や役割の変化に伴って，異なる経路へ移行して成長すると考える。
ライフヒストリーモデル	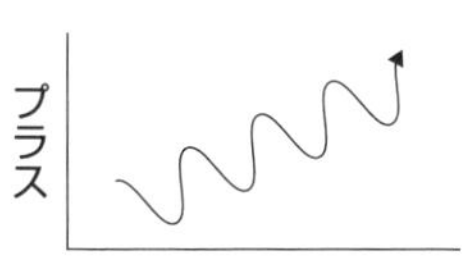	年代や環境による課題に向き合うなかで，短期的な減退や停滞，成長を経て形成されていくと考える。

図 13-2　教師の生涯発達のモデル（姫野，2016）

成長するのは，何らかの経験を契機として，自らの実践を振り返り，現在の自身のあり方を顧みることによって自らを変えようと試みた，自己形成の結果であると考えられる。教師本人が自覚的に自己を見直す省察的実践家でいる必要があるという，ショーン（Schön, 1983／邦訳，2007）によるこの省察的実践家という捉え方は，いずれのモデルのプロセスにおいても通底して必要な教師のありかたと言える。それと同時に，教師の成長は本人の努力だけによるものではなく，実践経験や他教師との協働の機会，学校内外での研修など，外的条件・環境によって引きだされるものでもある。大越（2013）は，某市で定期的に開かれる教育研究会が，教師の教育観や，学校内で他教師と創発的に仕事を進めていこうとする意思や行動に影響したことを報告している。これは，研究会そのものの効果もさることながら，市を挙げて教師に校外での研究会が提供されているという，教師に学びへの志向を保障する環境のゆえであるとも考えられる。

[3-3] 教師同士のネットワークづくり

教師個人が自らネットワークをつくり，広げることもまた有意義であろう。兼安（2018）は，中学校理科教師が教材などに関して相談したり情報交換をしたりするネットワークを，校内の理科教師のみならず，前任校の同教科の教師との間にもつくっていることを示した。また，小中学校では社会科の授業や総合的学習の時間に，地域の人に話をしてもらったり，技術指導をしてもらったりすることも多い。そうした人材は同僚教師や市役所などが紹介してくれることもあるほか，たとえば教師自身の趣味である釣りが縁で漁協とつながりができ，一緒に稚魚の放流活動をするといったこともある。新しい情報やそれをもたらす人間関係が教師の教育活動の幅を広げ，職能成長に役立つとともに，それらを自ら求める柔軟さこそが職能成長を促すのに必要ということであろう。

4．児童生徒理解と教育観の変容

省察的実践や，チームやメンターとの協働によって問題解決の糸口が見えたり，教師の成長が促されたりするのはなぜだろうか。無論，具体的な方法や方策が示されることは問題解決に直結するだろう。それだけでなく，実践を振り返り，思考を重ねることで，教師の中に，自分自身への新たな気づきが得られたり，違う視点での児童生徒理解ができるようになったり，それまでとは異なる教育観が形づくられるからではないだろうか。教育実践に際し，「基本は子ども」「まずは子どもを観る」とよく言われる。児童生徒の状況をよく理解し，それに合わせて考えることができるならば，教師の児童生徒理解や教育観はいっそう豊かなものになり，より的確な教育活動が可能になっていくのではないだろうか。

[4-1] 教育観と児童生徒認知

それぞれの学級でどのような学習や活動を仕組むかは，担任教師の教育観次第である。たとえば教科指導においてどのような学習方法を用いるか，学級担任として児童生徒にどのように学級会を運営させるかなどは，教師によってさまざまである。無論，学級規模や，学校として少人数指導の導入をしているか否かといったことなどからも影響を受ける。しかし基本的には，学習方法（たとえばグループ学習を導入するか否か）や学級会（たとえば学級代表の選び方や会の進め方）をどうするかは個々の教師の方針に委ねられる。

学習方法にしろ学級会の運営方法にしろ，それは教師が児童生徒にどのような能力・特性を身につけて欲しいと思っているか，どのように育って欲しいと願うかを反映し，すなわち教師自身の教育観や教育目標に基づく。近藤（1994）は教師の教育観に基づいた指導行動を「儀式化（ritualization）」のプロセスと捉えた。たとえば授業にグループ学習を導入することは，児童生徒に自身の考えを他者と交流させて発展させることや他者との協調性を身につけることなどを要請し，方向づけていることである（近藤，1994）。

教師の教育観や教育目標はまた，児童生徒理解に反映される。児童生徒にどのような力をつけてほしいかは，教師が児童生徒を認知・評価する認知次元を規定するからである。一般に，教師には教師特有の認知次元があるとされている。近藤（1984）は，教師が不可避的に持たざるをえない視点として，「学力・学習意欲・積極性」と「行動の統制・生活態度」の 2 つを指摘した。蘭（1988）は「社会性」「活動性」「安定性」「知的意欲」「創造性」の 5 次元を見出している。これらはまさに学校という場で求められる望ましい能力・特性の次元であり，また，社会で生きていくために必要だと教師が考える能力・特性の次元である。個々の教師は一般的な教育観および独自の教育観に基づいて，児童生徒に望む要請特性の次元で児童生徒を認知し評価している。

そして，その要請に対応できる児童生徒は，その教師と学級において高く評価され容易に適応感をもつことができる。しかし，要請に対応できない児童生徒は低く評価されることになる。それゆえに，教師がどのような認知次元をもって児童生徒を認知・評価しているかは重要となる。

[4-2] 認知次元の多様性

こうした教師の認知次元には，柔軟性や多様性が必要である。教科の授業場面や特別活動場面といった状況の違いにかかわらず，教師がつねに同じ認知次元，たとえば知的能力の高さにのみ注目して児童生徒を認知し評価するとしたらどうだろう。児童生徒を認知するに際して，特定の次元以外が用いられないとしたら，その次元での評価がその児童生徒のすべての評価になる。教師が少ない認知次元で認知する場合，そこで低い評価を受けた児童生徒は，学級でつねに低い評価を受け続けることになるのである。しかし次元数が多ければ，たとえある次元で否定的に認知された児童生徒も，他次元で肯定的に認知される可能性は高まる。児童生徒にとって，ある次元で高く評価されなくても別の次元で高く評価されることは，自身の独自性を生かせる活躍の場を与えられることである。その意味で，副担任や TT など，複数の教師の「目」で児童生徒を認知することもまた必要である。

[4-3] 教師の認知特徴のアセスメント

教師の児童生徒認知の特徴を明らかにする方法として，教師用 RCRT がある。教師用 RCRT は，教師一般の認知次元ではなく個々の学級担任教師の認知次元を明らかにできるアセスメント法であり，ケリー（Kelly, 1955）の Role Construct

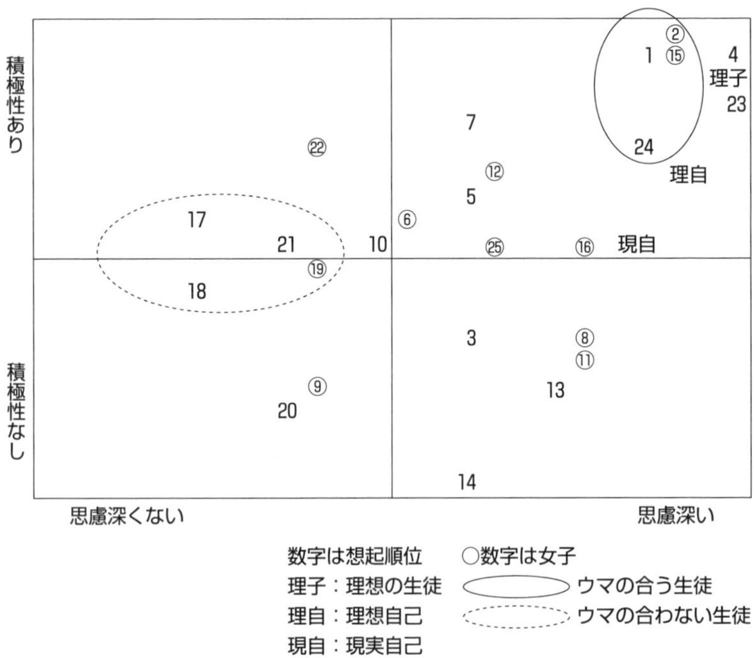

図 13-3　児童生徒認知図の例

Repertory Test に基づいて近藤（1984）が教師用に開発したものである。ケリーによれば，人は誰でも身の周りの事象について自分なりの理論をもっており，それを枠組みとして経験を分類し解釈する。その枠組みは個人的コンストラクトと呼ばれ，個人の中で互いに対極的な意味合いをもつ概念対の積み重ねで表現される。

教師用 RCRT において，担任教師は自学級の児童生徒について，あの子とあの子は似ているとか，自分はあの子とはウマが合うといった基準で想起し，それらの児童生徒の特徴に基づいて 12 対のコンストラクトを作成する。それを用いて児童生徒を評定し，評定値を因子分析することで，その教師の認知次元を抽出することができる。また，それぞれの児童生徒に対する評定値（因子得点）に基づき，次元上に全員をプロットして認知図を作成し，想起順の早かった児童生徒やウマの合う児童生徒の位置づけを把握することができる。図 13-3 の例では，この教師は生徒に思慮深さと積極性を要請しており，特に思慮深さを重視し，思慮深さの次元で高評価の生徒を「ウマが合う」と思い，低評価の生徒を「どうもウマが合わない」と思っていることがわかる。

[4-4] 自身の教育観への気づき

教師用 RCRT によって，教師はさまざまな気づきを得ることができる。以下は，自身の教師用 RCRT の結果に関する教師たちの自由記述である（越，2002）。

「こうあるべきだという規範的な教師役割を強固にもっているため，この種の期待から外れる生徒の思いや気持ちに気づかず，ましてやこれらの子どもたちを受容することができないでいるのだと思われる。行動ばかりに目が向き，表面的に子どもを捉えていることに気づかされる」（小学校高学年担任）

「認知図の第 4 象限に位置している生徒とは，あまり会話もしなかったような気がする。私の生徒認知が固定化されてしまったがために，その生徒がもっている色々な面をわずかな断面だけで決めつけていたと反省した」（中学校担任）

「逆に言えば，私の教育観とずれている子どもはウマが合わないということだ。仮にウマが合わない子であっても，よいところは必ずある。自分の教育観のみで子どもを見ることは危険である。より幅広い視点で子どもを見ていきたいものだとつくづく思った」（小学校低学年担任）

「私は，これまで教師としての学びから，自分の子どもの見方が形成されたと思っていた。しかし，それはかなり自分の思い入れや性格的な憧れや個人的な経験が深く関わっている主観的なものだとわかった」（小学校低学年担任）

このように教師用 RCRT を実施したことで，教師たちは自らの児童生徒理解の傾向や指導行動傾向，教師としての自分の成り立ちや目指す姿を自覚することが可能になる。それは，自分の教育行為が，自身の教育観や教育目標に基づいたものではあっても，学級の児童生徒にとって適切であったのかどうか，という問い直しでもある。児童生徒認知のアセスメントによって，教師は自らの教育行為を問い直す機会を得ることができる。

5.「基本は子ども」

上記のような児童生徒認知研究の知見は，教師のもつ教育観がともすると偏ったり固定化したりする可能性があることを示している。教師は誰でも児童生徒のために，多くの労力をつぎ込み，熟慮し，熱意をもって教育をおこなっている。よかれと思っておこなう指導行動が，時には児童生徒の実態にそぐわないものになってしまう可能性もあるということであろう。そうであればさらに求められるのは，教育観や教育目標に基づいて，「目の前の」児童生徒は何を求めており，何が必要で適切なのかをも包含した指導行動ということだろう。

ところで，教師の影響力が教師のリーダーシップとして表れることは，第9章でも見てきたところである。集団の状況によって，適切なリーダーシップは異なる。リーダーシップの状況適合論では，リーダーシップとは，集団が直面している状況において，作業遂行を適切な水準に保持するのに必要な，集団の作業体制の欠如に気づき正すという補完機能とされる（蜂屋，1987）。同様に教師の指導行動も，学級の児童生徒の状況を見て，それに合わせて何が必要かを判断したうえでなされるものと言える。蘭ら（1996）の学級集団発達過程モデルにおいても，中学校担任教師が1年間の学級の発達段階に合わせ，学級の達成すべき発達課題を見越して，生徒たちが自律的に学級を動かしていくことができるように，学級の主導権を徐々に教師から生徒集団に委譲することが述べられている。つまり学級の準拠集団化と生徒個々の主体性の確立という教育目標のもとで，そこに向けて，生徒たちの人間関係や集団の発達状況に合わせて指導行動を変えていくということである。

教師が児童生徒の主体性を尊重することが，学級と児童生徒を変えていった事例研究もある。新元ら（2021）は，崩壊した学級が立ち直るまでの学級変容過程において，教師の教育観と指導行動を「承認」（Honneth, 2005／邦訳，2011）の観点から述べている（図13-4）。承認とは，気遣いや関心，共感を含む，他者の行動や人格の主体性に対する尊重である（Honneth, 2005）。教師の生徒に対する承認のあり方が変容したことで，崩壊した学級も変容していった。教師の変容は，生徒操作期，生徒理解

〈生徒や学級集団の行動〉	〈変容プロセス〉	〈担任教師の指導姿勢〉
学級集団としての自律的な活動の充実と担任教師に対する承認の拡充	相互承認期	学級集団の主体性を尊重し，活動を「任せ」「見守り」「共感」する
学級集団としての自律的な活動の始まりと担任への承認の広がり	学級承認期	学級集団を承認し，彼らの主体性を尊重して「見守り」ながら「待つ」指導
反抗や拒否の継続と一部生徒による担任への承認	生徒承認期	個々の生徒を承認し，主体性を尊重して「待つ」指導
反抗や指導拒否の継続と情報提供	生徒理解期	生徒を「統制」しようとするとともに個々の生徒への「理解」を深める
反発や反抗指導拒否	生徒操作期	生徒や学級集団を，「褒める」「叱る」により自分の指示通り「操作統制」しようとする

図 13-4　教師の変容プロセスと生徒との承認関係の構築（新元ら，2021 を一部改変）

期，生徒承認期，学級承認期，相互承認期の 5 段階で考察された。そこでは，教師が生徒の存在や人格を承認し，尊重し，信頼することが，生徒から教師への承認を促し，教師と生徒の相互承認によって，生徒たちが自律的に行動を選択し学級状況が変わっていくことを描き出している。

これらの知見から示唆されるのは，教師は自らの教育観のもとで教育目標をもって教育活動をおこなうが，それは一方的に機能し奏功するものではないということであろう。教育観や教育目標が「目の前にいる」児童生徒に適切で受容されるものであり，児童生徒の存在そのものを生かすものであるとき，教師の指導行動は機能し，児童生徒は自ら考え，動き始めるものと思われる。だからこそ，「基本は子ども」であり，「まずは子どもを観る」ことが重要で，それに気づくことが教師の成長の第一歩と言えるようである。

文　献

序　章

中央教育審議会（2005）．我が国の高等教育の将来像（答申）〈https://www.mext.go.jp/b_menu/shingi/chukyo/chukyo0/toushin/05013101.htm〉（2021 年 4 月 6 日閲覧）

栁本 健太郎（2020）．評価　榎本 淳子・藤澤 文（編著）　エビデンスベースの教育心理学（pp. 167-180）　ナカニシヤ出版

JAIST　知識科学研究科（2014）．知識社会で活躍しよう　社会評論社

貴戸 理恵（2019）．教育――子ども・若者と「社会」とのつながりの変容――　小熊 英二（編著）　平成史（pp. 389-456）　河出書房新社

久野 弘幸・渡邉 沙織（2009）．知識基盤社会に対応する学力観に関する研究　愛知教育大学教育実践総合センター紀要，*12*，77-86.

松尾 知明（2017）．21 世紀に求められるコンピテンシーと国内外の教育課程改革　国立教育政策研究所紀要，第 146 集，9-22.

宮本 浩紀（2018）．戦後教育史における改訂学習指導要領の位置づけ：資質・能力及びその育成に資する教育方法の歴史的変遷　信州豊南短期大学紀要，*35*，15-37.

文部科学省（2011）．すぐにわかる新しい学習指導要領のポイント簡略版〈https://www.mext.go.jp/a_menu/shotou/new-cs/pamphlet/__icsFiles/afieldfile/2011/03/30/1304395_001.pdf〉（2021 年 4 月 12 日閲覧）

文部科学省（2017）．育成すべき資質・能力の三つの柱，平成 29・30 年改訂 学習指導要領，解説等〈https://www.mext.go.jp/content/1421692_7.pdf〉（2021 年 4 月 13 日閲覧）

OECD (1996). *The knowledge-based economy*. Paris: OECD.

大内 裕和（2005）．現代教育の基礎講座――教育と社会を理解するために――　現代思想，4 月号，50-71.

斉藤 貴男（2004）．教育改革と新自由主義　子どもの未来社

竹内 久顕（2016）．次期学習指導要領におけるカリキュラム・マネジメントの理論と方法(1)　東京女子大学紀要論集，*67*(1)，219-241.

Vogel, E. F. (1979). *Japan as number one: Lessons for America*. Cambridge, MA: Harvard University Press.（ヴォーゲル，E. F.　広中 和歌子・木本 彰子（訳）（1979）．ジャパン アズ ナンバーワン：アメリカへの教訓　TBS ブリタニカ）

第 1 章

Alloway, T. P., & Alloway, R. G. (2010). Investigating the predictive roles of working memory and IQ in academic attainment. *Journal of Experimental Child Psychology*, *106*, 20-29.

Alloway, T. P., Gathercole, S. E., Kirkwood, H., & Elliott, J. (2009). The cognitive and behavioral characteristics of children with low working memory. *Child Development*, *80*, 606-621.

青木 多寿子（1998）．1．児童期の発達の考え方；3．ことばの発達と教育：4．数量的理解の発達と教育；5．科学的認識の形成　無藤 隆（編）　児童心理学　放送大学教育振興会

青木 多寿子（2002）．発話意図の理解の発達的変化（Ⅱ）　日本教育心理学会第 44 回総会発表論文集，210.

青木 多寿子・丸山（山本）愛子（2010）．知性の発達に関するピアジェの研究；ヴィゴツキーの社会文化的視点　森 敏昭・青木 多寿子・淵上 克義（編）　よくわかる学校教育心理学　ミネルヴァ書房

De Corte, E., & Verschaffel, L. (1985). Beginning first graders' initial representation of arithmetic word problems. *Journal of Mathematical behavior*, *4*, 3-21.

Diamond, A. (2013). Executive functions. *Annual Review of Psychology*, *64*, 135-168.

Eggen, P. D. (2007). *Educational psychology: Windows on classroom* (7th ed.). Upper Saddle River, NJ: Pearson/Merrill/Prentice Hall.

Furth, H. G. (1980). *The world of grown-ups: Children's conceptions of society*. New York, NY:

Elsevier.（ファース，H. G.　加藤 靖彦・北川 歳昭（編訳）（1988）．ピアジェ理論と子どもの世界――子どもが理解する大人の社会　北大路書房）
藤田 文（2015）．遊び場面における幼児の仲間との関係調整の発達：交代制ルールの産出とその主導者を中心に　風間書房
深谷 優子（2010）．社会的認識の発達　森 敏昭・青木 多寿子・淵上 克義（編著）よくわかる学校教育心理学（pp. 114-115）ミネルヴァ書房
Gutman, L. M., & Schoon, I. (2013). *The impact of non-cognitive skills on outcomes for young people: A literature review*. London, UK: Education Endowment Foundation.
堀 浩一・石崎 俊（1992）．談話の理解と生成　安西 佑一郎・大津 由紀雄・溝口 文雄・石崎 俊・波多野 誼余夫（編）認知科学ハンドブック（pp. 513-528）共立出版
Kautz, T. D., Heckman, J., Diris, R., ter Weel, B., & Borghans, L. (2014). *Fostering and measuring skills: Improving cognitive and non-cognitive skills to promote lifetime success*. Cambridge, MA: National Bureau of Economic Research.
Miyake, A., Friedman, N. P., Witzki, A. H., Howerter, A., & Wager, T. D. (2000). The unity and diversity of executive functions and their contributions to complex "Frontal Lobe" tasks: A latent variable analysis. *Cognitive Psychology*, *41*, 49-100.
Moffitt, T. E., Arseneault, L., Belsky, D., Dickson, N., Hancox, R. J., Harrington, H., Houts, R., Poulton, R., Roberts, B. W., Ross, S., Sears, M. R., Thomson, W. M., & Caspi, A. (2011). A gradient of childhood self-control predicts health, wealth, and public safety. *Proceedings of the National Academy of Sciences of the United States of America*, *108*, 2693-2698.
森口 祐介（2015）．実行機能の初期発達，脳内機構およびその支援　心理学評論，*58*，77-88.
西山 啓・山内 光哉（1978）．目で見る教育心理学　ナカニシヤ出版
岡本 夏木（1984）．ことばと発達　岩波書店
Piaget, J., & Inhelder, B. (1948). *La représentation de l'espace chez l'enfant*. Paris: Presses Universitaires de France.
Vosniadou, S., & Brewer, W. F. (1992). Mental models of the earth: A study of conceptual change in childhood. *Cognitive Psychology*, *24*, 535-585.
Woolfork, A. (2008). *Educational psychology* (10th ed.) New York, NY: Pearson Education.
山内 光哉（編）（1989）．発達心理学［上］　ナカニシヤ出版
湯澤 正通（2019）．ワーキングメモリの発達と児童生徒の学習：読み書き・算数 障害への支援　発達心理学研究，*3*，188-201.
吉田 甫（1991）．子どもは数をどのように理解しているか――数えることから分数まで　新曜社
吉田 甫・ディコルテ，E.（2009）．子どもの論理を生かす授業づくり：デザイン実践の教育実践心理学　北大路書房

第2章

相川 充（1999）．社会的スキル　中島 義明・安藤 清志・子安 増生・坂野 雄二・繁桝 算男・立花 政夫・箱田 裕司（編）心理学辞典（pp. 370-371）有斐閣
荒木 紀幸（1988）．役割取得検査マニュアル　トーヨーフィジカル
荒木 紀幸（2005）．モラルジレンマ資料と授業展開 中学校編第2集　明治図書
荒木 紀幸・鈴木 憲（1999）．コールバーグ理論に基づくモラルジレンマ授業の設計と授業実践――モラルジレンマ「この子のために」を用いた授業対談――　日本教育心理学会総会発表論文集，*41*，87.
Bandula, A. (1971). *Psychological modeling: Conflicting theories*. London: Routledge.（バンデューラ，A.　原野 広太郎・福島 脩美（共訳）（1975）．モデリングの心理学　金子書房）
Bowlby, J. (1969). *Attachment and loss, vol. 1: Attachment*. London, UK: Hogarth Press.（ボウルビィ，J.　黒田 実郎・大羽 蓁・岡田 洋子（訳）（1976）．母子関係の理論 1　愛着行動　岩崎学術出版社.）
橋本 創一（2016）．教育心理学に基づく特別支援教育の研究動向 2015――実践の研究におけるエフォートとアジェンダ――　教育心理学年報，*55*，116-132.
藤枝 静暁・相川 充（1999）．学級単位による社会的スキル訓練の試み　東京学芸大学紀要，*50*，13-22.
藤村 敦・北村 博幸・五十嵐 靖夫・細谷 一博（2013）．かかわって育ちあう授業とは？　北村 博幸・五十嵐

靖夫・細谷 一博（編）特別支援教育の授業づくり「社会とかかわる力」を育てる６つの支援エッセンス（pp. 7-22）明治図書
Hoffman, M. L. (2000). *Empathy and moral development: Implications for caring and justice*. New York, NY: Cambridge University Press.（ホフマン，M. L.　菊池 章夫・二宮 克美（訳）(2001). 共感と道徳性の発達心理学　思いやりと正義とのかかわりで　川島書店）
本間 優子・宮城 正作（2017）. 児童期における道徳授業を利用した役割取得能力向上トレーニングの学校適応への効果　日本心理学会第 81 回大会論文集，988.
堀部 要子（2018）. 小学校におけるクラスワイドソーシャルスキルトレーニングの導入方法の検討――全校体制での継続的な短時間 SST 実践の効果の分析を通して――（愛知県立大学）人間発達学研究，*9*，91-102.
Kohlberg, L. (1969). *Stages and sequence: The cognitive developmental approach to socialization*. Chicago, IL: Rand McNally.（コールバーグ，L.　永野 重史（監訳）(1987). 道徳性の形成――認知発達的アプローチ　新曜社）
熊谷 高幸（2006）. 自閉症――私とあなたが成り立つまで――　ミネルヴァ書房
永野 重史（1985）. 道徳性の発達と教育――コールバーグ理論の展開　新曜社
文部科学省（2017）. 小学校学習指導要領（平成 29 年告示）解説　特別の教科　道徳編　廣済堂あかつき
Parten, M. B. (1932). Social participation among pre-schoolchildren. *Journal of Abnormal and Social Psychology*, *27*, 243-269.
Piaget, J. (1932). *Le jugement moral chez l'enfant*. Paris: Alcan.（ピアジェ，J.　大伴 茂（訳）(1957). 臨床児童心理学Ⅲ 児童の道徳性判断の発達　同文書院）
Selman, R. L. (1976). *Moral development and behavior*. New York, NY: Academic Press.
繁多 進（1987）. 愛着の発達　母と子の心の結びつき 現代心理学ブックス 78　大日本図書
上野 一彦・岡田 智（2007）. 特別支援教育［実践］ソーシャルスキルマニュアル　明治図書
渡辺 弥生（1999）. 社会性　中島 義明・安藤 清志・子安 増生・坂野 雄二・繁桝 算男・立花 政夫・箱田 裕司（編）心理学辞典（p. 365）有斐閣
渡辺 弥生（2004）. 社会的スキルおよび共感性を育む体験的道徳教育プログラム――VLF（Voices of Love and Freedom）プログラムの活用――　法政大学文学部紀要，*50*，87-104.
やまだ ようこ（1987）. ことばの前のことば――ことばが生まれるすじみち――　新曜社

第３章

Allport, G. W. (1937). *Personality: A psychological interpretation*. New York, NY: Henry Holt.
Atherton, O. E., Donnellan, M. B., & Robins, R. W. (2020). Development of personality across the life span. *The Cambridge handbook of personality psychology* (2nd ed., pp. 169-182). Cambridge, UK: Cambridge University Press.
Ben-Eliyahu, A., & Zeidner, M. (2020). Educational psychology. In P. J. Corr & G. Matthews (Eds.), *The Cambridge handbook of personality psychology* (2nd ed., pp. 439-450). Cambridge, UK: Cambridge University Press.
Boyle, G. J., & Helmes, E. (2020). Personality assessment methods. In P. J. Corr, & G. Matthews (Eds.), *The Cambridge handbook of personality psychology* (2nd ed., pp. 103-114). Cambridge, UK: Cambridge University Press.
Carroll, J. B. (1993). *Human cognitive abilities: A survey of factor-analytic studies*. New York, NY: Cambridge University Press.
Cattell, R. B. (1963). Theory of fluid and crystallized intelligence: A critical experiment. *Journal of Educational Psychology*, *54*, 1-22.
Chen, X., & Schmidt, L. (2015). Temperament and personality. In M. E. Lamb (Ed.), *Handbook of child psychology and developmental science* (7th ed., pp. 152-200). Hoboken, NJ: Wiley.
Cohen, L. B., & Cashon, C. H. (2003). Infant perception and cognition. In R. M. Lerner, M. A. Easterbrooks, & J. Mostry (Eds.), *Developmental psychology* (Handbook of psychology. Vol. 6, pp. 65-89). Hoboken, NJ: Wiley.
大六 一志（2009）. 認知神経科学会に望むこと　心理学の立場から――知能検査が測定するものは何か？――　認知神経科学，*11*，239-243.

Deary, I. (2001). *Intelligence: A very short introduction*. Oxford, UK: Oxford University Press. (ディアリ, I. 繁枡 算男（訳）(2004). 知能（1冊でわかる）岩波書店）

藤島 寛・山田 尚子・辻 平治郎 (2005). 5因子性格検査短縮版（FFPQ-50）の作成 パーソナリティ研究, *13*, 231-241.

Eysenck, H. J., & Kamin, L. (1981). *Intelligence: The battle for the mind*. London, UK: Palgrave Macmillan. (アイゼンク, H. J.・ケイミン, L. 斎藤 和明（訳）(1985). 知能は測れるのか—— IQ討論 筑摩書房）

Flanagan, D. P., & Kaufman, A. S. (2009). *Essentials of WISC-IV assessment* (2nd ed.). New York, NY: John Wiley & Sons. (フラナガン, D. P.・カウフマン, A. S. 上野 一彦（監訳）(2014). エッセンシャルズ WISC-Ⅳによる心理アセスメント 日本文化科学社）

Hattie, J. (2009). *Visible learning: A synthesis of over 800 meta-analyses relating to achievement*. London, UK: Routledge. (ハッティ, J. 山森 光陽（訳）(2018). 教育の効果：メタ分析による学力に影響を与える要因の効果の可視化 図書文化）

Hattie, J. (2012). *Visible learning for teachers: Maximizing impact on learning*. London, UK: Routledge. (ハッティ, J. 原田 信之（訳者代表）(2017). 学習に何が最も効果的か：メタ分析による学習の可視化〈教師編〉 あいり出版）

Hattie, J., & Yates, G. (2014). *Visible learning and the science of how we learn*. London, UK: Routledge. (ハッティ, J.・イエーツ, G. 原田 信之（訳者代表）(2020). 教育効果を可視化する学習科学 北大路書房）

Hojnoski, R. L., Morrison, R., Brown, M., & Matthews, W. J. (2006). Projective test use among school psychologists: A survey and critique. *Journal of Psychoeducational Assessment*, *24*, 145-159.

Horn, J. L., & Noll, J. (1997). Human cognitive capabilities: Gf-Gc theory. In D. Flanagan, J. Genshaft, & P. Harrison (Eds.), *Contemporary intellectual assessment: Theories, tests, and issues* (pp. 53-91). New York, NY: Guilford.

Kotsou, I., Mikolajczak, M., Heeren, A., Grégoire, J., & Leys, C. (2019). Improving emotional intelligence: A systematic review of existing work and future challenges. *Emotion Review*, *11*, 151-165.

Laceulle, O. M., & van Aken, M. A. G. (2018). Transactions of personality and the social environment during development. In V. Zeigler-Hill & T. K. Shackelford (Eds.), *The SAGE handbook of personality and individual differences: Origins of personality and individual differences* (pp. 241-259). London, UK: Sage Publications.

McGrew, K. S. (2005). The Cattell-Horn-Carroll theory of cognitive abilities. In D. P. Flanagan & P. L. Harrison (Eds.), *Contemporary intellectual assessment: Theories, test, and issues* (2nd ed., pp. 136-181). New York, NY: Guilford.

三好 一英・服部 環 (2010). 海外における知能研究とCHC理論 筑波大学心理学研究, *40*, 1-7.

村上 宣寛・村上 千恵子 (1997). 主要5因子性格検査の尺度構成. 性格心理学研究, *6*, 29-39.

村上 宣寛・村上 千恵子 (2017). 主要5因子性格検査ハンドブック 三訂版：性格測定の基礎から主要5因子の世界へ 筑摩書房

無藤 隆 (2018a). 発達の基礎となるもの 無藤 隆・森 敏昭・遠藤 由美・玉瀬 耕治 新版心理学 (pp. 257-284) 有斐閣

無藤 隆 (2018b). 発達支援の基礎となる発達的個人差とは 無藤 隆・森 敏昭・遠藤 由美・玉瀬 耕治 新版心理学 (pp. 471-497) 有斐閣

並川 努・谷 伊織・脇田 貴文・熊谷 龍一・中根 愛・野口 裕之 (2012). Big Five尺度短縮版の開発と信頼性と妥当性の検討 心理学研究, *83*, 91-99.

小塩 真司・阿部 晋吾・カトローニ ピノ (2012). 日本語版 Ten Item Personality Inventory（TIPI-J）作成の試み パーソナリティ研究, *21*, 40-52.

Pace, U., & Passanisi, A. (2018). The role of the family in personality development. In V. Zeigler-Hill & T. K. Shackelford (Eds.), *The SAGE handbook of personality and individual differences: Origins of personality and individual differences* (pp. 241-259). London, UK: SAGE Publications.

Román, F. J. (2015). Changes in psychological and biological signals after completing an adaptive training program requiring working memory related cognitive processes. 〈DOI: 10.13140/RG.

2.1.2236.8240〉
Rothbart, M. K., Posner, M. I., & Sheese, B. E. (2020). Temperament and brain networks of attention. In P. J. Corr, & G. Matthews (Eds.), *The Cambridge handbook of personality psychology* (2nd ed., pp. 155-168). Cambridge, UK: Cambridge University Press.
Schneider, W. J., & McGrew, K. S. (2018). The Cattell-Horn-Carroll theory of cognitive abilities. In D. P. Flanagan, & E. M. McDonough (Eds.), *Contemporary intellectual assessment: Theories, tests, and issues* (4th ed.). New York, NY: Guilford.
下仲 順子・中里 克治・権藤 恭之・高山 緑 (1998). 日本版 NEO-PI-R の作成とその因子的妥当性の検討 性格心理学研究, *6*, 138-147.
Smithers, L. G., Sawyer, A. C., Chittleborough, C. R., Davies, N., Smith, G. D., & Lynch, J. (2018). A systematic review and meta-analysis of effects of early life non-cognitive skills on academic, psychosocial, cognitive and health outcomes. *Nature Human Behaviour*, *2*, 867-880.
Spearman, C. (1904). 'General intelligence,' objectively determined and measured. *The American Journal of Psychology*, *15*, 201-293.
Steenbergen-Hu, S., Makel, M. C., & Olszewski-Kubilius, P. (2016). What one hundred years of research says about the effects of ability grouping and acceleration on K-12 students' academic achievement: Findings of two second-order meta-analyses. *Review of Educational Research*, *86*, 849-899.
玉瀬 耕治 (2018). 性格　無藤 隆・森 敏昭・遠藤 由美・玉瀬 耕治　新版心理学 (pp. 231-255)　有斐閣
坪見 博之・齊藤 智・苧阪 満里子・苧阪 直行 (2019). ワーキングメモリトレーニングと流動性知能――展開と制約――　心理学研究, *90*, 308-326.
和田 さゆり (1996). 性格特性用語を用いた Big Five 尺度の作成　心理学研究, *67*, 61-67.
Webb, J. T., Amend, E. R., Beljan, P., Webb, N. E., Kuzujanakis, M., Olenchak, F. R., & Goerss, J. (2016). *Misdiagnosis and dual diagnoses of gifted children and adults: ADHD, Bipolar, OCD, Asperger's, Depression, and Other Disorders* (2nd ed.). Scottsdale, AZ: Great Potential Press. (ウェブ, J. T.・アメンド, E. R・ベルジャン, P・ウェブ, N. E.・クズジャナキス, M.・オレンチャック, F. R.・ゴース, J.　角谷 詩織・榊原 洋一 (監訳) (2019). ギフティッド　その誤診と重複診断：心理・医療・教育の現場から　北大路書房)
Webb, J. T., Gore, J. L., Amend, E. R., & Devries, A. R. (2007). *A parent's guide to gifted children*. Scottsdale, AZ: Great Potential Press. (ウェブ, J. T.・ゴア, J. L.・アメンド, E. R.・デヴリース, A. R.　角谷 詩織 (訳) (2019). わが子がギフティッドかもしれないと思ったら　春秋社)
Wechsler, D. (1944). *The measurement of adult intelligence* (3rd ed.). Baltimore, MD: Williams & Wilkins.
吉村 拓馬・大西 紀子・惠良 美津子・松田 裕之・小橋川 晶子・広瀬 宏之・大六 一志 (2019). 療育手帳判定における知能検査・発達検査に関する調査　LD 研究, *28*, 144-153.

第4章

Ainsworth, M. D. S., Blehar, M. C., Waters, E. & Wall, S. (1978). *Patterns of attachment: A psychological study of the strange situation*. Hillsdale, NJ: Lawrence Erlbaum.
秋光 恵子 (2019). 子どもの友人関係は今‥　月刊兵庫教育 (pp. 28-29)　兵庫県教育委員会
秋光 恵子・市野 杏奈 (2017). 過去の教師との関わり経験と大学生の「個」と「関係性」のアイデンティティとの関連　兵庫教育大学学校教育学研究, *30*, 11-18.
Bowlby, J. (1969). *Attachment and loss, vol. 1: Attachment*. London, UK: Hogarth Press. (ボウルビィ, J.　黒田 実郎・大羽 秦・岡田 洋子 (訳) (1976). 母子関係の理論 1　愛着行動　岩崎学術出版社)
Bowlby, J. (1973). *Attachment and loss, vol. 2: Separation*. London, UK: Hogarth Press. (ボウルビィ, J.　黒田 実郎・岡田 洋子・吉田 恒子 (訳) (1977). 母子関係の理論 2　分離不安　岩崎学術出版社)
Bowlby, J. (1980). *Attachment and loss, vol. 3: Loss*. London, UK: Hogarth Press. (ボウルビィ, J.　黒田 実郎・吉田 恒子・横浜 恵三子 (訳) (1981). 母子関係の理論 3　愛情喪失　岩崎学術出版社)
Erikson, E. H. (1959). *Identity and the life cycle*. In G. S. Klein (Ed.), *Psychological issues* (Vol. 1, Monograph 1, pp. 1-171). New York, NY: International Universities Press. (エリクソン, E. H.　小此木 啓吾 (訳編) (1973). 自我同一性　誠信書房)

Freud, S. (1953). *Three essays on the theory of sexuality* (Standard edition, Vol. 7; Originally published in 1905). London, UK: Hogarth Press.（フロイト，S.　井村 恒郎他（編訳）懸田 克躬・吉村 博次（訳）(1969)．フロイト著作集5　性欲論三編　人文書院）
Havighurst, R. J. (1953). *Human development and education*. New York, NY: Longmans Green.（ハヴィガースト，R. J.　荘司 雅子（訳）(1958)．人間の発達と教育　牧書店）
速水 敏彦・木野 和代・高木 邦子（2005）．他者軽視に基づく仮想的有能感——自尊感情との比較から——　感情心理学研究，*12*，43-55.
林田 美咲・黒川 光流・喜田 裕子（2018）．親への愛着および教師・友人関係に対する満足感が学校適応感に及ぼす影響　教育心理学研究，*66*，127-135.
日高 康晴（2017）．LGBT 当事者の意識調査——いじめ問題と職場環境等の課題——〈https://www.health-issue.jp/reach_online2016_report.pdf〉（2021 年 3 月 27 日閲覧）
河井 大介（2014）．ソーシャルメディア・パラドクス——ソーシャルメディア利用は友人関係を抑制し精神的健康を悪化させるか　社会情報学，*3*，31-46.
椎場 真知子（2008）．青年後期におけるアイデンティティの発達過程及びそれに関与する要因について：過去と現在における「危機」「自己投入」の様相，及びアイデンティティ・ステイタスの移行を中心として　青年心理学研究，*19*，51-68.
国立青少年教育振興機構青少年教育研究センター（2017）．I 特集　子供たちの自己肯定感をどうはぐくむのか　青少年教育研究センター紀要，*5*，1-18.
厚生労働省（2000）．児童虐待の防止等に関する法律〈https://elaws.e-gov.go.jp/document?lawid=412AC1000000082〉（2021 年 3 月 27 日閲覧）
厚生労働省（2007）．子ども虐待対応の手引き〈https://www.mhlw.go.jp/bunya/kodomo/dv12/00.html〉（2021 年 3 月 27 日閲覧）
厚生労働省（2020）．平成 30 年度福祉行政報告例の概況〈https://www.mhlw.go.jp/toukei/saikin/hw/gyousei/18/index.html〉（2021 年 3 月 27 日閲覧）
教育再生実行会議（2017）．自己肯定感を高め，自らの手で未来を切り拓ひらく子供を育む教育の実現に向けた，学校，家庭，地域の教育力の向上（第十次提言）〈https://www.kantei.go.jp/jp/singi/kyouikusaisei/pdf/dai10_1.pdf〉（2021 年 3 月 27 日閲覧）
Marcia, J. E. (1966). Development and validation of ego identity status. *Journal of Personality and Social Psychology*, *3*, 551-558.
Marcia, J. E. (1976). Identity six year after: A follow-up study. *Journal of Youth & Adolescence*, *5*, 145-160.
松井 豊（1990）．友人関係の機能　斎藤 耕二・菊池 章夫（編著）　社会化の心理ハンドブック——人間形成と社会と文化（pp. 283-296）　川島書房
松井 豊（1993）．恋ごころの科学　サイエンス社
宮下 一博（1995）．青年期の同世代関係　落合 良行・楠見 孝（編）　講座生涯発達心理学 4　自己への問い直し：青年期（pp. 155-184）　金子書房
文部科学省（2016）．性同一性障害や性的指向・性自認に係る，児童生徒に対するきめ細かな対応等の実施について（教職員向け）〈https://www.mext.go.jp/b_menu/houdou/28/04/__icsFiles/afieldfile/2016/04/01/1369211_01.pdf〉（2021 年 3 月 27 日閲覧）
内閣府（2019）．我が国と諸外国の若者の意識に関する調査（平成 30 年度）〈https://www8.cao.go.jp/youth/kenkyu/ishiki/h30/pdf-index.html〉（2021 年 3 月 27 日閲覧）
内閣府（2020a）．子供・若者の意識に関する調査（令和元年度）〈https://www8.cao.go.jp/youth/kenkyu/ishiki/r01/pdf-index.html〉（2021 年 3 月 27 日閲覧）
内閣府（2020b）．令和 2 年版子供・若者白書（全体版）〈https://www8.cao.go.jp/youth/whitepaper/r02honpen/pdf_index.html〉（2021 年 3 月 27 日閲覧）
中塚 幹也（2015）．岡山市の職員が知っておきたい性的マイノリティ（LGBT）の基礎知識（JSPS 日本学術振興会科学研究費助成事業挑戦的萌芽研究　26570020）〈https://www.city.okayama.jp/kurashi/cmsfiles/contents/0000003/3107/000375143.pdf〉（2021 年 3 月 27 日閲覧）
西本 裕輝（1998）．教師の資源と学級文化の関連性　社会心理学研究，*13*，191-202.
岡田 努（2010）．青年期の友人関係と自己：現代青年の友人認知と自己の発達　世界思想社

岡本 祐子（編著）（1999）．女性の生涯発達とアイデンティティ――個としての発達・かかわりの中での成熟―― 北大路書房
大石 史博・福田 美由紀・篠置 昭男（1987）．自己愛的人格の基礎的研究(1)：自己愛的人格目録の信頼性と妥当性について　日本教育心理学会第29回総会論文集，534-535.
大谷 宗啓（2007）．高校生・大学生の友人関係における状況に応じた切替：心理的ストレス反応との関連にも注目して　教育心理学研究，*55*，480-490.
小塩 真司（1998）．青年の自己愛傾向と自尊感情，友人関係のあり方との関連　教育心理学研究，*46*，280-290.
Piaget, J. (1964). *Six etudes de psychology.* Geneva, Switzerland: Gonthier.（ピアジェ，J.　滝沢 武久（訳）（1968）．ピアジェの思考心理学　みすず書房）
Rosenberg, M. (1965). *Society and the adolescent self-image.* Princeton, NJ: Princeton University Press.
櫻井 英未（2013）．女子大学の自己受容および他者受容と精神的健康の関係　日本女子大学人間社会研究科紀要，*19*，125-142.
島 義弘（2014）．親の養育態度の認知は社会適応にどのように反映されるのか：内的作業モデルの媒介効果　発達心理学研究，*25*，260-267.
総務庁青少年対策本部（1991）．現代の青年：第5回青少年の連帯感などに関する調査報告書　大蔵省印刷局
総務省（2020）．令和元年通信利用動向調査報告書（世帯編）〈https://www.soumu.go.jp/johotsusintokei/statistics/pdf/HR201900_001.pdf〉（2021年3月27日閲覧）
東京大学社会科学研究所・ベネッセ教育総合研究所（2018）．子どもの生活と学びに関する親子調査2015-2017速報版〈https://berd.benesse.jp/up_images/research/All_oyako_tyosa_2015_2017_web.pdf〉（2021年3月27日閲覧）
山本 真理子・松井 豊・山成 由紀子（1982）．認知された自己の諸側面の構造　教育心理学研究，*30*，64-68.

第5章

荒川 恵美（2018）．メディアを読み解く力を育てる単元の開発に関する研究：動画テクストの比較と分析を通して論理的・批判的思考力を高める　千葉大学教育学部附属中学校研究紀要，*48*，9-17.
ベネッセ教育総合研究所（2016）．「第5回学習基本調査」報告書
Cronbach, L. J. (1957). The two disciplines of scientific psychology. *American Psychologist, 12*, 671-684.〈https://berd.benesse.jp/shotouchutou/research/detail1.php?id=4862〉（2021年7月5日閲覧）
Csikszentmihalyi, M. (1990). *Flow: The psychology of optimal experience.* New York, NY: Harper and Row.（チクセントミハイ，M.　今村 浩明（訳）（1996）．フロー体験　喜びの現象学　世界思想社）
Flavell, J. H. (1987). Speculations about the nature and development of metacognition. In F. E. Weinert & R. H. Kluwe (Eds.), *Metacognition, motivation, and understanding* (pp. 21-29). Hillsdale, NJ: Lawrence Erlbaum Associates.
羽生 善治（2016）．誰にでもできる探究　今井 むつみ（著）　学びとは何か――〈探究人〉になるために――(pp. vii-ix)．岩波書店に引用
市川 伸一（1995）．学習と教育の心理学　岩波書店
舞田 敏彦（2012）．高校理科の授業スタイルの国際比較　SYNODOS 2012.10.30〈https://synodos.jp/education/2055〉
舞田 敏彦（2020）．批判的思考を育む授業　データえっせい　2020.8.4.〈http://tmaita77.blogspot.com/2020/08/blog-post.html〉
南 学（2013a）．クリティカルシンキングをうながすゲーミング教材の開発と評価　三重大学教育学部紀要，*64*，337-348.
南 学（2013b）．クリティカルシンキングをうながすゲーミング教材の開発と評価(2)　三重大学教育学部附属教育実践総合センター紀要，*33*，7-13.
Nelson, T. O., & Narens, L. (1994). Why investigate metacognition? In J. Metcalfe & A. P. Shimamura (Eds.), *Metacognition: Knowing about knowing* (pp. 1-25). Cambridge, MA: MIT Press.
Pavlov, I. P. (1927). *Conditioned reflexes.* London, UK: Oxford University Press.
Snow, R. E., Tiffin, J., & Seibert, W. F. (1965). Individual differences and instructional film effects.

Journal of Educational Psychology, 56, 315–326.
高橋 浩（1998）．新しい教育訓練ゲーム　日本経営協会総合研究所
Thorndike, E. L. (1898). *Animal intelligence*. New York, NY: Macmillan.
東京大学社会科学研究所・ベネッセ教育総合研究所（2019）．高校生活と進路に関する調査 2018〈https://berd.benesse.jp/shotouchutou/research/detail1.php?id=5397〉（2021 年 7 月 5 日閲覧）

第 6 章

Atkinson, J. W. (1964). *An introduction to motivation*. Princeton, NJ: Van Nostrand.
Atkinson, J. W. (1966). Motivational determinants of risk-taking behavior. In J. W. Atkinson & N. T. Feather (Eds.), *A theory of achievement motivation*. New York, NY: Wiley.
Bandura, A. (1977). Self-efficacy: Toward a unifying theory of behavioral change. *Psychological Review, 84*, 191–215.
Bandura, A. (1997). *Self-efficacy: The exercise of control*. New York, NY: W. H. Freeman.
Csikszentmihalyi, M. (1990). *Flow: The psychology of optimal experience*. New York, NY: Harper & Row.
Deci, E. L. (1971). Effects of externally mediated rewards on intrinsic motivation. *Journal of Personality and Social Psychology, 18*, 105–115.
Deci, E. L. (1975). *Intrinsic motivation*. New York, NY: Plenum Press.
Deci, E. L., & Ryan, R. M. (1991). A motivational approach to self: Integration in personality. In R. A. Dienstbier (Ed.), *Perspectives on motivation* (pp. 237–288). Lincoln, NE: University of Nebraska Press.
Deci, E. L., & Ryan, R. M. (2002). Self-determination research: Reflections and future directions. In E. L. Deci & R. M. Ryan (Eds.), *Handbook of self-determination research* (pp. 431–441). Rochester, NY: University of Rochester Press.
Deci, E. L., & Ryan, R. M. (2012). Self-determination theory. In P. A. M. Van Lange, A. W. Kruglanski, & E. T. Higgins (Eds.), *Handbook of theories of social psychology* (pp. 416–436). Thousand Oaks, CA: Sage.
Festinger, L. (1962). Cognitive dissonance. *Scientific American, 207*, 93–107.
Green, M. C. (2004). Transportation into narrative worlds: The role of prior knowledge and perceived realism. *Discourse Processes, 38*, 247–266.
Hull, C. L. (1932). The goal-gradient hypothesis and maze learning. *Psychological Review, 39*, 25–43.
Hull, C. L. (1937). Mind, mechanism, and adaptive behavior. *Psychological Review, 44*, 1–32.
カーネマン, D.　友野 典男・山内 あゆ子（訳）（2011）．ダニエル・カーネマン心理と経済を語る　楽工社（Kahneman, D. (2002). *Biographical* (The Sveriges Riksbank Prize in Economic Sciences in Memory of Alfred Nobel 2002). Kahneman, D. (2003). Maps of bounded rationality: Psychology for behavioral economics. *American Economic Review, 93*(5), 1449–1475. Kahneman, D., & Krueger, A. B. (2006). Developments in the measurements of subjective well-being. *Journal of Economic Perspectives, 20*(1), 3–24. Kahneman, D., & Thaler, R. H. (2006). Anomalies: Utility maximization and experienced utility. *Journal of Economic Perspectives, 20*(1), 221–234. などを所収）
伊藤 崇達（1996）．学業達成場面における自己効力感，原因帰属，学習方略の関係　教育心理学研究，*44*, 340–349.
Kornhuber, H. H., & Deecke, L. (1965). Hirnpotentialanderungen bei willkürbewegungen und passiven bewegungen des menschen: bereitschaftspotential und reafferente potentiale. *Pflügers Archiv für Gesamte Physiologie, 284*, 1–17.
Lepper, M. R., Greene, D., & Nisbett, R. E. (1973). Undermining children's intrinsic interest with extrinsic reward: A test of the "overjustification" hypothesis. *Journal of Personality and Social Psychology, 28*, 129–137.
Libet, B., Gleason, C. A., Wright, E. W., & Pearl, D. K. (1983). Time of conscious intention to act in relation to onset of cerebral activity (readiness-potential): The unconscious initiation of a freely voluntary act. *Brain, 106*, 623–642.

Murray, H. A. (1938). *Explorations in personality*. New York, NY: Oxford University Press.
中谷 素之（1996）．児童の社会的責任目標が学業達成に影響を及ぼすプロセス　教育心理学研究，*44*，389-399.
奈須 正裕（1988）．Weiner の達成動機づけに関する帰属理論についての研究　教育心理学研，*37*，84-95.
小山内 秀和・楠見 孝（2013）．物語世界への没入体験——読解過程における位置づけとその機能——　心理学評論，*56*，457-473.
Ryan, R. M. (1993). Agency and organization: Intrinsic motivation, autonomy, and the self in psychological development. In J. E. Jacobs (Ed.), *Developmental perspectives on motivation*. (pp. 1-56). Lincoln, NE: University of Nebraska Press.
Ryan, R. M., & Deci, E. L. (2000). Intrinsic and extrinsic motivations: Classic definitions and new directions. *Contemporary Educational Psychology*, *25*, 54-67.
櫻井 茂男（2009）．自ら学ぶ意欲の心理学——キャリア発達の視点を加えて——　有斐閣
Seligman, M. E. P. (1975). *Helplessness: On depression, development, and death*. San Francisco, CA: Freeman.
Seligman, M. E. P., & Maier, S. F. (1967). Failure to escape traumatic shock. *Journal of Experimental Psychology*, *74*, 1-9.
Weiner, B. (1979). A theory of motivation for some classroom experiences. *Journal of Educational Psychology*, *71*, 3-25.
Weiner, B., Frieze, I. H., Kukla, A., Reed, L., Rest, S., & Rosenbaum, R. M. (1971). Perceiving the causes of success and failure. In Jones, E. E., Kanouse, D., Kelley, H. H., Nisbett, R. E., Valins, S., & Weiner, B. (Eds.), *Attribution: Perceiving the causes of behavior*. Morristown, NJ: General Learning Press.
Wentzel, K. R. (1989). Adolescent classroom goals, standard for performance, and academic achievement: An interactionist perspective. *Journal of Educational Psychology*, *81*, 131-142.
White, R. W. (1959). Motivation reconsidered: The concept of competence. *Psychological Review*, *66*, 297-333.

第 7 章

Atkinson, R. C., & Shiffrin, R. M. (1971). The control of short-term memory. *Scientific American*, *225*, 82-90.
Baddeley, A. D. (2000). The episodic buffer: A new component of working memory? *Trends in Cognitive Sciences*, *4*, 417-423.
Bruner, J. S., Goodnow, J. J., & Austin, G. A. (1956). *A study of thinking*. New York, NY: John Wiley & Sons.
Collins, A. M., & Loftus, E. F. (1975). A spreading-activation theory of semantic processing. *Psychological Review*, *82*, 407-428.
Conway, A. R., Cowan, N., & Bunting, M. F. (2001). The cocktail party phenomenon revisited: The importance of working memory capacity. *Psychonomic Bulletin & Review*, *8*, 331-335.
Cowan, N. (2001). The magical number 4 in short-term memory: a reconsideration of mental storage capacity. *Behavioral and Brain Sciences*, *24*, 87-185.
Craik, F. I. M., & Tulving, E. (1975). Depth of processing and the retention of words in episodic memory. *Journal of Experimental Psychology: General*, *104*, 268-294.
Ebbinghaus, H. (1885). *Über das Gedächtnis: Untersuchungen zur experimentellen Psychologie*. Leipzig, Deutschland: Dunker und Humbolt.
Engle, R. W., Tuholski, S. W., Laughlin, J. E., & Conway, A. R. A. (1999). Working memory, short-term memory and general fluid intelligence: A latent variable approach. *Journal of Experimental Psychology: General*, *125*, 309-331.
Godden, D. R., & Baddeley, A. D. (1975). Context-dependent memory in two natural environments: On land and underwater. *British Journal of Psychology*, *66*, 325-331.
Glanzer, M., & Cunitz, A. R. (1966). Two storage mechanisms in free recall. *Journal of Verbal Learning and Verbal Behavior*, *5*, 351-360.
Miller, G. A. (1956). The magical number seven, plus or minus two: Some limits on our capacity for

processing information. *Psychological Review*, *63*, 81-97.
西山 めぐみ・益岡 都萌・田中 優貴・牛 司策・寺澤 孝文（2018）．2秒に満たない学習で語彙力は確実に伸びていく　日本心理学会第82回大会発表論文集，940.
西山 めぐみ・寺澤 孝文（2013）．未知顔の潜在記憶——間接再認手続きによる長期持続性の検討——　心理学研究，*83*，526-535.
Roediger III, H. L., & Karpicke, J. D. (2006). Test-enhanced learning: Taking memory tests improves long-term retention. *Psychological Science*, *17*, 249-255.
Sloman, S. A., Hayman, C. A. G., Ohta, N., Law, J., & Tulving, E. (1988). Forgetting in primed fragment completion. *Journal of Experimental Psychology: Learning, Memory, and Cognition*, *14*, 223-239.
Squire, L. R., & Zola-Morgan, S. (1991). The medial temporal lobe memory system. *Science*, *253*, 1380-1386.
寺澤 孝文・太田 信夫・吉田 哲也（2007）．マイクロステップ計測法による英単語学習の個人差の測定　風間書房
寺澤 孝文・辻村 誠一・松田 憲（1997）．人は無意味なパターン情報を2ヵ月間保持できるか　日本心理学会第61回大会発表論文集，828.
寺澤 孝文・吉田 哲也・太田 信夫（2008）．英単語学習における自覚できない学習段階の検出　教育心理学研究，*56*，510-522.
Tulving, E. (1995). Organization of memory: Quo vadis? In M. S. Gazzaniga (Ed.), *The cognitive neurosciences* (pp. 839-853). Cambridge, MA: The MIT Press.
上田 紋佳・鈴木 渉・佐久間 康之・寺澤 孝文（2016）．e-learningによる英単語学習における成績のフィードバックが動機づけに及ぼす影響——大学生の動機づけスタイルによる検討——　日本教育心理学会第58回総会発表論文集，517.

第8章

American Educational Research Association, American Psychological Association, & National Council on Measurement in Education (2014). *Standards for educational and psychological testing*. Washington, D.C.: American Educational Research Association.
Allen, M. J., & Yen, W. M. (1979). *Introduction to measurement theory*. Belmont, CA: Wadsworth.
Amrein-Beardsley, A. (2014). *Rethinking value-added models in education: Critical perspectives on tests and assessment-based accountability*. New York, NY: Routledge.
朝日新聞（1997）．保護者理解で通知表を廃止　上越教育大附属小　7月25日朝刊
朝日新聞（2018）．大阪市教委，制度化へ　学力調査結果，教員評価に反映　9月15日朝刊
Ashbaugh, E. J. (1924). Reducing the variability in teachers' marks. *The Journal of Educational Research*, *9*, 185-198.
Chapman, P. D. (1988). *Schools as sorters: Lewis M. Terman, applied psychology, and the intelligence testing movement, 1890-1930*. New York, NY: New York University Press.（チャップマン，P. D.　菅田 洋一郎・玉村 公二彦（監訳）（1995）．知能検査の開発と選別システムの功罪——応用心理学と学校教育　晃洋書房）
中央教育審議会（2011）．児童生徒の学習評価の在り方について（報告）〈https://www.mext.go.jp/b_menu/shingi/chukyo/chukyo3/004/gaiyou/attach/1292216.htm〉（2021年1月27日閲覧）
Duckworth, A. L., Peterson, C., Matthews, M. D., & Kelly, D. R. (2007). Grit: Perseverance and passion for long-term goals. *Personality Process and Individual Differences*, *92*, 1087-1101.
Duckworth, A. L., & Seligman, M. E. P. (2005). Self-discipline outdoes IQ in predicting academic performance of adolescents. *Psychological Science*, *16*, 939-944.
Dweck, C. S. (2006). *Mindset: The new psychology of success*. New York, NY: Random House.（ドウェック，C. S.　今西 康子（訳）（2016）．マインドセット——「やればできる！」の研究　草思社）
遠藤 利彦（2017）．非認知的（社会情緒的）能力の発達と科学的検討手法についての研究に関する報告書　国立教育政策研究所〈http://id.nii.ac.jp/1296/00001637/〉（2021年1月27日閲覧）
Fishbein, B., Martin, M. O., Mullis, I. V. S., & Foy, P. (2018). The TIMSS 2019 item equivalence study: Examining mode effects for computer-based assessment and implications for measuring trends.

Large-Scale Assessments in Education, 6, 1-23.
Heckman, J. J. (2013). *Giving kids a fair chance*. Cambridge, MA: The MIT Press.（ヘックマン，J. J.　古草 秀子（訳）(2015)．幼児教育の経済学　東洋経済新報社）
苅谷 剛彦・諸田 裕子・妹尾 渉・金子 真理子（2009）．教員評価　岩波書店
川口 俊明（2020）．全国学力テストはなぜ失敗したのか――学力調査を科学する　岩波書店
北野 秋男（編著）(2009)．現代アメリカの教育アセスメント行政の展開――マサチューセッツ州（MCAS テスト）を中心に　東信堂
国立教育政策研究所（2017）．TIMSS2015 算数・数学教育／理科教育の国際比較　明石書店
国立教育政策研究所（2019）．生きるための知識と技能 7　OECD 生徒の学習到達度調査（PISA）―― 2018 年調査国際結果報告書　明石書店
国立教育政策研究所（2020）．OECD グローバル・ティーチング・インサイト（GTI）――授業ビデオ研究報告書概要〈https://www.nier.go.jp/kokusai/gti/index.html〉(2021 年 1 月 27 日閲覧)
Lemann, N. (1999). *The big test: The secret history of the American meritocracy*. New York, NY: Farrar Straus & Giroux.（レマン，N.　久野 温穏（訳）(2001)．ビッグ・テスト――アメリカの大学入試制度　知的エリート階級はいかにつくられたか　早川書房）
McDonald, R. P. (1999). *Test theory: A unified treatment*. Hillsdale, NJ: Erlbaum.
Mischel, W. (2014). *The marshmallow test: Mastering self-control*. London, UK: Bantam Press.（ミシェル，W.　柴田 裕之（訳）(2015)．マシュマロ・テスト――成功する子・しない子　早川書房）
Muller, J. Z. (2018). *The tyranny of metrics*. Princeton, NJ: Princeton University Press.（ミュラー，J. Z.　松本 裕（訳）(2019)．測りすぎ　みすず書房）
松下 佳代（2007）．パフォーマンス評価　日本標準
文部科学省（2017）．平成 29・30 年改訂学習指導要領のくわしい内容〈https://www.mext.go.jp/a_menu/shotou/new-cs/1383986.htm〉(2021 年 1 月 27 日閲覧)
文部科学省（2019）．小学校，中学校，高等学校及び特別支援学校等における児童生徒の学習評価及び指導要録の改善等について（通知）〈https://www.mext.go.jp/b_menu/hakusho/nc/1415169.htm〉(2021 年 1 月 27 日閲覧)
中内 敏夫（1983）．学力とは何か　岩波書店
Ravitch, D. (2013). *Reign of error: The hoax of the privatization movement and the danger to America's public schools*. New York, NY: Alfred A. Knopf.（ラヴィッチ，D.　末藤 美津子（訳）(2015)．アメリカ　間違いがまかり通っている時代――公立学校の企業型改革への批判と解決法　東信堂）
志水 宏吉・鈴木 勇（編著）(2012)．学力政策の比較社会学［国際編］――PISA は各国に何をもたらしたか　明石書店
新村 出（編）(2008)．広辞苑［第 6 版］　岩波書店
Starch, E., & Elliott, E. C. (1912). Reliability of the grading of high-school work in English. *The School Review, 20*, 442-457.
Starch, E., & Elliott, E. C. (1913). Reliability of grading work in mathematics. *The School Review, 21*, 254-259.
鈴木 雅之（2011）．ルーブリックの提示が学習者に及ぼす影響のメカニズムと具体的事例の効果の検討　日本教育工学会論文誌，*35*，279-287.
Tough, P. (2016). *Helping children succeed: What works and why*. New York, NY: Houghton Mifflin Harcourt.（タフ，P.　高山 真由美（訳）(2017)．私たちは子どもに何ができるのか――非認知能力を育み，格差に挑む　英知出版）
田中 耕治（編）(2010)．よくわかる教育評価［第 2 版］　ミネルヴァ書房
Yamaguchi, S., Lin, C., Morio, H., & Okumura, T. (2008). Motivated expression of self-esteem across cultures. In R. Sorrentino & S. Yamaguchi (Eds.) *Handbook of cognition and motivation across cultures*. (pp. 369-392). New York, NY: Academic Press.

第 9 章

Anderson, H. H., Brewer, J. E., & Freeman, F. N. (1946). Studies of teachers' classroom personalities, II: Effects of dominative and integrative contacts on children's classroom behavior. *Applied*

Psychology Monograph, No. 8.
Babad, E. Y., Inbar, J., & Rosenthal, R. (1982). Pygmalion, Galatea, and the Golem: Investigations of biased and unbiased teachers. *Journal of Educational Psychology, 74*, 459–474.
Brewer, M. B. (1991). The social self: On being the same and different at the same time. *Personality and Social Psychology Bulletin, 17*, 475–482.
Brophy, J. E., & Good, T. L. (1974). *Teacher-student Relationships: Causes and Consequences.* New York, NY: Holt, Rinehart and Winston.
Buhrmester, D., & Furman, W. (1986). The changing functions of friends in childhood: A Neo-Sullivanian perspective. In V. J. Derlega & B. A. Winstead (Eds.), *Friendship and social interaction* (pp. 41-80). New York, NY: Springer.
Festinger, L. (1954). A theory of social comparison processes. *Human Relations, 7*, 117-140.
Flanders, N. A. (1970). *Analyzing teaching behavior.* Reading, MA: Addison-Wesley.
古久保 さくら (2003). 女の子が群れるということ――少女たちの社会化　天野 正子・木村 涼子 (編)　ジェンダーで学ぶ教育 (pp. 153-169)　世界思想社
久芳 美恵子・齊藤 真沙美・小林 正幸 (2009). 小学生の自己肯定感と性受容に関する研究――社会的性意識と父母像との関連――　東京女子体育大学・東京女子体育短期大学紀要, *44*, 55-66.
保坂 亨・岡村 達也 (1986). キャンパス・エンカウンター・グループの発達的・治療的意義の検討　心理臨床学研究, *4*, 15-26.
池田 曜子 (2013). 学級内における仲間関係――児童生徒の所属集団同士の差異化戦略――　人間文化研究科年報, *28*, 173-189.
伊藤 亜矢子・宇佐美 慧 (2017). 新版中学生用学級風土尺度 (Classroom Climate Inventory; CCI) の作成　教育心理学研究, *65*, 91-105.
河村 茂雄 (2006). 学級づくりのための Q-U 入門：「楽しい学校生活を送るためのアンケート」活用ガイド　図書文化社
楠見 幸子 (1986). 学級集団の大局的構造の変動と教師の指導行動, 学級雰囲気, 学校モラールに関する研究　教育心理学研究, *34*, 104-110.
LaFontana, K. M., & Cillessen, A. H. N. (2002). Children's perceptions of popular and unpopular peers: A multimethod assessment. *Developmental Psychology, 38*, 635-647.
三隅 二不二・矢守 克也 (1989). 中学校における学級担任教師のリーダーシップ行動測定尺度の作成とその妥当性に関する研究　教育心理学研究, *37*, 46-54.
三隅 二不二・吉崎 静夫・篠原 しのぶ (1977). 教師のリーダーシップ行動測定尺度の作成とその妥当性の研究　教育心理学研究, *25*, 157-166.
水野 君平・太田 正義 (2017). 中学生のスクールカーストと学校適応の関連　教育心理学研究, *65*, 501-511.
Moreno, J. L. (1953). *Who shall survive?: Foundations of sociometry, Group psychotherapy, and sociodrama.* New York, NY: Beacon House.
根本 橘夫 (1983). 学級集団の構造と学級雰囲気およびモラールとの関係　教育心理学研究, *31*, 211-219.
Rosenthal, R., & Jacobson, L. (1968). *Pygmalion in the classroom.* New York, NY: Holt, Rinehart and Winston.
Rubin, K. H., Bukowski, W. M., & Parker, J. G. (2006). Peer interactions, relationships, and groups. In N. Eisenberg, W. Damon, & R. M. Lerner (Eds.), *Handbook of child psychology: Social, emotional, and personality development* (pp. 571-645). Hoboken, NJ: Wiley & Sons.
Sherif, M., & Sherif, C. W. (1948). *An outline of social psychology.* New York, NY: Harper & Brothers.
園原 太郎・広田 君美 (1960). 学級社会の成立　阪本 一郎・中野 佐三・波多野 完治・依田 新 (編)　教育心理学講座 3　学級社会の心理 (pp. 1-62)　金子書房
Sullivan, H. S. (1953). *The interpersonal theory of psychiatry.* New York, NY: Norton. (サリヴァン, H. S.　中井 久夫・宮崎 隆吉・高木 敬三・鑪 幹八郎 (訳) (1990). 精神医学は対人関係論である　みすず書房)
Tajfel, H., Billig, M. G., Bundy, R. P., Flament, C. (1971). Social categorization and intergroup behaviour. *European Journal of Social Psychology, 1*, 149-178.
田中 熊次郎 (1975). 新訂児童集団心理学　明治図書

遠矢 幸子（1996）．友人関係の特性と展開　大坊 郁夫・奥田 秀宇（編）　対人行動学研究シリーズ3　親密な対人関係の科学（pp. 89-116）　誠信書房

White, R. K., & Lippitt, R. (1960). *Autocracy and democracy.* New York, NY: Harper & Brothers.

吉崎 静夫（1978）．教師のリーダーシップと学級の集団勢力構造に関する研究　心理学研究，*49*，22-29.

弓削 洋子（2012）．教師の2つの指導性機能の統合化の検討——機能に対応する指導行動内容に着目して——　教育心理学研究，*60*，186-198.

有倉 巳幸（2017）．学級内地位認知に関する研究　鹿児島大学教育学部教育実践研究紀要，*26*，33-42.

第10章

千島 雄太・茂呂 輝夫（2019）．小中連携による集団宿泊活動が中学校生活への期待と不安に及ぼす効果——不登校傾向に着目して——　発達心理学研究，*30*，74-85.

Cialdini, R. B., & Trost, M. R. (1998). Social influence: Social norms, conformity, and compliance. In D. T. Gilbert, S. T. Fiske, & G. Lindzey (Eds.), *The handbook of social psychology* (4th ed., Vol. 2, pp. 151-192). New York, NY: McGraw-Hill.

本間 友巳（2000）．中学生の登校を巡る意識の変化と欠席や欠席願望を抑制する要因の分析．教育心理学研究，*48*，32-41.

河本 肇（2016）．中学生の合唱コンクールへの取り組みが集団同一視と自己肯定感に与える影響　広島国際大学心理学部紀要，*4*，53-61.

河村 茂雄（2010）．日本の学級集団と学級経営——集団の教育力を生かす学校システムの原理と展望——　図書文化

河村 茂雄（2012）．学級集団づくりのゼロ段階——学級経営力を高めるQ-U式学級集団づくり入門——　図書文化

河村 茂雄・武蔵 由佳（2012）．学級集団内の教育的相互作用と集団同一視を測定する尺度の作成　学級経営心理学研究，*1*，32-43.

河本 愛子（2014）．中学・高校における学校行事体験の発達的意義——大学生の回顧的意味づけに着目して——　発達心理学研究，*25*，453-465.

文部科学省（2017a）．小学校学習指導要領解説　特別活動編　東洋館出版社

文部科学省（2017b）．中学校学習指導要領解説　特別活動編　東山書房

文部科学省（2018）．高等学校学習指導要領解説　特別活動編　東京書籍

OECD (2018). Education policy in Japan: Building bridges towards 2030. *Reviews of National Policies for Education.* Paris: OECD Publishing.

Sherif, M., Harvey, O. J., White, B. J., Hood, W. R., & Sherif, C. W. (1988). *The robbers cave experiment: Intergroup conflict and cooperation.* Middletown, CT: Wesleyan University Press (Original work published: University Book Exchange, 1961).

Tajfel, H., & Turner, J. C. (1986). The social identity theory of intergroup behavior. In S. Worchel & W. G. Austin (Eds.), *Psychology of intergroup relations* (pp. 7-24). Chicago, IL: Nelson Hall.

樽木 靖夫（1999）．中学校における文化祭活動に対する生徒の自己評価の変容　日本教育工学雑誌，*23*，147-154.

樽木 靖夫（2005）．中学生の仲間集団どうしのつき合い方を援助する学校行事の活用　教育心理学年報，*44*，156-65.

樽木 靖夫（2013）．学校行事の学校心理学　ナカニシヤ出版

樽木 靖夫・蘭 千壽・石隈 利紀（2008）．文化祭での学級劇の活動における中学生の困難な場面でも頑張る姿勢への教員の援助介入　日本教育工学会論文誌，*32*，177-180.

樽木 靖夫・石隈 利紀（2005）．文化祭での学級劇活動における中学生の集団体験及び担任教師の援助介入　学校心理学研究，*5*，37-48.

樽木 靖夫・石隈 利紀（2006）．文化祭での学級劇における中学生の小集団の体験の効果——小集団の発展，分業的協力，担任教員の援助介入に焦点をあてて——　教育心理学研究，*54*，101-111.

山田 真紀（2000）．競争的行事における活動の編成形態とその機能　日本特別活動学会紀要，*8*，46-58.

横山 理沙・吉田 真司（2012）．体育大会が中学生の自己効力感や学校適応感に及ぼす影響——自己肯定感の違いに着目して——　東海学校保健研究，*36*，71-80.

第 11 章

Allport, G. W. (1958). *The nature of prejudice*. New York, NY: Doubleday & Company.（オルポート, G. W. 原谷 達夫・野村 昭（訳）(1968). 偏見の心理　培風館）

American Psychiatric Association (2013). *Diagnostic and statistical manual of mental disorders* (5th ed.). Arlington, VA: American Psychiatric Association.（APA　髙橋 三郎・大野 裕（監訳）(2014). DSM-5　精神疾患の診断・統計マニュアル　医学書院）

青森県教育委員会（2018). 青森県教育支援ファイル（「個別の教育支援計画」及び「個別の指導計画」作成の手引き改訂版）〈https://www.pref.aomori.lg.jp/soshiki/kyoiku/e-gakyo/files/ikkatu.pdf〉(2020 年 12 月 17 日閲覧）

青山 新吾（2020). 特別支援教育と学級経営――学級経営に交流及び共同学習を位置付ける意味――　日本学級経営学会誌, *2*, 1-4.

遠藤 恵美子・佐藤 愼二（2012). 小学校における交流及び共同学習の現状と課題――Ａ市の通常学級と特別支援学級担任への質問紙調査を通して――　植草学園短期大学研究紀要, *13*, 59-64.

八川 慎一・岡田 大爾（2018). 探求能力を育てる教科指導の実践的研究――観察, 実験における結果の解釈を通して――　広島国際大学教職教室教育論叢, *10*, 80-96.

細谷 一博（2020). 小学校の知的障害特別支援学級における交流及び共同学習に関する交流内容の決定と児童の参加状態に関する調査研究　北海道教育大学紀要教育科学編, *71*, 141-148.

細谷 一博・木原 美桜（2013). 交流及び共同学習における「小学生の学び」に関する質的研究　北海道特別支援教育学会, *7*, 1-7.

小畑 治・岡澤 祥訓・石川 元美・森本 寿子（2009). 運動有能感を高める鉄棒運動の授業づくり――小学校高学年の実践から――　奈良教育大学教育実践総合センター研究紀要, *18*, 91-99.

小貫 悟・桂 聖（2016). 授業のユニバーサルデザイン入門――どの子も楽しく「わかる・できる」授業のつくり方――　東洋館出版社

文部科学省（2017a). 特別支援学校幼稚部教育要領　小学部・中学部学習指導要領　東洋館出版社

文部科学省（2017b). 小学校学習指導要領　東洋館出版社

文部科学省（2017c). 中学校学習指導要領　東洋館出版社

文部科学省初等中等教育局特別支援教育課（2012). 通常学級に在籍する発達障害の可能性のある特別な教育的支援を必要とする児童生徒に関する調査結果について〈https://www.mext.go.jp/a_menu/shotou/tokubetu/material/__icsFiles/afieldfile/2012/12/10/132872901.pdf〉(2020 年 12 月 7 日閲覧）

関戸 英紀・岡島 育雄（2000). 小・中学校における交流教育の現状と課題：横浜市小・中学校特殊学級担任への意識調査を通して　横浜国立大学教育人間科学部教育実践研究指導センター紀要, *16*, 67-80.

杉山 雅彦（1999). 応用行動分析　中島 義明・安藤 清志・子安 増生・坂野 雄二・繁桝 算男・立花 政夫・箱田 裕司（編）心理学辞典（p. 78）有斐閣

WHO（2001). *International classification of functioning, disability and health: ICF*. Geneva, Switzerland: World Health Organization.

第 12 章

中央教育審議会（1996). 21 世紀を展望した我が国の教育の在り方について〈https://www.mext.go.jp/b_menu/shingi/chuuou/〉(2021 年 4 月 29 日閲覧）

中央教育審議会（2015). チームとしての学校の在り方と今後の改善方策について（答申）(中教審第 185 号)〈https://www.mext.go.jp/b_menu/shingi/chukyo/chukyo0/toushin/1365657.htm〉(2021 年 4 月 11 日閲覧）

Frances, A. (2013). *Essentials of psychiatric diagnosis: Responding to the challenge of DSM-5* (revised ed.). New York, NY: Guilford.（フランセス, A.　大野 裕・中川 敦夫・柳沢 圭子（訳）(2014). DSM-5 精神疾患診断のエッセンス　金剛出版）

石井 幸江（2008). スクールソーシャルワークの実際と教師の連携意識――学校心理士からみた学校福祉援助技術――　日本学校心理士会年報, *1*, 129-153.

石井 幸江（2015). 相談室登校の児童生徒を抱える担任と学級への支援――学級経営に対するスクールカウンセラーの役割――　蘭 千壽・越 良子（編）ネットワーク論からみる新しい学級経営（pp. 122-136）ナカニシヤ出版

石井 幸江（2019）．支援チームによる専門医療へ「つなぐモデル」の提案——「身体・精神症状」「授業参加」の 2 要因に注目したモデルの作成——　学校心理学研究，*19*，3-11.
石川 悦子（2017）．こども理解を深めるためのカウンセラーと協働した教育相談活動への一考察：スクールカウンセラー，保育カウンセラー，多機関との連携　こども教育宝仙大学院紀要，*9*，1-12.
笠井 孝久（2018）．生徒指導において教師が抱える心理的負荷　千葉大学教育学部紀要，*66*，85-90.
小林 由美子（2017）．「チーム学校」としてのあり方　名古屋学院大学教職センター年報，*1*，69-75.
文部科学省（2009）．教師が知っておきたい児童生徒の自殺予防〈https://www.kantei.go.jp/jp/singi/kyouikusaisei/dai1/siryou4-1.pdf〉（2020 年 10 月 25 日閲覧）
文部科学省（2010）．生徒指導提要〈https://www.akita-c.ed.jp/~cjid/teiyou.htm〉（2020 年 11 月 12 日閲覧）
文部科学省（2013）．いじめの問題に対する施策〈https://www.mext.go.jp/component/a_menu/education/detail/__icsFiles/afieldfile/2019/06/26/1400030_003.pdf〉（2020 年 11 月 1 日閲覧）
文部科学省（2017）．「いじめの防止等のための基本的な方針」の改定及び「いじめの重大事態の調査に関するガイドライン」の策定について〈https://www.mext.go.jp/a_menu/shotou/seitoshidou/1400142.htm〉（2021 年 4 月 19 日閲覧）
文部科学省（2019）．不登校児童生徒への支援の在り方について〈https://www.mext.go.jp/a_menu/shotou/seitoshidou/1422155.htm〉（2021 年 4 月 19 日閲覧）
文部科学省（2020）．令和元年度児童生徒の問題行動・不登校等生徒指導上の諸課題に関する調査結果について〈https://www.mext.go.jp/b_menu/houdou/mext_00351.html〉（2021 年 4 月 11 日閲覧）
岡堂 哲雄（1992）．心の健康と家族関係　こころの健康，*7*，4-12.
高岸 幸弘・井出 智弘・蔵岡 智子（2019）．教育相談と福祉　高岸 幸弘・井出 智弘・蔵岡 智子（編著）　これからの教育相談（pp. 138-154）　北樹出版
武田 明典（2018）．中学校・高等学校における子どもの問題　会沢 信彦・安斎 順子（編著）　教師のたまごのための教育相談（pp. 50-61）　北樹出版
辻 あづさ（2019）．発達障害が疑われる生徒に対する教育相談：いじめにつなげないために　神奈川大学教育研究論集，*45*，383-386.
山崎 沙織・飯田 順子（2016）．中学生の保護者が教師・スクールカウンセラー・外部の専門機関に援助を求めることへの心配尺度の作成とその特徴　教育相談研究，*53*，13-24.

第 13 章

安藤 知子（2013）．学校組織の変容と学級の組織マネジメント　蓮尾 直美・安藤 知子（編）　学級の社会学（pp. 55-74）　ナカニシヤ出版
蘭 千壽（1988）．教師と生徒　安藤 延男（編著）　人間関係入門（pp. 59-68）　ナカニシヤ出版
蘭 千壽・武市 進・小出 俊雄（1996）．教師の学級づくり　蘭 千壽・古城 和敬（編）　教師と教育集団の心理（pp. 77-128）　誠信書房
中央教育審議会（2015）．チームとしての学校の在り方と今後の改善方策について（答申）〈https://www.mext.go.jp/b_menu/shingi/chukyo/chukyo0/toushin/1365657.htm〉（2021 年 3 月 28 日閲覧）
蜂屋 良彦（1987）．集団への参加と個人にとっての意義　永田 良昭（編）　社会（pp. 95-135）　朝倉書店
姫野 完治（2016）．実践知の伝承と教育　電設技術，*62*，22-27.
Honneth, A. (2005). *Verdinglichung: Eine anerkennungstheoretische Studie.* Frankfurt am Main: Suhrkamp.（ホネット，A.　辰巳 伸知・宮本 真也（訳）（2011）．物象化——承認論からのアプローチ　法政大学出版局）
石川 美智子（2016）．学級経営の動向　佛教大学教育学部論集，*27*，15-32.
石隈 利紀（1999）．学校心理学　誠信書房
兼安 章子（2018）．中学校教師の相談・情報交換経路に関する事例研究：理科教師のエゴセントリック・ネットワークに着目して　学校教育研究，*33*，89-101.
Kelly, G. A. (1955). *The psychology of personal constructions.* New York, NY: Norton.
木岡 一明・榊原 禎宏（1990）．教師の授業認識に基づく授業経営の個業性と協業性——小学校における学年会の位置づけを中心に——　日本教育経営学会紀要，*32*，82-99.
岸本 幸次郎・岡東 壽隆・林 孝・小山 悦司（1982）．教師の職能モデル構築に関する研究(II)　広島大学教育学

部紀要，*30*，119-129.
近藤 邦夫（1984）．児童・生徒に対する教師の見方を捉える試み――その1 方法について 千葉大学教育工学研究，*5*，3-27.
近藤 邦夫（1994）．教師と子どもの関係づくり――学校の臨床心理学 東京大学出版会
越 良子（2002）．児童・生徒認知に関する教師の自己把握 上越教育大学研究紀要，21，617-634.
越 良子（2013）．予防教育としての学級経営 山崎 勝之・戸田 有一・渡辺 弥生（編著） 世界の学校予防教育（pp. 355-374） 金子書房
宮澤 直美・田村 節子（2016）．新卒小学校教師は子どもや保護者への対応の悩みをどのように解決したのか 東京成徳大学臨床心理学研究，*16*，154-162.
文部科学省（2010）．生徒指導提要 教育図書
文部科学省（2016a）．「チームとしての学校」が求められる背景〈https://www.mext.go.jp/b_menu/shingi/chukyo/chukyo3/siryo/attach/1365970.htm〉（2021年1月23日閲覧）
文部科学省（2016b）．「チームとしての学校」の在り方〈https://www.mext.go.jp/b_menu/shingi/chukyo/chukyo3/siryo/attach/1365408.htm〉（2021年1月23日閲覧）
中村 恵子・田上 不二夫（2005）．チーム援助での援助構造の明確化による効果 カウンセリング研究，*38*，416-425.
新元 朗彦・蘭 千壽・越 良子（2021）．担任教師の学級崩壊克服に向けた変容プロセスの検討――教師と生徒が承認し合う関係の構築を通して―― 上越教育大学研究紀要，*41*，57-67.
小川 正人・竹内 敏・東條 光洋・東川 勝哉・水本 徳明・天笠 茂・佐古 秀一（2019）．学校における働き方改革と教育経営学の課題 日本教育経営学会紀要，*61*，92-100.
大越 卓磨（2013）．教師の職能発達のメカニズムと学びの場――A県B市の小学校教師の「教職アイデンティティ」に着目して―― 学校教育研究，*28*，83-96.
佐古 秀一（1996）．学校の組織特性と教師 蘭 千壽・古城 和敬（編） 教師と教育集団の心理（pp. 153-175） 誠信書房
佐藤 学・岩川 直樹・秋田 紀代美（1990）．教師の実践的思考様式に関する研究(1)：熟練教師と初任教師のモニタリングの比較を中心に 東京大学教育学部紀要，*30*，177-198.
Schön, D. A. (1983). *The reflective practitioner*. New York, NY: Basic Books.（ショーン，D. A. 柳沢 昌一・三輪 建二（監訳）（2007）． 省察的実践とは何か――プロフェッショナルの行為と思考 鳳書房）
瀬戸 美奈子・石隈 利紀（2008）．コーディネーション行動がチーム援助の有用性に与える影響――中学校における事例を通して 教育相談研究，*45*，25-33.
島田 希（2013）．初任教師へのメンタリングにおいて複数のメンターが果たす機能と役割意識 日本教育工学会論文誌，*37*，145-148.
山崎 準二・紅林 伸幸（1996）．教師の力量形成に関する調査研究(II)――第3回（1994）継続調査報告：前2回の調査結果との比較分析を中心に―― 静岡大学教育学部研究報告（人文・社会科学篇），*46*，159-187.
山崎 準二・前田 一男（1988）．教師としての成長を支えるもの 稲垣 忠彦・寺崎 昌男・松平 信久（編） 教師のライフコース――昭和史を教師として生きて――（pp. 72-96） 東京大学出版会
横山 香・新井 肇・古川 雅文・山中 一英（2012）．教員養成大学卒業後のキャリア形成と大学の学び――兵庫教育大学学校教育学部卒業者へのアンケート調査結果の考察(1)―― 兵庫教育大学研究紀要，*40*，153-166.
吉田 茂昭・八並 光俊（2004）．問題行動生徒への短期的チーム援助の教育効果に関する研究 生徒指導学研究，*3*，58-67.

補　講

蘭 千壽（1983）．児童の学業成績および学習態度に及ぼすJigsaw学習方式の効果 教育心理学研究，*31*，102-112.
Aronson, E., Blaney, N. T., Sikes, J., Stephan, C., & Snapp, M. (1975). Busing and racial tension: The jigsaw route to learning and liking. *Psychological Today*, Feburuary, 43-59.
中央教育審議会（2012）．共生社会の形成に向けたインクルーシブ教育システム構築のための特別支援教育の推進（報告）〈https: //www. mext. go. jp/b_menu/shingi/chukyo/chukyo3/044/attach/1321669. htm〉（2021年5月18日閲覧）
Maslow, A. H. (1970). *Motivation and personality* (2nd ed.). New York, NY: Harper & Row.

索　引

人名・団体名索引

A to Z

あ行

か行

事項索引

A to Z

あ行

さ行

ま行

や・ら・わ行

執筆者紹介（* は編者）

越　良子*（こし　りょうこ）　上越教育大学大学院教授
まえがき，第 13 章，補講

蘭　千壽（あららぎ　ちとし）　育英大学教育学部教授・千葉大学名誉教授
序　章

青木多寿子（あおき　たずこ）　岡山大学大学院教授
第 1 章

梅本菜央（うめもと　なお）　岡山大学大学院教育学研究科院生
第 1 章

藤村　敦（ふじむら　つとむ）　函館大谷短期大学講師
第 2 章・第 11 章

角谷詩織（すみや　しおり）　上越教育大学大学院准教授
第 3 章

秋光恵子（あきみつ　けいこ）　兵庫教育大学大学院教授
第 4 章

南　学（みなみ　まなぶ）　三重大学教育学部教授
第 5 章

遠山孝司（とおやま　たかし）　鎌倉女子大学児童学部准教授
第 6 章

西山めぐみ（にしやま）　人間環境大学人間環境学部准教授
第 7 章

奥村太一（おくむら　たいち）　滋賀大学データサイエンス学部准教授
第 8 章

弓削洋子（ゆげ　ようこ）　愛知教育大学教育学部教授
第 9 章

久保田(河本)愛子（くぼた（こうもと）あいこ）　宇都宮大学共同教育学部助教
第 10 章

石井幸江（いしい　さちえ）　日本体育大学非常勤講師／千葉県スクールカウンセラー
第 12 章

編者紹介

越　良子（こし りょうこ）博士（心理学）
上越教育大学大学院教授
広島大学大学院教育学研究科博士課程中退（1989年）
専門：社会心理学・学級集団心理学
主著：ネットワーク論からみる新しい学級経営（共編著）ナカニシヤ出版
　　学校心理学（共編訳）北大路書房
　　世界の学校予防教育（分担執筆）金子書房
　　自己高揚過程における能力の自己査定に関する研究（単著）北大路書房　他

教師になる人のための学校教育心理学

2021年10月20日　　初版第1刷発行　　定価はカヴァーに表示してあります

編　者　越　良子
発行者　中西　良
発行所　株式会社ナカニシヤ出版
〒606-8161　京都市左京区一乗寺木ノ本町15番地
Telephone　075-723-0111
Facsimile　075-723-0095
Website http://www.nakanishiya.co.jp/
Email　iihon-ippai@nakanishiya.co.jp
郵便振替　01030-0-13128

装幀=白沢　正／印刷・製本=創栄図書印刷株式会社

ISBN978-4-7795-1489-0 C3011